# カリキュラムと教育経営

日本教育経営学会紀要

第61号

第一法規

# ま　え　が　き

　本号の特集テーマは「カリキュラムと教育経営」です。カリキュラムないし教育課程は、学校教育の中核に位置するものであり、教育経営学にとって中心テーマの一つです。

　2017年告示の学習指導要領において「社会に開かれた教育課程」「カリキュラム・マネジメント」が鍵概念として提示されたことを受け、学校現場や教育センター等では、それらの実現や確立が実践上の大きな課題になっています。その意味するところが曖昧なままカリキュラムマップ作成に労力を費やす学校の姿が少なからず見られます。また、教育学の他分野からも「カリキュラム・マネジメント」と銘打った書物が次々に出版されています。いわば「カリキュラム・マネジメント現象」ともいえる状況が出現しています。

　一方、カリキュラムや教育課程に関する教育経営学研究を振り返ってみると、教育課程の基準の策定や学校への趣旨の伝達等に重点を置く「教育課程行政」や「教育課程管理」に対し、1970年代後半〜80年代に学校経営現代化論の立場から、各学校における教育課程の Plan-Do-See 過程とその条件づくりに主眼を置く「教育課程経営」という概念が形成されました。その後、教育課程基準の大綱化・弾力化を打ち出し「総合的な学習の時間」を創設した1998年の学習指導要領改訂を受け、本学会紀要第41号（1999年）は「新しい教育課程と学校経営の改革課題」と題した特集を組んでいます。そこでは、教育課程の課題が自律的学校経営の改革に位置づけて論じられました。また、この前後より「カリキュラムマネジメント」という語も用いられるようになりました。ただしそれ以降、本テーマに関する特集は組まれておらず、概念の曖昧化も生じており、本学会としてまとまった議論があらためて求められるところです。

　そこで本号では、教育経営学のパースペクティブから、今日のカリキュラムをめぐる状況や課題をどのように捉える（べき）かについて多角的かつ根底的に考察することにしました。

　さて、研究論文につきましては、14本の投稿申し込み、8本の投稿があり、厳正な審査の結果、1本の掲載となりました。また、教育経営の実践事例につきましては、7本の投稿申し込み、3本の投稿があり、厳正な審査の結果、1本の掲載となりました。近年、投稿数が少なく、その結果、掲載に至る論文も

少ないという状況が続いております。次号での積極的な投稿を呼びかけていきたいと思います。

　なお，実践事例については，「学術性を重視するか，事例としての意義を重視するか，掲載基準がわかりづらい」という声があり，その論文の性格と基準の明確化を今期の紀要編集委員会の検討課題としています。確かに，研究の質を高めることが学会の使命であり，「実践事例」を研究として質を高めるという考え方もあります。しかし，「実践事例」を設けた本来の趣旨のように，本学会紀要を学校現場の会員や教職大学院の院生・修了生も成果を発信できる媒体として育てることも本学会の重要な使命です。今回は前号までに確認されてきたことに則り，次のことを掲載基準にしました。すなわち，「教育経営の実践事例」論文の投稿者は，当該実践事例の企画または実施に関与した本学会の会員であること。その論文の目的は，自らが関わった特色ある実践を，単なる紹介にとどまらず，分析・考察することにより，教育経営の実践や研究に資する新たな知見を提供すること。引き続き，検討を続けたいと思います。

　本号の書評につきましては，昨年度に学会創立60周年記念出版として刊行されました日本教育経営学会編『講座　現代の教育経営』〈全5巻〉を取り上げました。この講座本は，教育経営をめぐる環境が大きく変化した1990年代後半以降の教育経営学の学問的成果を結集し発信したものです。その評者には，本学会の「これまで」と「これから」を踏まえてクリティカルに評価していただけるという観点から，功労賞受賞の方々にお願いしました。

　その他は，例年と同様の内容になっております。第58回大会（昨年度開催）の公開シンポジウム，若手研究者のためのラウンドテーブル，課題研究，実践研究フォーラムの各報告，大会報告および会務報告を掲載しております。また，国際交流委員会による海外の教育経営事情，研究推進委員会による教育経営学研究動向レビューを投稿していただきました。

　最後になりましたが，第一法規の田村雅子氏には編集・校正作業で大変お世話になりました。紀要編集委員会を代表して心より御礼申し上げます。

　2019年5月

紀要編集委員長　曽余田浩史

# 目　　　次

まえがき……………………………………紀要編集委員長　曽余田浩史

## 〈特集〉カリキュラムと教育経営

カリキュラムの教育経営学の構築とその課題………千葉大学　天笠　　茂　2

今次学習指導要領改訂の教育課程経営論的検討……花園大学　植田　健男　13

名古屋市立駒方中学校　首藤　隆介

地域カリキュラムのマネジメントと地域教育経営の課題

………………………………………北海道教育大学　玉井　康之　23

教育課程経営論からカリキュラムマネジメント論への展開の特質と論点

……………………………………………滋賀大学　大野　裕己　34

官僚制支配のための「カリキュラム・マネジメント」を脱し，

教育の理想と現実の方へ

―教育経営学がカリキュラムを論じる可能性はどこにあるか―

………………………………………東京学芸大学　末松　裕基　47

## 〈研究論文〉

学校統廃合に伴う学校―地域連携の再編過程

―人口減少社会における「地域教育経営」論の再構築―

……………名古屋大学大学院・日本学術振興会特別研究員　御代田桜子　62

## 〈教育経営の実践事例〉

「子どもの貧困」緩和に向けた学校の役割と課題

―スクールソーシャルワーカーを中心としたチームプロジェクト

の可能性―………………兵庫教育大学教職大学院・修了生　野村ゆかり　80

## 〈公開シンポジウム〉学校における働き方改革と教育経営学の課題

………………………………………鳴門教育大学　佐古　秀一　92

## 〈若手研究者のためのラウンドテーブル〉転換期における新しい

## 　教育経営学を探究する―若手研究者が考える新たな研究テーマと課題―

社会変動下における生活空間と学校の相互変容をいかに対象化できるか

―「知的態度としての方法論」を意識しながら―

……………………………………………長崎大学　榎　　景子　102

教育経営学における理論研究の意義
　　―概念の俗流化／改革モデルの形式化への抵抗―
　　………………………………………… 三重大学　織田　泰幸　104
議論のまとめ………………………………… 北海道大学　篠原　岳司　106
　　　　　　　　　　　　　　　　　　　東京学芸大学　末松　裕基

〈課題研究報告〉日本型教育経営システムの有効性に関する研究：
　新たな学校像における教育の専門性(3)―「チームとしての学校」
　をめぐる改革事例に着目して―
生徒指導対応の支援を行うスクールソーシャルワーカー
　　―茨城県結城市の事例―………………………… 茨城大学　加藤　崇英　108
福祉事務所を中心としたスクールソーシャルワーク
　　―兵庫県尼崎市の事例から―………… 名古屋文理大学　濱口　輝士　114
高校のスクールソーシャルワーカー
　　―スクールソーシャルワーカーで学校経営は変わるか―
　　………………………………………… 横浜市立大学　髙橋　寛人　120
まとめにかえて……………………………… 名古屋大学　南部　初世　126
討論のまとめ………………………………… 北海道大学　篠原　岳司　128

〈海外の教育経営事情〉
ニュージーランドにおける学校間連携政策の展開　群馬大学　高橋　　望　132

〈実践研究フォーラム〉
研究者・学会と校長会とのパートナーシップ
　　―研究者・学会と実践者・専門団体とのパートナーシップの構築―
　　……………………………… 鳴門教育大学教職大学院　久我　直人　144
学会と外部団体との連携構築について
　　―九州教育経営学会の事例を通じて―…… 福岡教育大学　大竹　晋吾　146
　　　　　　　　　　　　　福岡市立福岡西陵高等学校　相良　誠司
　　　　　　　　　　　　　　　北九州市立日明小学校　花田　佳子
　　　　　　　　　　　　　　　　　　　　愛媛大学　露口　健司
九州教育経営学会と学校現場をつなぎ続けて　福岡教育大学　入江　誠剛　150
全国公立学校教頭会の立場からの提言　全国公立学校教頭会　杉江　淳一　153
第3期実践推進委員長として………………………… 九州大学　元兼　正浩　156
日本教育経営学会会長として

―専門職団体との連携に向けて―……………… 筑波大学　浜田　博文　159

第4期実践推進委員会活動の総括…… 国立教育政策研究所　藤原　文雄　163

〈書評〉

日本教育経営学会編『講座　現代の教育経営1　現代教育改革と教育経営』
　………………………………………… 京都大学　小松　郁夫　168

日本教育経営学会編『講座　現代の教育経営2　現代の教育課題と教育経営』
　………………………………… 筑波大学名誉教授　小島　弘道　171

日本教育経営学会編『講座　現代の教育経営3　教育経営学の研究動向』
　………………………………… 京都光華女子大学　河野　和清　175

日本教育経営学会編『講座　現代の教育経営4　教育経営における研究と
　実践』………………………………… 大阪大学　小野田正利　178

日本教育経営学会編『講座　現代の教育経営5　教育経営ハンドブック』
　…………………………………… 関西福祉科学大学　大脇　康弘　181

〈教育経営学研究動向レビュー〉

教育経営実践研究の動向と教育経営研究の課題
　………………………………… 九州大学大学院・院生　木村　栞太　186
　　　　　　　　　　　　　　大阪教育大学　臼井　智美

日本教育経営学会第58回大会報告… 第58回大会実行委員長　佐古　秀一　196

会務報告……………………………………………………………………… 198

日本教育経営学会会則………………………………………………………… 214

総会に関する細則……………………………………………………………… 216

日本教育経営学会役員選出規程……………………………………………… 216

日本教育経営学会地方教育経営研究に関する団体・機関との連携に関する
　規程………………………………………………………………………… 217

日本教育経営学会褒賞制度に関する規程…………………………………… 218

『日本教育経営学会褒賞制度』選考内規 …………………………………… 218

日本教育経営学会紀要編集規程……………………………………………… 220

日本教育経営学会 紀要編集委員会　研究論文投稿要領 ………………… 221

日本教育経営学会紀要「教育経営の実践事例」編集内規………………… 224

日本教育経営学会 紀要編集委員会「教育経営の実践事例」論文投稿要領　225

日本教育経営学会著作権ポリシー…………………………………………… 228

ABSTRACTS ………………………………………………………………… 229

Journal of JASEA CONTENTS ……………………………………………… 239

編集後記……………………………………………………………………… 241

# 特集　カリキュラムと教育経営

カリキュラムの教育経営学の構築とその課題　　　　　天笠　　茂

今次学習指導要領改訂の教育課程経営論的検討　　　　植田　健男

　　　　　　　　　　　　　　　　　　　　　　　　　首藤　隆介

地域カリキュラムのマネジメントと地域教育経営の

　課題　　　　　　　　　　　　　　　　　　　　　玉井　康之

教育課程経営論からカリキュラムマネジメント論へ

　の展開の特質と論点　　　　　　　　　　　　　　大野　裕己

官僚制支配のための「カリキュラム・マネジメント」

　を脱し，教育の理想と現実の方へ

　　―教育経営学がカリキュラムを論じる可能性はど

　こにあるか―　　　　　　　　　　　　　　　　　末松　裕基

●───── 特集：カリキュラムと教育経営 ─────

# カリキュラムの教育経営学の構築と
# その課題

千葉大学　天　笠　　　茂

## はじめに

　カリキュラムの教育経営学を構築することの意義について，本学会の60周年を記念して刊行された『講座　現代の教育経営』において述べた[1]。これをふまえ，本稿では，教育経営学の視角から今日のカリキュラム（教育課程）をめぐる課題を捉え，いかなるカリキュラムの教育経営学が構想しうるかについて試論の展開を課題としたい。

## 1　教育内容・方法・経営の一体的把握

　まずは，教育経営学は，教育経営という現象を研究対象とし，得られた知識や理論について整序し体系化をめざす学問である。教育経営の営みにあって，カリキュラムは適切なマネジメントによって支えられるともいわれるように，カリキュラムの存在を無視することはできない。その意味で，カリキュラムの教育経営学は，カリキュラム，すなわち，学習指導要領や教育課程，及び授業を，また，それらを開発する営み，さらには，それを支える組織や制度などを研究対象とする。その上で，対象への迫り方について，教育経営学ならではの固有性が問われることになる。

　そこで，改めてカリキュラムの捉え方が問われることになる。この点については，ダイナミックな動態としてカリキュラムを捉える概念が支持される流れがあり，歴史的にみて1974年に開催されたカリキュラム開発に関する国際セミナーの遺産として今日においても影響力を維持していると見られる。

　ここで提起された，すなわち，教育目標，指導の手順，教材，評価方法など

の設計をはじめ，絶えず検討され，評価され，教師による工夫などをふまえ，修正される継続的なプロセスとして捉えるダイナミックなカリキュラム概念は，その後，指導と評価の一体化などの取組みとして歴史的変遷を遂げつつ，今日的意義を保持している。

　いずれにしても，カリキュラムの教育経営学は，教育目標，教育内容，授業，学習評価，教材・教具，リソースなどをカリキュラムの構成要素として一連の過程を動態的に捉え，"教育内容，教育方法，マネジメントの一体的な把握"という教育経営学的思惟と手法をもって課題に迫る学問ということになる。

　この点に関連して，1976年の学習指導要領改訂に教育課程審議会委員として関わり，本学会の会長でもあった吉本二郎は，「具体的な教育の内容，方法と組織をどう結合して，それらをもって如何なる学校を組織し，経営していくか，ということがもっと深められなければならない，と痛感せざるをえない[2]」と述べている。当時，"教育内容，教育方法，マネジメントの一体的な把握"が初期の段階にあったことを示すコメントということになる。

　時代は下って，2017年に改訂された学習指導要領について，改訂を求めた諮問の一つに，「教育目標・内容と学習・指導方法，学習評価の在り方を一体として捉えた，新しい時代にふさわしい学習指導要領等の基本的な考え方についてであります。」とある。教育内容と教育方法とを一体として捉える発想や手法をもって学習指導要領の見直しを求めた点に改訂の特徴がある。

　実際，これを受けて学習指導要領の見直しが進められた。すなわち，改訂に向けて改善すべき事項として，育成を目指す資質・能力，教育課程の編成，学習・指導の改善，子供の発達，学習評価，必要な方策など6点[3]をあげ，これらの検討を通して，学習指導要領の構造の見直しを進めた。

　このように，教育目標，教育内容，学習評価を含む教育方法，それに組織的な手当てを図る諸方策，など諸要素を関連的・一体的に捉えて所期のねらいに向かう手法の導入に注目したい。この2017年の学習指導要領改訂において，"教育内容，教育方法，マネジメントの一体的な把握"がどこまで功を奏したかは，今後の検証に待たねばならない点があるにしても，改訂の手法として取り上げられたことに注目したい。

　教育経営学が問い続けてきた課題の一つに教育内容と条件整備との一体的な把握がある。この教育活動と条件整備との関連の解明こそ教育経営学が古くから堅持してきた課題といえよう。このテーマにどこまで迫れたか。あるいは，

どこまで成果を積み上げることができているか。カリキュラムの教育経営学は，この古くて新しいテーマへの問いかけということになる。

## 2　カリキュラムの開発

ところで，カリキュラムの教育経営学にとって，大きな関心事はカリキュラムの開発にあり，次にあげる事項こそ中心的な研究課題であり，その蓄積が問われるところである。

第1に，学習指導要領についてである。教育課程や学習指導要領の法的性質などをめぐっては，基準性などをテーマに深く議論が交わされ，その過程において一定の研究的蓄積をみている。

ただ，学習指導要領は多面的で複合された性質を有しており，その法的側面にとどまらず，多角的な分析と考察が求められている。たとえば，学習指導要領を構成する領域の設計や教科等の構成，総則と各教科等の関係，各教科等における目標と内容の関係，各教科等の学年間及び学校種別間の関係など，その構造に関わる在り方が問われている。また，学習指導要領の改訂がどのようなシステムやプロセスのもとになされているか，あるいは，各教科の教科書の編集・検定・採択への学習指導要領の関わり方について，そもそも学習指導要領改訂はどのように政策評価として扱われているか，など取り上げるべきテーマは多岐にわたって存在する。改めて，カリキュラム開発の一環として学習指導要領をどのように位置づけていくか。これらテーマへの取組みを促し，解明した知見の整序を図るのがカリキュラムの教育経営学である。

第2に，カリキュラムの開発において授業の位置づけが問われることになる。先に述べたように，カリキュラムを動態として捉えることによって，授業の設計や準備，実際，そして振り返りをカリキュラム開発の一連の過程とし，授業を取り入れて一元的に考察することを可能とした。

しかし，実際のところ，授業とカリキュラムとをそれぞれ別々に捉えることも珍しくなく，カリキュラムの開発と授業とが乖離することもよく見られる。そこには，カリキュラム開発におけるシステムや研究開発のマネジメントに課題があったり，教師が有する問題意識に課題が見られたりと要因は様々であるにしても，もとをただすと，授業とカリキュラムをそれぞれ個別に位置づける伝統的な捉え方に行き着く。

この点に関連して，研究開発学校としてカリキュラム開発に取り組んだ上越

市立大手町小学校は，カリキュラムと授業の一体的な開発を掲げ，カリキュラム研究開発の中心に授業に置くことを強調し，教師一人ひとりに授業を通してカリキュラム開発の力を付けることをめざして校内諸システムの見直しを図り，授業からのカリキュラム開発に努力した[4]。

　改めて教育経営学の歩みを振り返ったとき，法制度や教育行政などに研究的関心の多くを注ぎ発展させてきた歴史がある。それに対して，授業などの教育活動に向かう問題意識や研究関心の熟成を含め，具体的な取組みは後れを取りがちであったことも否定できない。その意味で，授業やカリキュラムへのアプローチを図るカリキュラムの教育経営学の構築は，その歩みをめぐってバランスをとる取組みということになる[5]。

　もっとも，授業を研究対象とすることについて教育経営学がまったく無関心であったということではない。1960年代から1970年代にかけて，教授・学習組織の改革と称される一連の動きがあった。個人の技量として理解されがちであった授業について，組織の問題として捉える発想や視点を提供したのが教育経営学であり，そこでは小学校を中心に授業研究が盛んになされた。

　しかし，その発展的な継承に道筋をつけられなかったといわねばならず，その意味からも，それら遺産を今日的な文脈のもとに位置づけ，授業からのカリキュラム開発という観点から，新たな展望を開いていくことがカリキュラムの教育経営学に課せられた課題といえよう。

　第3に，カリキュラムの評価について。カリキュラムの教育経営学の構築をめざすにあたって，カリキュラムの評価に関わる研究の在り方を問う必要がある。2017年の学習指導要領改訂では，先にも述べたように学習評価を教育課程や学習・指導方法の改善とともに一貫性を持たせて検討する手法が取り入れられ，学習評価及びカリキュラム評価への取組みが進められた。

　しかし，カリキュラム評価をめぐって残された課題も少なくない。実際に，学校評価とカリキュラム評価が，また，政策評価とカリキュラム評価についても，それぞれ二元的に扱われている現状がある。授業改善への道は開かれつつあるにしても，学校改善や政策の立案と見直しにカリキュラム評価が迫るには，その在り方も含め究明すべき課題が存在している。すなわち，これらカリキュラムの評価をめぐる諸課題への取組みを通して，この領域の確立を図っていくことも，カリキュラムの教育経営学の構築に欠かせない。

　なお，カリキュラム開発をめぐり，研究者と実践家との協働に触れておきた

い。学習指導要領の改訂や教育課程の編成などカリキュラムの開発にあたって，研究者と実践家との協働が問われることになる。開発したカリキュラムを授業を通して検証する。また，授業からカリキュラムにフィードバックを図る。このようなカリキュラム開発に，授業者である実践家の存在を無視することはできず，研究者と実践家との関係が問われることになる。

　両者の関係は，本来的に双方向である。とりわけ，研究開発学校のように新たなカリキュラムを開発していく場合，一方的なアイディアの提供と受容ということではなく，双方の交流による相互作用を通した新たなアイディアの創出が基本的な在り方となる(6)。話を聞く，相談に乗る，一緒に考える，改善策をあげる，アイディアを提供するなど，コミュニケーションを通してカリキュラムを開発していくのである。

　その意味で，両者の関係形成過程そのものがカリキュラム開発のプロセスと重なり，さらには，その創出される内容や形態とも密接に関わってくる。まさに，カリキュラムの教育経営学は，カリキュラムと授業を中心にして，研究者と実践家による相互の創造的関係づくりを通して構築されるといってもよい。

## 3　カリキュラムの普及と受容

　一方，改訂された学習指導要領が学校や教室まで伝わらないといわれることがある。改訂の趣旨や内容が学校や教室において具体化されない，あるいは，手つかずの課題として積み残されるといったことが，改訂のたびに指摘される。学習指導要領は改訂され，それが話題にされても，肝心の教室や学校に余り変化は生まれない。そもそも，改訂された学習指導要領は，文部科学省から教育委員会を経由して学校・教室までどのように伝わっていくのか。これら課題の究明と改善策の提示が問われており，カリキュラムの教育経営学にとって，これまた受け止めなければならないテーマである。

　改訂に際して，学習指導要領の周知に関する取組みとして，伝統的にとられる手法が，「解説書」（かつては「指導書」）の作成であり，また，全都道府県・政令指定都市の指導主事を対象にした説明会の開催（2017年改訂の場合は全国3ヶ所で開催して全教科等の解説を説明）であり，各都道府県等による研修会への文部科学省職員の講師としての派遣であり，「初等教育資料」「中等教育資料」等の出版物への寄稿などである。加えて，先の改訂から，学習指導要領冊子の全教員への配布が加わり，2017年の改訂では，校内研修用として20分

動画（YouTube）資料の作成を加えた。また，保護者などへの情報発信にも力を入れるようになり，パンフレットや動画（YouTube）資料の作成などにも取り組むようになった。

しかし，このように伝えるシステムの整備は一定程度進んでいるものの，学校や教師への情報伝達については一筋縄ではいかないところがあり，実態を明らかにすることをはじめ，その普及・定着のメカニズムの解明が問われている。

このカリキュラムの普及と受容にアプローチした初期段階の研究として，日本教育行政学会の有志会員による研究事業として企画された「学習指導要領の定着過程についての総合的研究（研究代表者：大阪大学人間科学部　金子照基）」がある（1982年度から3年間の期間でなされた）。その成果をまとめた『科研成果報告書』（1985年3月）の「まえがき」には，学習指導要領について法的性質等に関する研究は一定の蓄積をみているものの，その定着過程については手がついていない状況にあると次のように指摘している。

「学習指導要領が告示されて以降，都道府県教育委員会や市町村教育委員会は，それに対して，いかに対応し，指導行政を行っているのか，また各学校では，それらをどのような意識をもって受けとめて対応しているか等々については，研究者の間でも余り関心が払われず，その定着過程についての資料もきわめて乏しい。」

この学習指導要領の普及・定着の解明をめざした研究は，基本となる課題意識を深めつつ引き継がれ，一定の成果の蓄積をみるに至っている。すなわち，学習指導要領が学校に定着することについて，教育行政と学校経営の接点を探る視点から，また，学校の自主性・自律性の関連から解明が進められ，一定の成果の蓄積を見ている[7]。

しかも，この分野の研究は，さらに拡大発展しつつある。学校における組織化過程の研究として深化を遂げつつある一方，政治過程を内包した政策形成・評価過程として学習指導要領を対象にして分析する動きである。

たとえば，政策評価の精緻化など政策評価に関する現実の動きが広まりを見せるなかで政策研究の発展も著しく，政治過程も取り込んだ形で学習指導要領の形成過程が分析の対象として取り上げられるなど，カリキュラムをめぐる研究状況も変化を遂げている[8]。

いずれにしても，改訂の趣旨を教育委員会を経由して学校や教師に伝え，学校・教師として受容するダイナミクスの解明をめざすカリキュラムの普及と定

着に関する研究にしても，政治体制が転換するなかで，新たな文脈のもとでの課題の解明が要請されている。

　教育経営学は，教育政策や教育行政に関わって戦略や戦術を問い，その在り方を探る学問でもある。その意味で，カリキュラムの教育経営学は，学習指導要領の普及・定着に関わるダイナミクスの解明を中心的なテーマとしつつ，カリキュラムに関する政策形成や評価を位置づけ，さらには政策提言への道筋を開いていくことが課題とされる。

## 4　基礎的研究と実践をつなぐ中間領域の形成

　カリキュラムの教育経営学も他の諸学問と同様に，基盤を確かなものにするために基礎研究は欠かせない。教育学の研究方法論に則った学術としての研究成果の蓄積も欠かせない。その一方，授業をはじめとする教育実践の存在も無視することはできない。学術的な研究と教育実践をどのようにつないでいくか。"理論と実践の往還"や，"実践を支える理論"，"実際に役に立つ"といった言葉に託して問い続けられている研究と実践の関係について，カリキュラムの教育経営学にとって避けて通ることのできないテーマとして存在する。

　この両者の関係について，一つの方途として，基礎的研究と応用的研究とに分化・発展させていくことがあげられる。すなわち，研究の学術性を担保するとともに，教育実践とのつながりの確保を応用の分野に託し，両者の分化と発展を図るというものである。

　もちろん，自然科学の分野をそのまま適用できるような単純な話ではない。そもそも学問として応用的な特質を有している教育経営学からして，基礎と応用の分化・発展は容易ではないかもしれない。しかし，カリキュラムの教育経営学の構築を志向する立場からして，基礎と応用の分化・発展を通して教育実践との結びつきを図る方途を探ることも大切にしたい[9]。

　その一方，研究の世界と実践の世界の双方向の還流が一層進むならば，基礎研究と教育実践とをつなぎ，両者を媒介する領域を形成するのも一つの方向と考えられる。それは，基礎的研究と応用的研究という段階から，次の段階へのステップであり，カリキュラムをめぐり研究と実践とを結ぶ独自の研究領域の形成である。まさに臨床としての教育現場を重視し，研究と実践の双方向の還流によって，新たな領域の形成をめざすカリキュラムの教育経営学の構築に関わる戦略であり戦術ということになる。

もっとも，この中間領域の姿や道筋を描くには蓄積も乏しく，現在のところ文字通り模索に近い状況にある。ただ，そのような段階にあるにしても，学校をはじめとする様々な機関において作成される紀要や報告書類などの刊行物への，あるいは，研究と実践とを結ぶ諸々の刊行物などへの着目が問われるところである。

これまでを単純に図式化すると，学術的・研究的なものは学会や大学などの刊行物として，そして，実践的なものは学校や教育センターなどの刊行物として，あるいは，雑誌や書籍として公刊されるものなど，それぞれ位置づけられ棲み分けて扱われ蓄積が図られてきた。

研究者の立場からすれば，学校などで刊行される紀要や報告書類は目にとまることも余りないといった状況があることも否定できない。それらは学術の圏外にあるということである。また，実践家の立場からすれば，研究者がまとめる研究紀要類は視野の外といったところにある。それらは教育実践に役に立たないと受け止められている。

その一方，研究者と実践家のコラボレーションが提唱されるなど，研究や実践をめぐる環境の変化にともない，学術的なるものと実践的なるものとの行き来が生まれるなかで，また，学問の社会的な貢献が問われるなかで，学術書という範疇にも，いわゆるハウツーという範疇にも位置づけにくい，まさに，両者にまたがる刊行物が登場し，蓄積が図られつつあることに注目したい。

これらの動きが，学術と実践を媒介する中間領域を開くことになるか。それとも両者の狭間にあって，いずれ消えていく一時的な現象にとどまるのか。あるいは，量的な拡大はなされるものの，明確な位置づけや性格づけを得られず曖昧な状態に置かれたままとなるのか。それとも，新たなジャンルを開くことになるのか。その動向に着目する必要がある。

いずれにしても，カリキュラムの教育経営学を構築するにあたり，基盤となるのが基礎的研究によって得られた知識であるとともに，教育実践を通して得られた知識もまた同様である。理論と実践，基礎と応用，研究と実践など，この両者の還流から創出される知識こそ，カリキュラムの教育経営学を特色づけることになる。

## 5 諸学問の協働による総合的な考究

カリキュラムに関わる課題は，法制度から政策評価，さらには授業などの教

育活動まで広範に，しかも多岐にわたって存在する。しかも，時代の求めに従って課題解決的な対応が求められることも少なくない。

このようなことから，カリキュラムの研究を進めるにしても，また，実践的な課題対応を図るにしても，教科等の基礎となる諸科学をはじめ，教育学や心理学など学際的な研究による知識の供給が欠かせず，しかも，それを担保する諸学問の協働をもとにした総合的な考究システムが求められる。

その協働によるシステムとして，まずは，教育内容，教育方法，マネジメントの一体的な把握という教育経営学的な思惟と手法を支えるのが，教育学に関わる関連諸領域，すなわち，教育内容・教育方法・教育行政・学校経営・社会教育などの領域間の連携・協働である。

さらには，より広範かつ学際的な協働によるシステムである。わが国のカリキュラムは教科構成をみても，安定的・固定的な構造を維持している。しかし，教科の種類や区分，教育内容や組織，教科間の順序などは，常に時代の波に揉まれてもおり，変化への目配せも欠かせず，カリキュラム全体を視野に収めた諸学問の協働による検討システムの備えも欠かせない。

ちなみに，研究開発学校を中心に教科再編をめぐって活発な動きが見られたのが1990年代であった。たとえば，滋賀県栗東町立治田東小学校「生活体験科」[10]，北九州市立祝町小学校「生活総合科」，福島大学教育学部「地球科」など様々に展開された。

当時，研究開発学校の運営指導委員会のメンバーには，教科教育学，カリキュラム，それに，教育経営学などの研究者，さらに教育委員会関係者など，それぞれの分野の専門家が見られ，そこからは領域間連携・協働によってカリキュラム開発を進めようとする取組みの意図や方向性を捉えることができた。

これら教科構成を見直す取組みは，専門諸科学の知識の質や構造に変化が生まれていることを，そして，それら専門分野の境界に新しい領域が出現しつつあることを，小中学校のカリキュラムに伝えようとした動きとして捉えることができ，その後，持続可能な開発のための教育に関するカリキュラム開発などに引き継がれ，今日に至っている。

その一方，2017年の学習指導要領改訂の基本的方向を示した中央教育審議会「幼稚園，小学校，中学校，高等学校及び特別支援学校の学習指導要領等の改善及び必要な方策等について（答申）」（2016年12月）の，第3章2「(1)教科等を学ぶ意義の明確化と，教科等横断的な教育課程の検討・改善に向けた課題」

には，次の一節がある。すなわち，「議論の上で参考としたのは，国内外における，教育学だけではなく，人間の発達や認知に関する科学なども含めた幅広い学術研究の成果や教育実践などを踏まえた資質・能力についての議論の蓄積である。」と。広範な知のフォーラムを実現させ，学習指導要領の改訂を進めたことを，そして，そのカリキュラム開発が教育学を含めて発達心理学や認知心理学など諸学問の協働によって進めたことを記しており，カリキュラム開発における諸学問の協働について，その在り方を問いかけている。

　いずれにしても，カリキュラムに関する研究にしても実践にしても，関連領域間の連携を必要とする広域のフィールド，諸学問の協働による学際的な考究システムを必要とし，教育学関係者にとどまらず，人文科学者，社会科学者，自然科学者など，それぞれの専門分野を背負って集うフォーラムが，カリキュラム開発の場として求められようとしている。

　その意味で，問われているのは，カリキュラム開発に関するフォーラムへの教育経営学の参加であり貢献である。カリキュラムの開発をめざし異なる領域との交流を通して新たな発想や手法など知的生産物を生み出すことを，あるいは，諸学の協働を促す触媒としての役割を果たすことを，さらには，広域に及ぶフィールドの形成を主導することが求められているということである。

　その一方，カリキュラムをめぐる研究の全体状況は専門分化といってもよい。しかも，それは専門分野の深化というよりも分散，エネルギーの拡散というべき状況にあり，改めて求心力が問われている。その意味で，分化と統合，部分と全体，総合性やバランスなどに関心を払う立場から，カリキュラムの教育経営学がその存在感を高めることが問われている。すなわち，カリキュラム開発における特定の学問領域への傾斜について，諸学問の協働におけるバランスという観点から，カリキュラムの教育経営学が果たすべき役割は少なくない。

　その上で，これまであげてきた5つの課題について，それぞれと向き合い実績を積み上げていくことによって，カリキュラムの教育経営学の内実を整え，全体像を確かなものにすることによって，はじめて市民権を得られることとなると述べておきたい。

[注]

(1)　天笠茂「教育課程と学力にかかわる教育経営」日本教育経営学会編『講座　現代の教育経営2　現代の教育課題と教育経営』学文社，2018年，65-67頁。

⑵　吉本二郎「学校の内と外をみつめて―私の学校経営研究の歩み―」大塚学校経営研究会『学校経営研究』第3巻，1978年，17頁。

⑶　2017年改訂の学習指導要領は，改善すべき事項として，①「何ができるようになるか」（育成を目指す資質・能力）②「何を学ぶか」（教科等を学ぶ意義と，教科等間・学校段階間のつながりを踏まえた教育課程の編成）③「どのように学ぶか」（各教科等の指導計画の作成と実施，学習・指導の改善・充実）④「子供一人一人の発達をどのように支援するか」（子供の発達を踏まえた指導）⑤「何が身に付いたか」（学習評価の充実）⑥「実施するために何が必要か」（学習指導要領等の理念を実現するために必要な方策）など6点をあげ，改訂を進めた。

⑷　天笠茂「カリキュラムリーダーシップ」新潟県上越市立大手町小学校研究紀要『未来を創る　自分をつくる』2014年，8・9頁。

⑸　天笠茂「教育経営学と生活科，総合的な学習」日本生活科・総合的学習教育学会『せいかつ&そうごう』第18号，2011年，51頁。

⑹　天笠茂「カリキュラムの研究と開発をつなぐ―研究開発学校の取組をもとに―」日本カリキュラム学会第29回大会課題研究Ⅱ発表資料，於：北海道教育大学旭川校，2018年6月30日。

⑺　本研究を嚆矢にして，その後，1989年版，平成10年の改訂を対象にした同様の取組みがなされ，その成果として，科学研究費補助金研究『教育課程基準の大綱化・弾力化と学校の自主性・自律性との連関性を規定する要因の研究』（最終報告書）（研究代表者・中留武昭）平成14年-16年度，2005年1月などにまとめられている。

⑻　たとえば，合田哲雄「文部科学省の政策形成過程に関する一考察―『アイディア』と『知識』に着目して―」『日本教育行政学会年報』35号，2009年，2-21頁，天笠茂「現代社会の教育課程政策における政治・行政・経営をめぐる諸課題―教育課程企画特別部会の設置と審議を中心に―」日本カリキュラム学会『カリキュラム研究』第25号，2016年，109-116頁などがあげられる。

⑼　天笠茂「教育実践と教育経営・マネジメント」教育実践学会『教育実践学―実践を支える理論―』大学教育出版，2017年，62-63頁。

⑽　木野和也（滋賀県栗東町立治田東小学校）〈実践研究論文〉「新教科『生活体験科』の導入とそれによるカリキュラム上の変化に関する考察―3年間の研究開発学校としての実践に基づく経験から―」日本カリキュラム学会『カリキュラム研究』第3号，1994年，93-106頁。

●━━ 特集：カリキュラムと教育経営 ━━━━━━━━━━

# 今次学習指導要領改訂の
# 教育課程経営論的検討

花園大学 植 田 健 男

名古屋市立駒方中学校 首 藤 隆 介

## はじめに

　「教育課程」は，戦後になって生まれた用語であるが，それは単なる「教育内容（方法）」を意味するものではなく，後述するように，本来は，一つひとつの学校において地域や子どもたちの実態に応じてつくられる，教科，教科外にわたる教育活動の全体計画を意味するものであった。こうした意味において，それは，まさに学校教育の中核に位置するものと言える。したがって，「教育課程」は，決して，教育方法学研究の範疇にのみとどまるものではあり得ず，学校づくりを考えると，教育経営学にとって中心的なテーマと言っても良いものである。実は，この点にこそ今回検討すべき最も重要な論点が存している。

　そもそも学習指導要領は，戦後初期（1951年版）から今日に至るまで「教育課程の基準」として位置づけられ続けてきている以上，常に，「教育課程」との関係において論じられるべきものであった。しかし，「教育課程」が，単なる「教育内容（方法）」としてしか捉えられなくなってしまっている深刻な現実があり，そして，それは「学習指導要領」の歴史的な性格変更と結びついていたことを，改めて想起しなければならない。

　すなわち，1958年改訂から，学習指導要領は教育課程の「国家的基準」であり，「法的拘束力」を有しているとする文部省の見解の下に，それを「基準」として教科書検定が行われ，そこに書かれている教育内容（方法）がそのまま学校において教えられるという体制が確立されていった。そうしたなか「教育課程」と呼ばれるものの実質は，極度に制約されることになり，せいぜい学校で教えられるべき教育内容といった（程度の）理解が，学校現場において定着

させられていくことになったのである。

　しかし，そうした過去半世紀以上にもわたる経緯を振り返った時，今次学習指導要領の改訂は，これまでの「教育課程」の在り方を根本から問い，その見直しを迫るものとなっている，という点において歴史的な意味を持っている。とりわけ，今次の学習指導要領の改訂の過程においては，先のような「教育課程」の現実態に目が向けられ，本来「教育課程」が持つ意義が語られ，さらに「社会に開かれた教育課程」といった問題提起までなされている。

　これまでの改訂のように，単なる教育内容の見直しにとどまるものではなく，その本来の意義の確認とともに「経営」的側面に着目している以上，改めて，「教育課程の経営」が問われていることは間違いない。しかしながら，それにも関わらず「教育課程経営」や「教育課程編成」ではなく，前面に押し出されている鍵概念は，明らかに「カリキュラム・マネジメント」となっている。まさに，その何たるかが理論的にも実践的にも大きな課題として浮上しているのである。近接する教育学の他分野においても「カリキュラム・マネジメント」に関する文献が次々と出版されている今日の現状を考えても，なおさらその課題は切実なものとなっている。

　果たして，「教育課程」と「カリキュラム」との違いは何か，「教育課程経営」と「カリキュラム・マネジメント」とは同義のものと考えて良いのか，といった検討が見事なまでに欠落していることも看過するわけにはいかない。

　過去を振り返ってみれば，わが学会の紀要においても，「教育課程」ないしは「カリキュラム」に関連する特集は，第41号の「新しい教育課程と学校経営の改革課題」以降は組まれていない。そこで，先のような今日的課題をどのように把握するべきなのかについて，教育経営研究の再構築に関わる提案を試みることとしたい。

# 1　戦後初期学習指導要領における「教育課程」の意義

　周知のように，戦後初となる1947年版学習指導要領は「教科課程の基準」と位置づけられていたが，学校教育法施行規則改正において「教育課程」という用語が登場し，1951年版からは学習指導要領は「教育課程の基準」と位置づけ直され，それについては今日まで変わっていない。しかし，単にそれまでのように教科だけではなく教科外活動も含まれるようになった，ということにとど

まるものではない。子どもたちは，教科の学習のみで成長・発達していくのではなく，教科外での活動とも相俟って，その相互作用の中で成長・発達していく。こうして，基本的には，教育課程は子どもたちや地域の実態に応じて，一つひとつの学校でつくられる教科・教科外にわたる「教育活動の全体計画」としての意味合いが明確にされるようになったのである。

　教育課程は，少なくとも教科領域における子どもたちに教えるべき教育内容といった理解は，あまりに狭きに失すると言わざるを得ない。また，教科課程についても，算数のような教科でさえ，地域や子どもたちの実態に応じて，一つひとつの学校ごとにつくられるものとされており，もっぱら学校同士の共通性や画一性を重視するようなことは考えられていなかった。

　そして，その教育課程は教師のみによってつくられるものとは考えられておらず，「本来，教師と児童・生徒によって作られる」ものとされており，さらに「教師は，校長の指導のもとに，教育長，指導主事，種々の教科の専門家，児童心理や青年心理の専門家，評価の専門家，さらに両親や地域社会の人々に直接間接に援助されて，児童・生徒とともに学校における実際的な教育課程をつくらなければならない」とされていたのである。教育の専門家である教師には，このようにしてつくられた教育課程（教育活動の全体計画）にもとづいて各教科や学級において組織，計画化され，展開される具体的・個別的な教育活動について教育実践上の自由や権限，そして責任が与えられるとしても，それぞれの学校の教育活動の全体計画をつくるのは，（例え，教育の専門家であっても）独り教師たちのみではなく，先のように一つひとつの学校における教育関係当事者たちの共同のもとでつくられることが想定されていた。

　さらに重要なのは，その教育実践の結果を受けて，関係者による教育課程の妥当性についての検証，つまり「評価」が組み込まれていたことである。つまり，敢えて「教育課程経営」や「教育課程編成」という言葉を使わずとも，「教育課程」そのもののなかに「教育課程づくり」とも言うべき要素が含み込まれていた。そもそも教育基本法第10条は「教育行政」という言葉で括られるようなものではなく，とりわけ1項は「教育の直接責任」制とも言うべき教育経営に関わる最も基本的な原理が含まれていたと理解されるが，それはこうした教育課程の内容とつくられ方によってはじめて担保されるものなのであった。そうした制度的な枠組みは戦後教育改革期において制定された各種の教育法においてではなく，初期学習指導要領において示されていたものと理解される。

## 2 今次学習指導要領における「カリキュラム・マネジメント」

　今次学習指導要領において，「教育課程」の経営的行為を包括するような概念として登場するのが「カリキュラム・マネジメント」である[1]。文部科学省『中学校学習指導要領解説　総則編』（2017年7月）では，「教育課程」と「カリキュラム・マネジメント」の関係性について，以下のように説明している。

　「教育課程はあらゆる教育活動を支える基盤となるものであり，学校運営についても，教育課程に基づく教育活動をより効果的に実施していく観点から組織運営がなされなければならない。カリキュラム・マネジメントは，学校教育に関わる様々な取組を，教育課程を中心に据えながら組織的かつ計画的に実施し，教育活動の質の向上につなげていくこと」（文部科学省 2017b：40頁）。

　「教育課程を中心に据え」た「様々な取組」には，学校全体で取り組むことから教師個々人で取り組むことまで様々なレベルがあるが，それらはすべて「カリキュラム・マネジメント」の対象となる。「カリキュラム・マネジメント」は非常に多義的な概念（行為）として提起されていると言えよう[2]。

　では実際のところ，どのような「マネジメント」の展開が想定しうるのであろうか。このことは，学習指導要領に法的拘束力があるとされる現状で，実際に各学校や教師にどのような裁量があるのかという点に大きく関わっている。よって，今次学習指導要領下における学校の裁量に注目し，「教育課程」及び「カリキュラム・マネジメント」が学校現場に及ぼす影響を，公立中学校を想定して検討する。

## 3 今次学習指導要領下における学校の裁量

### (1) 各教科等の授業時数について

　各教科等の授業時数に関しては，学校教育法施行規則第73条別表第2において各教科等の年間授業時数の「標準」を定め，学習指導要領において年間の授業週数（35週）を定めている。この「標準」の意味するところは，この授業時数を上回る授業時数で教育課程を編成することが可能であることを指し，この授業時数を下回って教育課程を編成することは「学習指導要領の基準性の観点から適当とは考えられない」（文部科学省 2017b：60頁）とされている。

では標準時数を上回る授業時数を計画できるかといえば，現実的にはかなり厳しい。一般的な公立中学校の年間総授業時数は，「別表第2」における年間総授業時数とほぼ変わらず，特定の教科の時間数を標準時数以上に設定する余裕はないからである[3]。

よって，多くの公立中学校において，新たに独自の教科を創出したり教科を再編したりするというようなことはできない。また，各教科の年間総授業時数を各学校によって増減するような工夫も，ほぼできない状態であることは，これまでと同様である[4]。

### (2) 「総則」における「内容等の取扱い」について

今次学習指導要領総則では，「教育課程」についての言及は増えたが，新設された部分は理念的な内容がほとんどであり，学校の裁量を具体的に示す「内容等の取扱い」に関しては，現行とほぼ変わらない。

まず，「学習指導要領に示している内容は，全ての生徒に対して確実に指導しなければならないものである」（文部科学省 2017b：13頁）という説明は変わらない。その「内容」については，今回新たに，生徒に育成すべき「資質・能力」によって再整理されたことが注目されているが，この再整理は，「各教科等において示す目標，内容等の範囲に影響を及ぼすものではなく」，「各教科等の目標，内容等が中核的な事項にとどめられていること，各学校の創意工夫を加えた指導の展開を前提とした大綱的なものとなっていることは従前と同様である」（文部科学省2017b：15頁）とされている。

従前及び今次学習指導要領の内容等が「中核的な事項」「大綱的なもの」となっているのかについては大いに疑問であるが[5]，少なくとも今次の改訂に伴って，各教科等において示される目標や内容等を従前に比べ少なくしたり大綱化したりしておらず，学校の裁量が拡大したわけではないことが述べられている。

### (3) 学校や教職員の「創意工夫」について

また，「学校や教職員の創意工夫が重視されているところ」として示されている内容も従前と変わらない（文部科学省 2017b：15頁）。

「生徒の学習状況などその実態等に応じて必要がある場合には，各学校の判断により，学習指導要領に示していない内容を加えて指導することも可能」で

あるという規定は，教科書に書かれていない発展的な内容などを指導してもよいという，各教科等の指導計画・授業内容・方法レベルの話であり，前述のように新しい教科の創設などは実質的に不可能であると言える。「各教科等の指導の順序について適切な工夫を行うこと」についても，各教科等の指導計画・授業内容の工夫のレベルである点では同様である。しかも，各教科等の内容や指導の順序に関しては，学習指導要領だけではなく，教育委員会レベルでの「教育課程の基準」や，使用義務があるとされる検定教科書の内容・構成に拘束されがちなこと，高校入試への対応が求められることなど，多くの実質的な制約があり，その制約にいかに沿うかという「工夫」となる場合が多い。「授業の1単位時間の設定や時間割の編成を弾力的に行うこと」に関しても各教科等の年間授業時数を確保するなどの縛りがあること，勤務時間に制約がある非常勤講師やTT（チームティーチング）の増加により，既に時間割は弾力的な編成ができない状態になっていることなどを考えると，子どもの実態からスタートした創意工夫とはなりにくい。

　上記の学校の裁量に比べ，レベルの違う裁量が想定されているのが「総合的な学習の時間において目標や内容を各学校で定めること」である。「総合的な学習の時間」（以下，「総合」とする）以外の各教科等については「全ての生徒に対して確実に指導しなければならないもの」（文部科学省 2017b：13頁）として「内容」が示されているが，「総合」はその「内容」を「各学校において」定めるとされている（文部科学省 2017a：159頁）。「他教科等の目標及び内容との違いに留意」するなどの配慮事項は規定されているものの，「内容の取扱い」についても他の教科等と異なり抽象度が高く，各学校で生み出すことができる時間として設定されていると言える。

　以上のことから，今次学習指導要領改訂に伴い，教科目の設定や授業時数，内容の取扱いについて，具体的な学校の裁量は従前と基本的に変化していないこと，その学校の裁量は，「総合」の内容以外は制約が多く「創意工夫」を生かしづらい状況にあると言える。

## 4　学校現場で展開されうる「カリキュラム・マネジメント」の枠組み

### ⑴　「カリキュラム・マネジメント」の二つのレベル

　各学校において行うことができる「カリキュラム・マネジメント」は，「総

合」「特別活動」などの教科外活動と，各教科とでは，かなりレベルの違うものになる。

前述のように，「総合」は学習指導要領で規定される「内容」がなく，教科書もない。各学校において，「内容」をゼロから組み立てることもでき，教職員集団で組織的に行わなければならないものでもある。「特別活動」においては，学習指導要領に「目標」や「内容」が定められているものの，教科と比べ抽象度が高く，教科書もない。これら教科外活動は，今回提起された「カリキュラム・マネジメント」が，まさしく必要とされる領域である。

一方，各教科においては，「全ての生徒に対して確実に指導しなければならない」とされる「内容」が学習指導要領に定められ，それを基にした検定教科書がある。少なくとも「総合」のようなレベルの「カリキュラム・マネジメント」ではないことは明らかである。

### ⑵　各教科における「教科等横断的な視点」

では，各教科における「カリキュラム・マネジメント」は何を行うことなのか。

今次学習指導要領における「カリキュラム・マネジメント」の「三つの側面」[6]に注目すれば，それは「教科等横断的な視点」で教科内容（指導計画）を組み立てていく，ということになる。各教科等の「目標，指導内容の関連を検討し，指導内容の不必要な重複を避け」，「指導の時期，時間配分，指導方法などに関しても相互の関連を考慮」した上で計画を立てるために「指導計画の作成者相互で必要な連絡を適宜行い，学校全体で組織的に進める」ことなどを想定しているようである（文部科学省 2017b：70頁）。

しかし原則すべての教科を学級担任が担当する小学校と異なり，教科担任制の中学校では，このような作業は困難である。同学年を担当する全教科の教員が年間指導計画を持ち寄ってその指導順序を総合的に組みなおすような作業はとてつもない労力が必要であり，現実的ではない[7]。

## おわりに

今回提起された「カリキュラム・マネジメント」は，その文言だけ見れば，生徒や地域の実態に合わせた教育活動を，各学校において自律的に組み立て，実施し，評価・改善していくという営みが求められているように受け取れる。

しかし，実際にこのような教育活動の展開ができる可能性があるのは，主に「総合」や「特別活動」といった教科外活動においてである。「各教科」では，学習指導要領等で学校・教師の裁量をかなり制限していることは従前と変わらない。各教科における「カリキュラム・マネジメント」として提起された「教科横断的な視点」での取組の現実は，教職員集団として組織的に年間指導計画の配列を構築し直すレベルは困難で，個々の教師が，担当する教科において，他の教科で取り扱われる関連する内容を「考慮して」授業を工夫するというレベルを超えることはない。そしてこのような工夫に関しては，特段新しい視点ではなく，これまでにも多くの教師が行ってきたことである。

　授業時間数では中学校の教育活動の90％を占める各教科に関することが，結局のところ，各学校・教師にとっての「カリキュラム・マネジメント」となり，それは「教師個々人の授業方法の工夫と改善」のレベルのものとなる。これは教科・教科外にわたる教育活動の全体計画として教育課程を捉え，子どもたちや地域の実態に応じて，教師だけでなく保護者や地域住民などの様々な主体がその経営に関わるという，1951年版学習指導要領の教育課程経営論とは根本的に異なる，非常に狭い領域にとどまる経営論である[8]。

　学習指導要領等による国家的統制の中で，部分的に許された学校の裁量のレベルが各教科と教科外などで異なり，それによって行うことができる「マネジメント」のレベルも異なる。そのためか，「カリキュラム・マネジメント」は，敢えて「カリキュラム」や「マネジメント」の定義をせずに，このようなレベルの違う行為を包括する曖昧な概念として，ある意味都合よく用いられている。しかし結果的に，行政行為を所与の条件としていることになり，本来目指すべき教育課程経営の全体像も描けず，そもそも国家的統制がどの程度必要なのかといった問題も含めて，どこに実践上の制約や困難があるのかを分かりにくくさせるものとなっている。

　この「カリキュラム・マネジメント」がもたらす実践上の問題を認識した上で，教育課程経営論の再構築を目指す必要がある。そのためには学習指導要領の「内容」を法的拘束力の及ぶ範囲とされる大綱的基準としてどこまで認めるのかという従来の議論に加え，各学校においてどのような教育課程「経営」が必要かという観点から「教育課程の基準」とされる学習指導要領の位置づけを問い直すなど，教育課程行政の在り方も含めた検討が必要であろう[9]。

今次学習指導要領改訂の教育課程経営論的検討

［注］

(1) 「カリキュラム・マネジメント」の用語が用いられたのは，学習指導要領自体では今回（2017年）が初めてであるが，2003年中央教育審議会答申から用いられ，『中学校学習指導要領解説　総合的な学習の時間編』（2008年）でも用いられている。

(2) 今次学習指導要領の「総則」改訂の中心となった天笠茂（教育課程部会総則・評価特別部会主査）は，「『教育課程』と『カリキュラム』については，訳語と原語という関係で両者を同義に捉えることもできる」とし，「両者を同義に捉える立場をとっている」としている（天笠 2013：61頁）。一方，小泉祥一は，中央教育審議会答申や学習指導要領には「カリキュラム」と「マネジメント」の明確な定義が見られず，「『教育課程』という法令用語を用いた説明の中に，突然「カリキュラム」という研究用語が使用され，その用語の使用に理解しにくい面が見られる」とし，「『法定責任を伴う学校や教師の職務』においては，もともと多義性を持ち，範囲が不確定の『カリキュラム』という用語ではなく，『教育課程』という明確な法令用語を用いるべきである」と指摘している（小泉 2018：57頁）。

(3) 例えば，ある公立中学校の2018年度の年間授業日数は，199日（始業式などの式日も含む），年間総授業時数は1,019時間である。「別表第2」における年間の総時間数の合計は1,015時間であるため，この時間数を確保するには，学校の裁量として充てることができるのは年間4時間となる。学習指導要領に従えば，この4時間で「別表第2」に時間数として配当されていない「生徒会活動」及び「学校行事」を行わなければならないことになる（首藤 2018）。

(4) ただし，土日や夏季休業日などに授業を設定する場合はこの限りではないが，生徒の負担過重となることや，現在問題となっている教員の多忙化に拍車をかけることが危惧される。

(5) 例えば，中学校学習指導要領（社会）において「『聖徳太子の政治』を取り上げる際には，聖徳太子が古事記や日本書紀においては『厩戸皇子』などと表記され，後に『聖徳太子』と称されるようになったことに触れること」（文部科学省 2017a：55頁）との記述があるが，これが「中核的な事項にとどめられている」と言えるであろうか。

(6) 「生徒や学校，地域の実態を適切に把握し，教育の目的や目標の実現に必要な教育の内容等を教科等横断的な視点で組み立てていくこと」，「教育課程の実施状況を評価してその改善を図っていくこと」，「教育課程の実施に必要な人的又は物的な体制を確保するとともにその改善を図っていくこと」とされている（文部科学省 2017b：40頁）。

(7) 天笠は「教科書の指導書に収められた年間指導計画は…（中略）…その教科の枠を超えて単元間の関係を調整して位置付けることは困難と考えられる」ので「その

作業は，それぞれの学校においてということであり，学年においてということにな
る」（天笠 2013：68頁）としている。しかし，この発想は，小学校ならばともかく，
教科担任制の中学校で果たして現実的なものと言えるのかどうかは疑問と言わざる
を得ない。

⑻　1951年版学習指導要領では「教育課程経営」という用語は使用されていないが，
「学校における教育課程の構成」などの章では，教育課程経営論が展開されていると
言える（首藤 2001）。

⑼　本稿は，植田が全体を監修したが，「はじめに」および「1」については主に植田
の，「2」以降の部分については主に首藤の考えに拠っている。


［引用文献］
・天笠茂『カリキュラムを基盤とする学校経営』ぎょうせい，2013年。
・小泉祥一「学校における教育課程経営の意義と課題」（日本カリキュラム学会第28回
大会課題研究Ⅲ発表要旨）『カリキュラム研究』第27号，2018年。
・文部科学省『中学校学習指導要領（平成29年告示）』2017年 a。
・文部科学省『中学校学習指導要領解説　総則編』2017年 b。
・首藤隆介「戦後初期の教育課程経営論（Ⅱ）―学習指導要領における教育課程概念
に注目して―」名古屋大学大学院教育発達科学研究科教育経営学研究室編『教育に
おけるアドミニストレーション』第 3 号，2001年。
・首藤隆介「A 中学校の教科外活動からみる教育課程経営の課題―授業時数の配当を
中心に―」亀井浩明・大脇康弘・南部初世編『高校教育像第 3 集「高校教育像」再
構成の視点―他国における中等教育制度改革からの示唆―』日本教育制度学会後期
中等教育部会（2014年11月〜2017年11月），2018年。

●━━ 特集：カリキュラムと教育経営 ━━━━━━━━━━━━

# 地域カリキュラムのマネジメント
# と地域教育経営の課題

北海道教育大学 玉 井 康 之

## はじめに―現代の学校とカリキュラム経営の課題

　AI 時代の学校に求められる課題は，予測を超えた複雑な文脈の中で，答えのない課題に対しても状況を理解し，多様な他者と協働しながら，目的に応じた納得解を見出すことができる人間を育成することである。このような中では複雑な現実の地域・社会に対応できるような学校カリキュラムをマネジメントしていくことが求められる。

　本論文の課題は，学校に求められる教育課程や指導内容が大きく変化しカリキュラム・マネジメントが求められる中で，地域カリキュラムのマネジメントが求められる背景をとらえると共に，これに対応した地域教育経営の課題をとらえることである。地域カリキュラムが求められる基本的な理由は，最も「社会に開かれた教育課程」を具現化しやすく，実践的に総合的・教科横断的なカリキュラムをマネジメントしやすいからである。

　もともと学校経営の概念が発展してきたアメリカでは，州ごとにも学校ごとにもカリキュラムが大きく変わるが，日本では学習内容は学習指導要領に沿って統一的・体系的に構成されている。そのため日本では，各教科・単元の時数も定められており，基本的な教育課程は所与のものとして取り扱われ，学校経営の領域の中でも，アメリカに比して相対的にカリキュラム全体を再編する必然性は乏しかった。全国どこでも基本的なカリキュラムが同じであるために，ある意味では校長が 2 年ごとに代わっても，学校経営ができるとも言えよう。

　日本においても，戦後の地域社会学校の取り組みを含めて，カリキュラムを創造する取り組みは各地で実践された。その際に学校に求められるのは，単に

日本教育経営学会紀要第61号・2019年

学校内の教育課程の編成に留まらず，カリキュラムを地域に応じて創造する取り組みであった。そのために新井郁男氏は，学校を「地域の中の重要ではあるが，一つの教育機関としてとらえ，地域の中に潜在的に存在している様々な教育的な物や人を有機的に関連付けて教育的に活用すること」(1)が重要であるとした。このためには，管理職の教育経営力が重要な課題となる。

　日本の高度経済成長期では，いわゆる先進国への追いつき型の人材育成の側面が強くなり，客観的・科学的な知見に基づいた知識獲得の総量が重要な条件となった。しかし，知識・技能の最低限の内容を示しつつも，新しい時代の生きる力を再考し，学校と地域の状況に応じて，次代に対応した様々なカリキュラムのマネジメントが課題になっていることは避けられない。教科横断型・学年間のカリキュラムや，地域に応じた総合的な学習の運営など，校長のカリキュラムビジョンの提案も不可欠となっている。天笠茂氏は，「カリキュラムを基盤としたマネジメントこそ，学校経営の柱をなすもの」(2)と指摘している。このような次代のカリキュラム内容とカリキュラム・マネジメントは，教育経営の大きな課題になっている。

# 1　社会環境の変化に対応したカリキュラムづくりと地域教育経営

## (1)　地域を活かしたカリキュラムづくりと「生きる力」

　日本教育経営学会のこれまでの蓄積としては，『教育経営と教育課程の編成・実施』(3)において，「地域環境の活用と展開」が取り上げられている。ここでは，高度経済成長後の子どもの発達環境の変化を抽出して，学校教育活動に活かすことの重要性を指摘している。これらの地域環境を活かす必要性を前提にしつつ，さらに実際の教育課程の中の具体的な取り組みを通じて展開することが必要になる。地域を活かす教育活動は，単に特別活動の中での地域体験活動や地域行事に留まるものであってはならない。これらの地域体験活動等は戦後の「はいまわる経験主義」としてその課題が指摘されてきたところである。

　教育課程として地域を活かす上で大きな転機となったのは，2002年に新たな分野として創設された「総合的な学習の時間」である。この「総合的な学習の時間」では，教科の体系性だけではなく，様々な地域社会の現象等を取り上げて，地域の探究活動を進めていくことを目指して創設された。しかし，折しも国際的な学力低下問題が大きな課題となり，問題提起された「生きる力」も

「学力」との対峙的な概念として認識され，「総合的な学習」の位置づけも低下した。

　これまでも「生きる力」「学力」の概念は大きな議論となっていたが，天笠茂氏は2016年の中央教育審議会答申「幼稚園，小学校，中学校，高等学校及び特別支援学校の学習指導要領等の改善及び必要な方策等について」(4)では，新しい「生きる力」は二項対立的な段階から包括的な内容に発展したことを指摘し，さらに「つなげるというマネジメント」が不可欠であることを指摘した(5)。

## ⑵　社会変化に対応した資質・能力の育成とカリキュラム・マネジメント

　2017年公示の学習指導要領では，「何ができるようになるか」を目指しながら，「未知の状況にも対応できる思考力・判断力・表現力等の育成」と「学びを人生や社会に生かそうとする力・人間性の涵養」と「生きて働く知識・技能の修得」の3つを柱として推進することとなった。またそのための教育課程の理念として，「よりよい学校教育を通じてよりよい社会を創るという目標を学校と社会が共有し，それぞれの学校において，必要な教育内容をどのように学び，どのような資質・能力を身につけられるのかを明確にしながら，社会との連携・協働によりその実現を図っていく」こととした。すなわち社会とのつながりを重視していることが読み取れる。

　このように新しい資質・能力では，社会との連携を意識し「知識・技能」に加えて「思考力」「人間性」が求められるようになった。これは学校の知識が目指すものは，教科の問題が解けることだけではなく，現実社会の中で課題を発見し，それを自ら解決できる力が求められることを意味している。このためにはあらゆる知識と知識を結びつけた思考力の育成が不可欠である。

　このような内容が提起された背景としては，これまでの学校での知識・技能が結果として学校で問題が解けることに終始しており，社会に必ずしも開かれていなかったことを背景としている。学校で学ぶ内容も社会に活かせるように活用することが大事であることを強調したということである。とりわけ思考力・判断力等は，目に見えにくく点数化しにくい。このような，成果が見えにくいものはこれまで軽視されがちであった。このような資質・能力を育成するためには，これまでの知識・技能を蓄えるだけでなく，それらを総合的に判断しながら，実際に活用してみることが不可欠となる。

この新たな資質・能力の育成のために，カリキュラム・マネジメントが提起された。前掲2016年の中央教育審議会答申「幼稚園，小学校，中学校，高等学校及び特別支援学校の学習指導要領等の改善及び必要な方策等について」では，カリキュラム・マネジメントの3つの視点として，以下が提起された。

「①各教科等の教育内容を相互の関係で捉え，学校教育目標を踏まえた教科等横断的な視点で，その目標の達成に必要な教育の内容を組織的に配列していく。」「②教育内容の質の向上に向けて，子供たちの姿や地域の現状等に関する調査や各種データ等に基づき，教育課程を再編し，実施し，評価して改善を図る一連の PDCA サイクルを確立する。」「③教育内容と，教育活動に必要な人的・物的資源等を，地域等の外部の資源も含めて活用しながら効果的に組み合わせる。」

すなわち教科横断的な視点で，子ども・地域の実態に応じて教育課程を再編し，その教育内容と教育活動に必要な地域資源を効果的に組み合わせてカリキュラムを運営することである。この地域の活用は，知識・技能を抽象的に現実の社会と結びつけてとらえるだけではない。机上で抽象的に思考するだけでなく，実際に課題解決のために企画・行動することも含まれる。

子どもにとって働きかけられる身近な社会は，学校区や自治体の範囲を中心とした地域である。このような身近な地域社会をカリキュラムに活かし，そのカリキュラムを通じて思考力を高められるような地域カリキュラムづくりが重要になる。このようなカリキュラムを学校全体で推進するためには，当然教科や学級担任を超えて，学校全体で教育経営計画を立案していく必要がある。

## ⑶　カリキュラム・マネジメントと地域教育経営研究

すでに述べたようにカリキュラム・マネジメントにおいては，「教育内容の相互の関係」を重視することが重要であるため，様々なカリキュラムの分野・単元を結びつけて総合化していく必要がある。例えば，①総合的な学習と教科，②教科と教科，③既習単元と現在学習単元，④特活と道徳と総合，⑤地域体験活動と学校教育活動，⑥地域社会の現実的課題と学校教育活動，などのカリキュラムの総合化である。

このような中で最もカリキュラム・マネジメントを実施しやすいのは，総合的な学習活動を中心とした活動である。総合的な学習は，定められた統一内容があるわけではないので，学校の裁量によって，あらゆる教育活動を結びつけ

ながら発展的な内容を構築することができるからである。すでに総合的な学習
を中心としたカリキュラム・マネジメントの実践開発も様々な学校で進められ
ている[6]。

さらに「教育内容と，教育活動に必要な人的・物的資源等を地域等の外部の
資源も含めて活用」[7]することが重要であるとしたら，様々な学校と地域のあ
らゆるものを経営に活かしていくことが不可欠となる。総合的な学習を進める
場合にも，地域を分析するなど，地域を活かした探究的な学習活動を進めてい
けば，子どもにとっては身近な学習活動となる。同時に地域の探究的な学習活
動は，科学的・客観的な分析を含むものであるため，単なる体験活動を超える
内容を追究することができる[8]。

このような地域の資源を含めた様々な領域の結びつけは，校長一人で提案で
きるものではないが，校長がこれらを結びつけていくことを提案し，そのため
に，単元・教科間の様々な連関をとらえながら，カリキュラムを創っていくマ
ネジメントの運営方法は提案できる。カリキュラム・マネジメントは，最初に
できあがったカリキュラムを想定できるものではなく，カリキュラム連関の思
考方法であるため，様々な教員が関連性を出し合いながら，個々の子どもに関
連性を意識づけしていく学習過程として提案していくことが重要である。この
ような学習過程を含めた様々なカリキュラムのマネジメントの方法をいかに校
長が提案できるかが地域教育経営研究の課題ともなる。

## 2 カリキュラム・マネジメントを支える学校運営と地域教育経営研究

### (1) 学習過程のカリキュラム・マネジメントと学校運営

思考力・実践力の育成と社会に開かれた教育課程をいかに具現化するかけ，
時間割の中での編成だけでは到達し得ない。子どもの学習過程と学習方法のあ
り方と，学習内容の再編も含めたカリキュラム・マネジメントが不可欠となる。
そのためにICTや教師間の協力的な指導などを活用した効率的な授業を進め
ることも必要となる。天笠氏は，学習環境の整備とそれを活かしたカリキュラ
ム・マネジメントを進める上で，「デジタル教科書に象徴される教育の情報化」
や「教師の協力的な指導」も重要な課題となるとしている[9]。

これは学校の学習過程が変わるだけでなく，教科の学習があらゆる学校外の
社会とつながる条件ともなる。教師間の協働をカリキュラム・マネジメントの

要素として定義することで，指導形態や指導方法の新しい形態を創ることができ，また地域の単元・教科カリキュラムの実践を持ち寄ることで，地域の資源・教材を用いた創造的なカリキュラムを創ることができる。このような学習環境を新たに活用し，協働的な指導によって新しい指導方法をどのように創っていくかは，カリキュラム・マネジメント研究の大きな課題となる。それを実現できる教育課程経営が，社会に開かれた教育課程の具現化の重要な条件となる。

## ⑵　コミュニティスクールと地域教育経営研究

　学校のカリキュラムにおいて，地域と連携し地域を活かすためには，本来的に学校と地域が連携して学校の運営を進めていることが条件となる。「学校と地域の連携」は，久しく「開かれた学校づくり」を目標にされてきた。これは初期の課題としては，学校運営が学校内で閉じられた側面が強かったことを踏まえて，学校の中に様々な人が関わることを目指したものである。

　このため外部評価制度を含めて，特別活動・学校行事・体験活動・防犯・放課後活動・地域行事・ボランティア活動・社会教育活動などを通じて様々な人が関われる取り組みを進めてきた[10]。ただ初期の学校と地域との連携活動は，学校教育の教科横断型や総合的な学習を含めたカリキュラム全体に関与するというよりは，学校の行事等を中心として関わることが多かった。

　これに併行して，学校が地域と関わる学校運営を強力に推し進めたのが，コミュニティスクールである。コミュニティスクールが求められる社会的背景は，①家庭教育力および地域教育力の低下，②保護者間のコミュニケーションの減少，③学校に求められる役割が過度に拡大，④学校・子どもが抱える課題も複雑化・困難化，などの現象に対して，学校も家庭も地域も単独では活性化できない状況がでてきているからである。このため学校・地域の連携による学校づくり・地域づくりを進めていくことが課題となっている[11]。

　新たな段階としてこのコミュニティスクールは，2015年の中央教育審議会答申「新しい時代の教育や地方創生の実現に向けた学校と地域の連携・協働の在り方と今後の推進方策について」[12]において，①「学校を応援し，地域の実情を踏まえた特色ある学校づくりを進めていく役割を明確化する必要」があること，②「学校運営協議会において，学校支援に関する総合的な企画・立案を行い，学校と地域住民等との連携・協力を促進していく仕組み」を創る重要性が

明記された。

さらにこのコミュニティスクールは，2017年の「地方教育行政の組織及び運営に関する法律」[13]の一部改正によって，教育委員会は公立小・中学校に「必要な支援に関して協議する機関として，学校運営協議会を置くように努めなければならない」とした。これにより，全ての公立小中学校が，地域と連携しながら教育経営を進めていく必然性が生まれた。逆に学校からすれば，地域と連携してカリキュラムを創る条件ができたと言えよう。

併行して提起された2015年の中央教育審議会答申「チームとしての学校の在り方と今後の改善方策について」[14]では，学校のマネジメント機能と校長のリーダーシップの発揮を強調すると同時に，家庭・地域との協働や専門機関を活かした教育活動を提起している。これらの「チームとしての学校」を実践的に推進しながら教育経営を行う取り組みの実践方策についても，理念的に推進されている[15]。このチーム学校のあり方も地域教育経営研究の重要な課題となる。

この地域と連携した教育経営が，外在的な学校評価に留まる場合は，学校教育活動の大きな発展契機とはなり得ない。地域と連携して，地域探求学習活動や地域体験活動などのカリキュラムを全体として再編し，それを積極的に学校から提起していく教育経営のあり方が問われる。それによってコミュニティスクールが，カリキュラム・マネジメントの担い手になっていく。このコミュニティスクールがカリキュラム・マネジメントの担い手となる学校経営のあり方は，地域教育経営研究の今後の大きな課題となる。

## ⑶　少子化を踏まえたカリキュラム・マネジメントと地域教育経営研究

学校環境を取り巻くもう一つの大きな課題は，全国的な少子化と学校小規模校化の変化である。とりわけ地方では，学校規模も二極化してこれ以上統廃合がさない地域では，今後も小規模校化するだけとなっている。

少子化・小規模校化の中では，全学年単級化して，クラス替えもない学校が増えるため，人間関係づくり・集団関係づくりも意識的に取り組まなければならない。一方，個々の子どもの状況を把握しながら授業展開ができるために，活動的な授業や全員参加型の授業展開ができやすく，また地域体験活動や地域探求活動を含めたカリキュラムを導入しやすくなる。すなわち少子化・小規模校化の中では，地域と連携したカリキュラムや学校間・地域間の交流活動も一

層導入しやすくなり，これらを意識した地域教育経営のあり方が求められる[16]。

また少子化の中では地域も過疎化しており，この地域の衰退問題と併せて学校経営を考えなければならない。地域が衰退する中では学校も衰退する傾向が強く，子ども達も雰囲気として学習意欲を低下させてしまう。このような中で，過疎化に対抗した地域づくりの教育活動との連携も重要な課題となる。2018年の中央教育審議会答申「人口減少時代の新しい地域づくりに向けた社会教育の振興方策について」[17]は，社会教育と連携した学校経営も指摘している。

また子ども達が地域を調べて地域をよく知り，その中で地域を誇りに思う教育活動は，アイデンティティを育成する地域づくり活動になっていく。このような教育活動は，"地域素材の活用"から地域課題を対象としたカリキュラムづくりに発展していく活動である。すなわち長期的にはやがて地域づくりの担い手としての学校教育活動を進めることになり，将来に向けた子どもの生きる力の条件ともなる。学校教育の長期的な目的は，少子化の中で将来の地域社会の担い手を育成する教育経営を考えていくことが重要になる。

## 3　地域探求型カリキュラムの具現化と校長の　リーダーシップ

### (1)　地域探求型カリキュラムの体制づくりと校長のリーダーシップ

具体的な地域探求型カリキュラムを具現化するためには，校長が具体的なカリキュラム全体の運営方策とカリキュラムマップを提案していかなければならない。カリキュラム・マネジメントは，単に教科主任や学年主任だけでできるものではなく，各教師の役割を超えた全体的な結びつきの提案となる。そのため校長から，総合的な学習と教科との連関や，学校教育活動と地域教育活動との連関など，領域を超えていかにつなげるかなどの基本的な方針提起がなされなければならない。これらは全体としてカリキュラムマップの作成に収斂される。

すでに述べたように，教科横断型カリキュラムは，教科と教科を直接結びつけるのは教科の体系性から見て難しいが，地域探求活動を媒介にして，あらゆる学校教育内容をつなげていくことはより計画しやすい。このようなカリキュラムマップを創るための体制とカリキュラム・マネジメントの推進の提案は，地域教育経営を担う校長のリーダーシップとして重要な役割となる。

## (2) 地域探求型学習活動の方法の提案と校長のリーダーシップ

　総合的な学習も既存の学習活動自体が探求型になっていない場合や，地域との関連性がなく実感認識を伴わない学習活動も少なくない。このような学習活動を続けている学校の場合は，校長が地域探求型学習活動の方法自体を提案することも不可欠となる。例えば，地域課題の収集方法，地域の仮説設定方法，地域資料・文献の集め方，地域の専門施設の活用方法，地域体験活動の方法，聞き取り調査方法，分類方法，統計的分析，客観的な評価法などである。

　また地域探求型学習では地域の社会教育施設・専門施設・住民に協力して頂くことが不可欠であるため，学校運営協議会を通じて，保護者・地域住民や専門施設等に協力を依頼したり，途中経過の中で助言を頂くプロセスも創る必要がある。さらに子ども達が地域探求の学習成果を地域に発表したり，地域活動等に還元する体制も創る必要がある。これらは学修を通じて地域にその成果を還元することで，学校の活性化と地域づくりを進めるカリキュラム・マネジメントとなる[18]。

　このように，地域探求型カリキュラムの具現化とその方法を校長が提案することで，実践的なカリキュラム・マネジメントを推進することができる。このような地域探求型学習活動の方法を具体的に提案できることも校長の重要なカリキュラムリーダーシップとなり，また地域教育経営研究の重要な課題となる。

# おわりに―横断型カリキュラム・マネジメントと　総合的な地域教育経営研究

　すでに述べたように，思考力を高める横断型のカリキュラム・マネジメントの推進は，総合的な学習活動と教科の関係，教科と教科の関係，学校教育と地域教育との関係など様々な要素をつなげていかなければならない。これらは，地域を探求する学習活動を媒介にして，様々な領域を結節すると共に，現実社会と科学的な知識・技能が結びつき，単なる体験的学習ではない資質・能力を高めることができる。

　このような地域探求型学習活動を進めるためにも，地域と協働した学校経営の条件として，コミュニティスクールや「チームとしての学校」の地域教育経営が，良好なものとなる必要がある。このような地域教育経営のあり方が，地域を活かしたカリキュラム・マネジメントの条件ともなる。

　また少子化・小規模校化の時代では，地域を活かした教育活動や個々の関心

に応じた学習活動，ICT を活かした指導などを展開しやすく，学習過程と指導方法のマネジメントも必要になる。地域衰退の中で，地域づくり活動と学校づくり活動を連動させたカリキュラム・マネジメントも重要になる。

　これらを推進するためには，総合的な学習をはじめとするカリキュラム・マネジメントと学校経営のあり方を提案する校長のリーダーシップが不可欠となる。校長はカリキュラム・マネジメントを推進するための教師間の協働体制と地域協働体制を具体化して，個々の教師の指導を超えた総合的な教育経営を進める必要がある。学校内の体制と地域連携を含めて，カリキュラムマップと指導方法を提案していかなければならない。すなわちこれからのカリキュラム・マネジメントは，地域カリキュラムのマネジメントを媒介にした地域教育経営を総合的に展開することにほかならず，逆に地域教育経営は，カリキュラムや指導方法を含めた教育課程経営とならざるを得なくなる。これらのことが地域教育経営研究の総合的な課題である。

[注]
(1)　新井郁男『教育経営の理論と実際』教育出版，2016年，210頁。
(2)　天笠茂『カリキュラムを基盤とする学校経営』ぎょうせい，2013年，6頁。
(3)　日本教育経営学会編『講座　日本の教育経営3　教育経営と教育課程の編成・実施』ぎょうせい，1987年，第5章3節。
(4)　中央教育審議会答申「幼稚園，小学校，中学校，高等学校及び特別支援学校の学習指導要領等の改善及び必要な方策等について」2016年12月。
(5)　天笠茂『カリキュラムを基盤とする学校経営』ぎょうせい，2013年，第2章。
(6)　中留武昭・曽我悦子『カリキュラムマネジメントの新たな挑戦―総合的な学習における連関性と協働性に焦点をあてて―』教育開発研究所，2015年。
(7)　前掲中央教育審議会答申「幼稚園，小学校，中学校，高等学校及び特別支援学校の学習指導要領等の改善及び必要な方策等について」2016年12月。
(8)　内山隆・玉井康之『実践　地域を探究する学習活動の方法―社会に開かれた教育課程を創る』東洋館出版社，2016年。
(9)　天笠茂「教育課程と学力に関わる教育経営」日本教育経営学会編『講座　現代の教育経営2　現代の教育課題と教育経営』学文社，2018年。
(10)　玉井康之『学校評価時代の地域学校運営―パートナーシップを高める実践方策』教育開発研究所，2008年。
(11)　佐藤晴雄「『新しい公共』に基づく学校と地域の関係再構築―コミュニティ・スク

ールの実態から見た新たな関係性―」『日本教育経営学会紀要』第54号，2012年。

⑿　中央教育審議会答申「新しい時代の教育や地方創生の実現に向けた学校と地域の連携・協働の在り方と今後の推進方策について」2015年12月。

⒀　「地方教育行政の組織及び運営に関する法律」第47条の6　一部改正，2017年。

⒁　中央教育審議会答申「チームとしての学校の在り方と今後の改善方策について」2015年12月。

⒂　加藤崇英編『「チーム学校」まるわかりガイドブック』教育開発研究所，2016年。

⒃　川前あゆみ・玉井康之・二宮信一編著『豊かな心を育む　へき地・小規模校教育―少子化時代の学校の可能性』学事出版，2019年。

⒄　中央教育審議会答申「人口減少時代の新しい地域づくりに向けた社会教育の振興方策について」2018年12月。

⒅　玉井康之・夏秋英房編『地域コミュニティと教育―地域づくりと学校づくり―』放送大学教育振興会，2018年。

●——— 特集：カリキュラムと教育経営 ———

# 教育課程経営論からカリキュラム
# マネジメント論への展開の特質と論点

滋賀大学 大 野 裕 己

## 1 課題設定

　2016年12月の中央教育審議会答申「幼稚園，小学校，中学校，高等学校及び特別支援学校の学習指導要領等の改善及び必要な方策等について」は，教育課程基準の改訂と関わり，各学校に対して，以下の三つの側面での「カリキュラム・マネジメント」の確立を要請した。①各教科等の教育内容を相互の関係で捉え，学校教育目標を踏まえた教科等横断的な視点で，その目標の達成に必要な教育の内容を組織的に配列していくこと。②教育内容の質の向上に向けて，子供たちの姿や地域の現状等に関する調査や各種データ等に基づき，教育課程を編成し，実施し，評価して改善を図る一連の PDCA サイクルを確立すること。③教育内容と，教育活動に必要な人的・物的資源等を，地域等の外部の資源も含めて活用しながら効果的に組み合わせること。

　「カリキュラム・マネジメント」の中央の教育行政文書における初出は，2003年10月の中央教育審議会答申「初等中等教育における当面の教育課程及び指導の充実・改善方策について」とされるが，この語の意味内容の詳細については必ずしも明確にはされていなかった。それが上記（2016年）の中央教育審議会答申において具体的なイメージが示されたことになり，新学習指導要領に盛り込まれた理念（「社会に開かれた教育課程」）や資質・能力観と相俟って，地方教育委員会及び学校での急務の対応課題と意識された。

　ここで重要なポイントは，以上の教育課程行政における「カリキュラム・マネジメント」を巡る近年の政策的動向に対して，教育経営研究者とその研究成果が顕著な関わりを果たしていることである。これまでも教育経営研究では，

教育行政における教育課程の構想が生きた学校現場で実現されるための条件づくり論の必要性の課題意識から，高野を中心に「教育課程経営」の概念枠組みが構想・提案されてきた。そして，2000年前後より，教育行政環境の変動を展望して，新たな研究・実践指向での「カリキュラムマネジメント」の概念枠組みとその実践化のためのモデルが政策に対して先行的に立論・開発され，教育行政・学校現場にかつてない程度で波及している[1]。

　そのような動きは，教育経営の研究―実践の関係性で言えば特筆しうる動向とも意味づけられるかもしれない。一方で，従来の「教育課程経営」に加えて「カリキュラムマネジメント」（さらに行政用語としての「カリキュラム・マネジメント」）が併存する状況は，概念の多義化・拡散化に基づく研究・実践上の困難性（学問内対話・議論の難しさ）を生む可能性を想定しうる。このことを踏まえると，現時点において「教育課程経営論」「カリキュラムマネジメント論」の二つの立論やその概念枠組みの違い・変化は何か，さらには教育行政・学校現場への広がりとの関連で「カリキュラムマネジメント論」に内在する特質や論点は何かといった研究関心に向き合い整理を行う必要性が指摘できる[2]。本稿では，これらの関心について，「カリキュラムマネジメント論」やその実践化モデルの先駆的研究者に位置づけられる中留，そして田村の立論を中心に考察を加える[3]。

## 2　「教育課程経営」論の構築とその含意

　これまで本学会紀要・学会刊行等でも言及されてきたように，日本の学校経営に関する研究と実践において，「教育課程経営」（教育課程の経営）の概念は，特に1970年代後半から1980年代にかけてその内実が形成され定着をみた。その過程では，高野の理論的提起や高野ら（九州大学教育経営学研究室）による共同研究（調査）が先駆的役割を果たしつつ，1976年度の研究開発学校制度創設及び1977・1978年学習指導要領改訂を契機とする学校教育・学校経営の転換，そして学校のカリキュラム開発を巡る国際的動向（1974年 OECD/CERI・文部省共催による「カリキュラム開発に関する国際セミナー」）に関心を寄せる研究者の立論が織り重なる形で，概念の骨格が形成されてきた（日本教育経営学会 1987など）。

　高野は，伊藤の学校経営近代化論（に基づく「教育課程管理」）を超克する現代化論の主張，さらに1970年代以降の教育課程概念拡張動向の学校レベルで

の具現化を接合する課題意識において，教育課程の過程・機構の創意的組織化の経営機能とその技術的実現の管理機能を包含する経営管理としての「教育課程経営」の概念枠組みを立論した。そこには，①教育課程の「内容」と「組織・運営上の条件整備」の識別と統合（相互規定性を踏まえた構造化），②システム分析（さらに状況適応論）の応用によるトータルな学校経営のシステムにおける教育課程経営（サブ・システム，サブ・サブシステムとしての教育課程 P–D–S 過程，授業経営 p–d–s 過程）の俯瞰，③上記二点に基づく，「カリキュラム・メーカー」としての教師（教師集団）の教育課程経営の過程への参加の定位といった，「科学化」への基本的思惟を確認できる（高野 1982，1989）。さらに高野は，教育課程内容と学校の経営諸条件の統合への強い課題意識から，教育課程の内容を創出し機能させる，狭義の条件整備活動にアクセントを置いた（高野 1989：7 - 8 頁）。

　当時一定数の教育経営研究者が多様な問題設定・視角から教育課程経営の内実を吟味・立論したが（小泉 1986），経営学的研究に焦点化すれば，それらは「学校経営の中核」として教育課程経営を捉える立脚点での，教育課程の内容と条件整備の識別と統合，システム論を踏まえた教育課程の編成―実施―評価の動態的過程，を中核的要素と捉える点で共通点を見いだしうる。さらに言えば，当時の立論においては，教育課程経営の概念枠組みを介した，各学校の条件に対応した方式創出に向けた経営方式の類型モデル構築（高野 1989 など），教育組織の態様からの教育課程の経営様式の規定可能性（堀内 1987）などが意識されていた。それぞれの立論には前提に相違が認められるものの，当時の研究者が一定程度の分析的思考をもって，教育課程経営の概念をイメージしていた点は注目に値する。

## 3　「教育課程経営」論から「カリキュラムマネジメント」論への展開

　以上の枠組みでの教育課程経営論は，その後現在に至る教育経営研究の主要な研究対象・研究領域として認識され研究成果が産出されるとともに，1970年代以降の各地の教育課程の編成―実施―評価に関わる調査研究の活発化に影響してきた。一方，1990年代以降新しい学力観とその手立てに関わる教育課程行政の進展等を背景に，新たな概念枠組みとしての「カリキュラムマネジメント」が立論され，現在の教育経営研究では，両語（概念）が併存する状況とな

った。この「カリキュラムマネジメント」は「教育課程経営」に対していかなる連続性あるいは新規性を持った／（立論者が）持たせたのか。以下，「カリキュラムマネジメント」の語を先駆的に使用し，その立論を先導した中留，そして田村の言説・業績をもとに整理してみたい[4]。

## (1) 「教育課程経営」論に対する課題意識

中留は，高野らの教育課程経営方式の類型モデル構成に関する共同研究に参加するとともに，戦後学校経営の理論・実践の通史的検討に基づき，教育課程経営（教育課程の経営）を「学校が教育目標達成のために児童生徒の発達に即してある教育内容を諸条件とのかかわりにおいてとらえ直して組織化し，動態化することによって具標に対応した一定の効果を生み出す一連の活動」（中留1984：383頁）と定義づけていた。この定義には，システム論を踏まえた組織体の目標達成原理が強調されつつ，前節で見た教育課程の内容と条件整備の識別と統合，教育課程の編成―実施―評価の動態的過程のポイントが盛り込まれていることが分かる。

中留は，教育課程に関する共同研究への従事及び地方教育委員会単位の教育課程の実施状況調査の概観を通じて，例えば地方単位調査の調査枠組み等に教育課程経営の着想の広がりを認める一方，学校レベルでの実態に課題意識も抱いていた。そして，臨時教育審議会以降の新しい資質・能力育成に向けた教育課程基準の大綱化・弾力化動向を展望して，学校経営観の転換を含めた教育課程経営の新たな展開の必要性を提起した。

その課題意識については，本学会紀要の特集論文として収載された中留（1995b）に端的に確認できる。同論文では，上記諸調査を総合して，学校レベルで，①教育課程経営の過程に分断傾向があり，実施管理レベルに歪曲されやすい，②特に教育課程の改善につながる評価への意識・実践が薄い，③教育課程の内容（教育活動系列）・条件整備（経営活動系列）との識別も不鮮明になりがちといった点を指摘した[5]。さらに教育課程経営における，「理念型」（中留1995b：12頁）として先行する理論枠組みと現場の実践との統合を研究上の課題として提起した（ただし，当時の教育行政環境の課題・制約や学校現場の教育課程文化の消極性を別として，類型モデル構成をはじめ教育課程経営の諸研究が「理念型」としての課題をどのように内在していたかについては，詳細な言及を確認できない）。

そして，教育課程経営の展開の方向性については，1989年学習指導要領改訂後の中留の諸論考に基づくと，およそ次のように整理しうる。

　まず，基底にある学校経営観について，エコシステム理論（「教育的エコロジー」）の視野から，目標達成と組織内・外の要素を共存関係で結ぶ体系（戦略的思考による問題解決・学校改善指向の経営観）と捉える，パラダイムの転換を提起する（中留 1991：54-64頁）。そのうえで，教育課程経営の概念枠組みについて，①条件整備（経営活動系列）の緻密化，すなわち学校改善研究での知見を踏まえた「指導者リーダーシップ」「面的な学校文化」の要素の加味（中留 1989，1995a，1995b），②教育課程経営の過程と関わり，教育目標具現化に向けて，編成段階や改善につなげる教育課程評価の枠組みの創出（中留1995b），③教育課程内容の類型化及び経営方式との対応考察の深化（中留1989），の必要性を提示していた。

## ⑵　中留による「学校改善の中軸」としての「カリキュラムマネジメント」立論

　1990年代半ば以降，「生きる力」育成の理念での学力観の転換と新公共経営（NPM）を意識した教育制度改革が検討され，それは大綱化・弾力化の度合いを一層強めた教育課程基準の改訂（1998・1999年学習指導要領改訂）と，自律的学校経営への地方教育行政改革を提言した1998年中央教育審議会答申をもたらした。中留は，それら新たな状況下での実践・研究の展開と関係者の意識転換を意図して，米国等でも用例が少なく「和製英語」（中留 1999：105頁）に近い「カリキュラムマネジメント」の語を使用し，その概念枠組みを立論した。

　中留によるカリキュラムマネジメントの立論は，他者との共同研究を交えて，漸進的に行われてきた点に一つの特色がある。管見の限り，中留は，1998・1999年度間の総合的学習の開発に関する科研費共同研究時（中留 2000）より「カリキュラムマネジメント」の語を意識的に用いているが，当初期においては，概念枠組みの構図について再設計（枠組みへの「学校文化」の位置づけや[6]，教育活動系列・経営活動系列の基軸の提案，及びカリキュラム概念を用いた「創り，動かし，これを変えていく」動態的思惟の強調）を図る一方，その概念定義については，1984年時点の「教育課程経営」の定義内容を，一部文言修正を除き踏襲していた[7]（中留 2002，2003など）。

　その後教育課程基準の定着過程に関する実証研究（科研費共同研究）を経て，

中留は2005年に「カリキュラムマネジメント」固有の定義と概念枠組みを提示した。これをもとに，中留によるカリキュラムマネジメント論の内容上の特質を検討したい。

中留は「カリキュラムマネジメント」を，「学校が教育目標を実現していくために教育課程行政の裁量の拡大（中略）を前提にして，教育の目標，内容系列とそれを支える条件整備活動とに対応関係を持たせながら，それを学校文化の存在を媒介として，学校を変えていくために，動態化していく営み」（中留2005：400頁）と定義した[8]。この定義の骨格は，「学校の教育目標実現への教育の目標・内容と条件整備活動との対応関係」「（経営サイクルを通した）動態化」と読み取れるが，これは前節までにみた教育課程経営論と共通する（中留自身，意図的な「延長線上」「継承」点としている）。

一方，定義と関連する概念枠組みと関わっては，新たな主張・提案を数点確認できる。その第一は，条件整備活動（経営活動系列）について，過去の教育課程経営論（この場合，高野の類型モデル構成研究）が取り上げた「組織体制」に加えて，「学校文化」「リーダーシップ」及び外部的な「行政的要因」を構成要素とし，それら要素間の相互関係において捉えることを提案した点である。中留のカリキュラムマネジメントの定義には，これらが文言上新たに盛り込まれたことになる。これらは，類型モデル構成研究の分析枠組みに対比すれば緻密化と言えるが，従来の中留自身の教育課程経営の構造理解（例えば中留1995a：229頁）からは，構図の単純化の試みとも捉えられる。第二は，上記の教育課程・学校経営の政策動向の理解から，教育活動（系列）における内容上・方法上（教科・領域・総合／学習活動・指導方法）の「連関性」，条件整備活動（経営活動系列）における諸要素を通貫する「協働性」の二つの基軸を確保すること。そのうえで，教育目標具現化に向けて両基軸の対応関係を確立することを規範命題化した点である。そして第三に，エコシステム理論に基づく改善指向の学校経営観から，カリキュラムマネジメントにかかる実践を「学校改善の中軸」（その意味で「学校経営の中心」）と捉えることを提案した点[9]を指摘できる。この改善指向の経営観は，評価を組み込んだ計画化，あるいはS-P-Dサイクル機能化の提案に連動する。

中留は，以上の「カリキュラムマネジメント」の定義と概念枠組みを現在まで維持しているが，条件整備活動（経営活動系列）の外部的支援の要素に「地域社会」を加えるとともに，「行政的要因」の比重を，教育課程基準の裁量性

を除き相対的に弱めた点[10]，内部の「組織体制」「学校文化」におけるポジティブ形態を「協働体制」「協働文化」と措定し，「協働性」の命題を強めた点（中留・曽我 2015：34頁）など，現在に至るまで微修正を重ねている。

### ⑶　「学校経営としてのカリキュラムマネジメント」論の実践的展開

中留の「カリキュラムマネジメント」の立論は共同研究者に継承されているが，その一部に特徴的な展開をみることもできる。その典型として，田村の研究開発がある。

田村は，概念枠組みの基本部分を中留と共有しつつ，自らの数量調査・事例研究に基づく検討も踏まえて，カリキュラムマネジメントの諸要素間の関係性を図式化した「カリキュラムマネジメント・モデル」（このモデルは，知識経営を加味した「思考ツール」[11]として活用可能）及びモデルに基づく分析のためのチェックリストを開発した（田村他 2016など）。この一連の開発には，改善への連動性を意識したカリキュラムマネジメントの俯瞰的な診断・評価技法を実装した点，さらにそれを教育課程・教育方法学研究者との学際的研究において進めた点で，過去の教育課程経営論に対する提案性を認めうる。一方，カリキュラムマネジメント・モデル自体は，先行研究の知見を総合して要素間の関係性を提示する論理上（田村 2005a），「理念型」モデルとしての性質を不可避に帯びる。このことは，カリキュラムマネジメントの概念に基づく思考を，理念モデルを前提とした説明的思考（その範囲内での分析）に変化させる。

田村の立論のもう一つの特徴点として，「カリキュラムマネジメント」定義の変化に着目したい。田村は，中留との共同研究での定義の共有期（例えば中留・田村 2004）の後，カリキュラムマネジメントの定義を「カリキュラムを主たる手段として，学校の課題を解決し，教育目標を達成していく営み」（田村 2014）と更新している。これは端的には，田村自身の「システム思考」解釈に基づく，子どもの教育的成長に向けた「カリキュラムに焦点化したマネジメント手法」（田村 2011：16頁）の提案を意味する。この主張には，教育課程の形骸的運用に対する課題意識が窺えるが，過去の教育課程経営論や中留の立論に比して，カリキュラムとその経営作用の「手段性」が強く現れている[12]。つまり田村の立論・定義は，緊密な目的—手段連鎖の直線的思考を前提に，「思考ツール」としてのカリキュラムマネジメント・モデルに依拠する，カリキュラムと結びついた組織経営の構想化を提唱するものと捉えられる。踏み込

んで言えば，その立論には，カリキュラムマネジメントと学校経営が重なる，「学校経営としてのカリキュラムマネジメント」の新たな指向を指摘しうる。

## 4　カリキュラムマネジメント論の意味と論点

　教育課程は各学校における教育活動の全体計画を指す以上，内容構成に留まらずそれを支える条件整備の重要性が認識され，教育課程の経営は学校経営研究の重要な対象領域と捉えられた。しかしながら，教育課程の経営は，現象の広範囲性や学校経営体系への位置づけの認識差等から，その概念化の段階から困難性（「教育課程の編成―実施―評価」との現象次元での記述や行政文書の追随的記述となる傾向等）を有した。教育課程経営論やカリキュラムマネジメント論の立論は，この点に対して学校経営の研究と実践を統合化する考え方と方法を提示しようとする，挑戦的な研究営為と言えた。

　本稿では，特に教育課程経営論からカリキュラムマネジメント論への展開（変化）について考察した。中留，そして田村のカリキュラムマネジメント論は，それまでの教育課程経営論が共通認識していた「教育課程の内容と条件整備の識別と統合」「システム論を踏まえた教育課程の編成―実施―評価の動態的過程」の基本骨格は継承していた。そのうえで，1990年代半ばの中留の課題意識を網羅する形で，複数の調査研究の結果をもとに，①条件整備活動の精緻化（学校文化・リーダーシップ等の要素の追加），②教育活動系列・条件整備活動系列の基軸（連関性・協働性）確立の規範命題化，③以上に基づく全体構図のモデル化（要素の追加と構図の単純化）を新たに提案した。さらに注目しうる変化として，中留，田村の立論において，それぞれのシステム論（・システム思考）の解釈を前提に，「学校経営の中核」としての教育課程経営の位置づけが，「学校改善の中軸」を経て，単純化された「理念型」モデルを随伴する「学校経営としてのカリキュラムマネジメント」へ推移したと解される点が指摘できる。

　カリキュラムマネジメント論は，特に田村の「カリキュラムマネジメント・モデル」を通じて，各学校の教職員が俯瞰的にカリキュラムマネジメントを診断・評価できる技法と考え方を提供した点で，従来の教育課程経営論に対する一つの提案をなした。その途上では，教育課程・教育工学領域研究者との共同研究によって実践的有用性を追求する取組が企図された。現在の教育行政・学校現場へのこの立論・モデルの広がりは，教育政策の先取性とあわせて，以上

の開拓的取組の所産と思量される（例えば「学校経営としての」単純化された
モデルは，カリキュラム検証改善とスクールリーダー教育の同時的実施の可能
性を拡げた点において，行政研修における受容を促進しうると考える）。

　一方，一連のカリキュラムマネジメント論は，いくつかの論点を残している
と解される。例えば，とくに緊密な目的―手段関係において「学校経営とし
てのカリキュラムマネジメント」と本稿で性格づけた，田村のモデルの可能性
と限界を指摘できる。教育目標達成に向けたカリキュラムづくり，カリキュラ
ムづくりに向けた組織づくりの発想を持つことは重要であろう。しかし，状況
文脈の複雑性や教職員の多様性を持つ学校の経営は，常にこの枠組みに収斂で
きるとは限らない。かつて筆者はある共同研究において，事務職員による学校
財務・予算にかかる職務行動が，職員間の資源認識一致から重点課題の共通理
解による教育活動創出にへとつながった学校事例に接したことがある（末冨
2016）。このような教育の組織化は，カリキュラムマネジメント・モデルから
は構想しにくく，学校経営の成り立ちを広く捉える発想（例えば水本 2006）や，
過去の教育課程経営論における分析的思考（組織態様―教育課程経営様式の相
互規定可能性）が求められると解される。その意味では，カリキュラムマネジ
メント論が「理念型」モデルとして具有しえた特性と限界性（教育課程経営論
から放棄した点）について，詳細に比較考量することが求められよう。

　さらに本質に近づく論点として，中留のカリキュラムマネジメントの当初の
立論で重要な構成要素として位置づけられた「行政的要因」を，その後（教育
課程基準の裁量性を除き）相対的に弱めたことの意味・課題がある。これは調
査結果を踏まえた修正・転換と言えるが，カリキュラムマネジメント論が行政
的要因を縮小化し単位学校レベルでの技術モデルの性質を強めた[13]点は，
2000年代半ば以降の教育行政環境（資源面の学校裁量拡大の停滞状況における
教育の水準保障の文脈追加等）に親和的であり，そのことが学校現場への普及
を促進した可能性も推察しうる[14]。この可能性に立脚すれば，複雑な学校経
営事象が単純化されたモデルの適用・思考を通じて，学校現場の当事者に何が
獲得され／逆に等閑視されたかの重い問いが生起する。教育経営研究における
「カリキュラムマネジメント」立論の開拓的努力の評価に際しては，技法次元
での使い勝手とは別に，この問いと関わる検証及び学問内対話の必要性を指摘
したい。

教育課程経営論からカリキュラムマネジメント論への展開の特質と論点

[注]

(1)　例えば，後述する田村の開発した「カリキュラムマネジメント・モデル」は，教職員支援機構（旧教員研修センター）主催のカリキュラム・マネジメント指導者養成研修で長期にわたり活用されるとともに，例えば筆者の勤務県でも小・中学校校内研究担当者研修に盛り込まれ，現在までに県下全公立小・中学校においてモデルに基づく分析が実施されるなど，学校現場に広がっている。そうした動向の一方，筆者自身は，この「モデル」に基づく検討を行うこと自体が「カリキュラムマネジメント」と矮小的に捉える関係者に接することがあり，そこに課題意識を感じている。

(2)　本学会紀要では，第41号（1999年）以来，教育課程とその経営を主題とする特集・研究動向レビューが長く組まれておらず，これらの点の詳細な分析をみることはできない。ただし，戦後学校経営研究・実践の史的展開についての研究実績を持つ中留は，カリキュラムマネジメントの立論についても自己省察を行っている（中留2010）。また，田村も本学会記念刊行において，カリキュラム・マネジメントをめぐる近年の研究動向を整理している（田村2018）。その意味で，本稿は試論的再構成の試みとなる。

(3)　「カリキュラム（・）マネジメント」に関わる研究としては，他に天笠（2013）・山﨑（2018）などがあるが，本稿の研究関心と紙幅の制約から，これらを十分に網羅した考察を展開することはできていない。

(4)　2000年代初頭には，例えば田中（2001）のように，教育課程領域の研究者からも「カリキュラムマネジメント」への転換についての立論がなされた。田中は，当時の教育政策による各学校のカリキュラム「特色化」圧力の課題性を吟味しつつ，そのうえで「組織戦略」としてのカリキュラムマネジメントへの転換を通じて，従来の教育課程の管理・経営の固定観念の超克の可能性（教師たちが教育課程の実質を子どもの学習経験に移し，現行のカリキュラムが持つ特徴と問題点を点検し代替計画を立案すること）を積極的に展望した。その意味では，2000年前後の分権化・規制緩和期は，学際的な対話を通じて「カリキュラムマネジメント」にかかる営みの可能態を展望する好機と言えた。

(5)　この点は，天笠（1999）でも同様の認識（学習指導要領改訂期に，新たに求められる実践を問題意識が希薄なままにパターン化を図り導入しようとする学校現場の傾向等）が示されている。天笠は，教育行政の重層構造のもとで学習指導要領改訂を重ねるたびに「学校や教師に受け身で消極的な教育課程の編成に向かう対応姿勢」（8頁）が培われたとする，教育課程経営論の研究的立論のあり方とも関連する課題意識を提示している。

(6)　中留は，1998年度に実施した学校対象の質問紙調査結果（中留2000）における，総合的学習の実施校・未実施校間での学校文化の認識の相違傾向（実施校にポジテ

ィブな認識）から，（自身のそれまでの研究知見も総合して）カリキュラムマネジメ
ントの規定要因に学校文化を位置づける着想を，一貫して重視していたと思われる。

(7) 中留は，2005年に「カリキュラムマネジメント」固有の定義を提示するまでは，
「カリキュラムマネジメント」「教育課程経営」の両語を併記するケースが多く見ら
れた（中留 2000, 中留・田村 2004：10頁）。

(8) この定義は，当該科研費報告書をもとにした書籍において，「（学校の裁量権の拡
大を前提として，）学校の教育目標を実現化するために，教育活動（カリキュラム）
と条件整備活動との対応関係を，学校文化を媒介として，P-D-S サイクルによって
組織的・戦略的に動態化させる営み」（田村 2005b）と再整理された。

(9) 中留は，カリキュラムマネジメントを，学校経営―学校改善―カリキュラムマネ
ジメントの三重の円の中心に位置づけている（中留 2010：86-87頁）。

(10) この点は，中留（2005）の共同研究（質問紙調査結果）において，学校のカリキ
ュラムマネジメント動態化に対する教育課程行政の関与の影響力の脆弱性（校長の
リーダーシップ要因の影響力の強さ）が認められたことが一因と思われる。ただし，
中留，そして田村のカリキュラムマネジメント論では，行政的要因としては教育課
程基準の大綱化・弾力化，そして指導行政の実態・方針が着目される傾向にあり，
資源配分（特に物的・財的）等の側面について言及・分析検証が薄い傾向が感じら
れる。

なお，教育課程基準についても，2008・2009年及び2017・2018年学習指導要領改訂
を経た教育内容の拡充傾向に対する近年の現場の裁量感の薄さに，カリキュラムマ
ネジメント論がどのように向き合うかは一つの課題と考える。

(11) 知識経営を意識したカリキュラムマネジメント（カリキュラム開発）の思考ツー
ルとしては，他に武井（2008）などが開発されている。

(12) 田村におけるカリキュラムとその経営作用に対する手段性の指向は，中留との共
同研究期にもみられる（例えば中留・田村 2004：22頁田村執筆部分）。

(13) 中留（2010）も，カリキュラムマネジメントを通した改善の戦略的アプローチと
して，主に学校組織レベルに軸を置く構造的アプローチ（structural approach）と組
織文化的アプローチ（cultural approach）が妥当としている。

(14) この点は，水本が提示した，経営管理主義の理性の知を学習させることを通じた
学校の主体性構築についての問題意識（水本 2018：3頁）と重なる。

### ［引用・参考文献］

・天笠茂「教育課程基準の大綱化・弾力化の歴史的意味」『日本教育経営学会紀要』第
41号，1999年，2-11頁。

・天笠茂『カリキュラムを基盤とする学校経営』ぎょうせい，2013年。

・堀内孜「教育組織の特例」日本教育経営学会編『講座　日本の教育経営4　教育経営と教育課程の編成・実施』ぎょうせい，1987年，153-167頁。
・伊藤和衛『教育課程の目標管理』明治図書，1978年。
・小泉祥一「教育課程経営論」日本教育経営学会編『講座　日本の教育経営9　教育経営研究の軌跡と展望』ぎょうせい，1986年，276-290頁。
・水本徳明「スクールマネジメントの理論」篠原清昭編著『スクールマネジメント―新しい学校経営の方法と実践―』ミネルヴァ書房，2006年，27-42頁。
・水本徳明「『教育行政の終わる点から学校経営は始動する』か？―経営管理主義の理性による主体化と教育経営研究―」『日本教育経営学会紀要』第60号，2018年，2-15頁。
・中留武昭『戦後学校経営の軌跡と課題』教育開発研究所，1984年。
・中留武昭「教育課程経営の実践モデルの考え方」高野桂一編著『教育課程経営の理論と実際―新教育課程基準をふまえて―』教育開発研究所，1989年，99-132頁。
・中留武昭『スクールリーダーのための学校改善ストラテジー―新教育課程経営に向けての発想の転換―』東洋館出版社，1991年。
・中留武昭「教育課程経営を核とした学校改善と学校文化―アメリカの学校文化研究に焦点をあてて―」金子照基編著『学習指導要領の定着過程―指導行政と学校経営の連関分析―』風間書房，1995年a，225-261頁。
・中留武昭「教育課程経営の評価に関する現状と課題」『日本教育経営学会紀要』第37号，1995年b，11-23頁。
・中留武昭『学校経営の改革戦略―日米の比較経営文化論―』玉川大学出版部，1999年。
・中留武昭研究代表『「総合的学習」のカリキュラムマネジメントに関する理論的・実証的考察』平成10・11年度文部省科学研究費補助金基盤研究(C)(2)最終報告書，2000年。
・中留武昭『学校と地域とを結ぶ総合的な学習―カリキュラムマネジメントのストラテジー』教育開発研究所，2002年。
・中留武昭「カリキュラムマネジメントのデザインを創る―総合的な学習のカリキュラム開発に焦点をあてて―」中留武昭・論文編集委員会編『21世紀の学校改善―ストラテジーの再構築―』第一法規，2003年，146-164頁。
・中留武昭・田村知子『カリキュラムマネジメントが学校を変える―学校改善・単元開発・学校文化―』学事出版，2004年。
・中留武昭「終章」中留武昭研究代表『教育課程行政の裁量とカリキュラムマネジメントに関する実証的研究』平成14-16年度科学研究費補助金基盤研究(B)(1)最終報告書，2005年，398-404頁。
・中留武昭『自律的経営の展開と展望（自律的な学校経営の形成と展開―臨教審以降

の学校経営の軌跡と課題―　第3巻）』教育開発研究所，2010年。
・中留武昭・曽我悦子「カリキュラムマネジメントのパラダイム（グランドデザイン）の吟味」中留武昭・曽我悦子『カリキュラムマネジメントの新たな挑戦―総合的な学習における連関性と協働性に焦点をあてて―』教育開発研究所，2015年，32-58頁。
・日本教育経営学会編『講座　日本の教育経営4　教育経営と教育課程の編成・実施』ぎょうせい，1987年。
・末冨芳編著『予算・財務で学校マネジメントが変わる』学事出版，2016年。
・高野桂一『学校経営』協同出版，1982年。
・高野桂一「中教審・臨教審・教課審等の改革論と教育課程経営の科学化」高野桂一編著『教育課程経営の理論と実際―新教育課程基準をふまえて―』教育開発研究所，1989年，3-30頁。
・武井敦史「特色ある学校づくりと教育課程経営」加治佐哲也編著『学校のニューリーダーを育てる―管理職研修の新たなスタイル―』学事出版，2008年，85-92頁。
・田村知子「カリキュラムマネジメントのモデル開発」『日本教育工学会論文誌』29（Suppl.），2005年a，137-140頁。
・田村知子「カリキュラムマネジメントの定着化の実態―義務制と高校との比較・分析―」中留武昭編著『カリキュラムマネジメントの定着過程―教育課程行政の裁量とかかわって―』教育開発研究所，2005年b，132-148頁。
・田村知子編著『実践・カリキュラムマネジメント』ぎょうせい，2011年。
・田村知子『カリキュラムマネジメント―学力向上へのアクションプラン―』日本標準，2014年。
・田村知子・村川雅弘・吉冨芳正・西岡加名恵編著『カリキュラムマネジメント・ハンドブック』ぎょうせい，2016年。
・田村知子『カリキュラム・マネジメント研究の進展と今後の課題』日本教育経営学会編『講座　現代の教育経営3　教育経営学の研究動向』学文社，2018年，24-35頁。
・田中統治「特色ある教育課程とカリキュラムマネジメントの展開」児島邦宏・天笠茂編『柔軟なカリキュラムの経営―学校の創意工夫―』ぎょうせい，2001年，36-63頁。
・山﨑保寿『「社会に開かれた教育課程」のカリキュラムマネジメント―学力向上を図る教育環境の再構築―』学事出版，2018年。

●── 特集：カリキュラムと教育経営 ─────────

# 官僚制支配のための「カリキュラム・マネジメント」を脱し，教育の理想と現実の方へ
## ―教育経営学がカリキュラムを論じる可能性はどこにあるか―

東京学芸大学 末 松 裕 基

## 1 なにが問題か

### (1) 本稿の目的

　「カリキュラム・マネジメント」の台頭は，新自由主義の影響で存在意義を失いつつある現代の官僚制が生き延びる戦略の一端の現れである。もともと高野桂一によって1970年代に教育課程経営が提唱された際には，教師や教師集団の創意と積極性が期待され，それによって「学校経営の構造の総体が変革され，革新に向かうこと」（高野 1978：53頁）が望まれた。そこには行政的管理によって学校を外から動かそうとする観念を抜け出し，学校が教育活動を「真に自らのものとして自主的・創造的に行う方向への徹底的な転換を目ざそうとする」（高野 1989：6頁）との想いがあったが，現状はそのような期待とはかけ離れたものとなっている。それだけでなく「カリキュラム・マネジメント」言説（以下，〈言説〉）[(1)]が学校をかえって官僚化している。〈言説〉はそのとらえどころのなさから，これまでの教育経営学の認識枠組みと断絶しているように見える。しかし，〈断絶している〉という接続のされ方をとらえない限り，その特質や課題は明らかにならず，従来の学説との比較検証や対話の回路を見出せない。また〈言説〉の問題を乗り越えるには，言説内容の分析ももちろん重要だが，〈言説〉が生み出される背景と文脈の理解なしに，その分析は始められない。そのため，本稿では昨今流布する〈言説〉には意図的に立ち入らず，迂回し，〈言説〉検討の前提になるそれら背景と文脈を理解することを目的とする。

　〈言説〉が主張するPDCA的発想を学校にもち込むことはそれなりの意義が

あると認めても，それ以上でも以下でもない。それによって全てを語れるように語ってしまうことに問題があり，知的遺産への冒涜でもある。高野は，教育課程経営には教育課程の編成・実施・評価の過程・機構を創意的に組織し機能させる経営機能と技術的に実現する管理機能があるとしたが（高野 1979：65頁），現在の〈言説〉は高野が言う技術的管理機能に偏って作動させる。カリキュラムを盾に学校を破壊することは，ひいては教育経営学の学問的価値を破綻させるが，そのことに〈言説〉は無自覚であり省察機能が内在化されていない点で理論，研究とは言えない。ただ，これらは特定の〈言説〉の問題にとどまらず，教育経営学が「分権」「裁量拡大」「自主性・自律性」のレトリックに流されてきたつけでもある。教育経営学の理論的生成を志向するのであれば，以上の問題を対象化し，言語化する必要がある。ただ，注意が必要なのは，カリキュラムや教育経営の概念を官僚化してしまうこと自体が，教育経営の事象が政治，権力とは切り離せない性質——かつて小島（1969）が「学校の実態的条件」と言ったもの——から生じているということだ。旧来の左右対立的政治状況ではそれは意識されていたが，現代ではその認識の重要性が忘れられ権力と研究が主従の関係に陥っている。教育経営やカリキュラムを語るには，知識産出の前提を問い直すことを議論の始点としたい。

### (2) 官僚制化のなかの〈言説〉

〈言説〉の特質は，カリキュラム開発や1970年代の教育課程経営論よりも説明力やその理論的射程が狭まっているにもかかわらず，学校への浸透力や遂行性が格段に高まっている点にある。高野の時代には，学校の内部経営の問題にできたが（高野 1979：65-66頁），当時は学校の裁量が限定的で現代に比して学校への規制が弱かったためである。現代は学校の裁量も不十分なうえ，行政からの規制が一層強固となっている[2]。学校の内部の問題として教育課程を論じるだけでは十分ではないにもかかわらず，現代の学校経営環境の複雑さゆえに，単純な議論が学校に浸透しやすい。

文化人類学者のデヴィッド・グレーバーは「わたしたちは，もはや官僚制について考えることを好まないが，官僚制は，わたしたちの存在のあらゆる側面を規定している」として，このような様相を呈している現代を「全面的官僚制化（total bureaucratization）」の時代と表現している（グレーバー 2017：6-7，24-25頁）[3]。金融界や企業で発展した官僚制的技術が，教育をはじめ社会全

域を侵食し，人々の内面を規制することを彼は「マネジメント＝官僚制」ととらえ，このプロセスを追尾する最良の方法はことばに注目することとしている[4]。

〈言説〉の課題をとらえる際にも，ひとつのことばについて，政策で用いられるものと研究がつくってきたものを区分し内在的に批判することが求められる。「カリキュラム」や「マネジメント」など本来，人々と組織の創意や創造性を含意することばが，現代の官僚制化のもとどのように変質しているか。

## (3) なぜ，〈言説〉にリアリティがないか—カリキュラム概念との関係性

教育計画より学習経験を重視するカリキュラムの概念は，結果として子どもがなにを学んでいるかに絶えず留意して評価し，そのため，教師がカリキュラムに主体的に関わることを重視する（安藤 2016：53頁）。つまり，カリキュラムの概念には評価などの経営活動がもともと含まれる。カリキュラム開発はさらに広がりをもち，教師の意思決定や参加，授業改善，研修のほか，行政支援，開発主体や中央—地方の資源・権限配分を含む価値的で包括的な概念である。また，「学校に基礎をおくカリキュラム開発（SBCD）」も国家に対立的な開発様式ではなく，カリキュラム開発の必然的な様式とされてきた。つまり教育が予測不能で複合的な活動であるのに対して，誰も入手しえないデータを授業等で教師が収集し学校がカリキュラム開発の良い場になることから，いかなる教育改革が実施されても教師の主体的関与がなければその成功はないとして「国家的なプログラムであれ，学校固有のプログラムであれ，その学校が自由と責任にもとづいて選択し発展させた場合を示す概念」（佐藤 1985：111頁）とされてきた。

ただ，以上の通り教師の主体性の重要性や学校に基礎をおく必然性がカリキュラム開発をめぐって確認されてきたものの，中央集権的制度をもつ国ではSBCD を阻む条件が深刻だと指摘されてきた（佐藤 1985：111頁）。また，地方分権的な教育行政と学校の自律性を伝統とする英国でも，現代の環境変動下ではそれらが容易でないことも明らかになってきた（勝野 2003）。さらに，教師の主体性が担保されにくい現代の学校環境では，教師がカリキュラムに対して開発者ではなく「使用者（ユーザー）」としての感覚しかもてず，結果として教師の無関心や無力感が生まれ，取り組みの温度差や形骸化が引き起こされ

るとして，官僚制がもつ「訓練された無能力さ」の存在が指摘されてきた（安藤2016：59頁）。

〈言説〉にリアリティがないのは，これら知見が考慮されていないためだ。カリキュラム開発に希望を見出すことは，2000年代前半までは日本でもある程度現実味があった。それは，「分権化」「規制緩和」が語られ，学校の自主性・自律性への期待がいくぶんでもあったからだ。しかし，2005年中央教育審議会答申「新しい時代の義務教育を創造する」以降，教育のアウトプットに対する国の学校への統制が強まり，県レベルが学校の教育課程の進度を監督するような状況が生まれた。そして以上の知見の基本的事項が認識されないまま，学校現場には優しく響く「カリキュラム・マネジメント」が政策的に推進された。

教育の物語構築が現場主義で学校に求められることは歓迎されるが，知的営みがそれに追いついていない。官製のことばを上塗りしたり，特定の社会像を所与とすることに加担したりとその有害さが際立っている。〈言説〉による問題状況を看過し等閑視することは問題に加担することにもなるため，現代の教育経営に関する知識産出の環境変動がその状況を生み出していることに目を向け，現場主義の時代の教育の理想と現実のためにそれを乗り越える道筋を見出したい。このまま〈言説〉が機能するとなにが生じるか。端的にはカリキュラム開発の概念の期待と異なり，受け身の正解主義や自分たちで考えない教育課程の使用者の増加が考えられる。このような影響力行使は〈言説〉の問題だけでなく，マネジメント，リーダーシップ，コミュニティ，チーム，コラボレーションのことばの扱い方によっては，教育経営学が抱えてしまう問題でもある。

## 2　なぜ，そのような問題が生じるか

### (1)　官僚制再編と行政支配

各学校の教育課程編成を重視する議論は，戦後の左右の政治対立の文脈で蓄積され，反国家を意識した「教育課程を教師たちの手に」の論調は学校現場への啓蒙的意味合いを強くもっていた。それに対して，国家が「カリキュラム・マネジメント」を打ち出す現状をどのようにとらえればよいか。この点を考えるためにここでは政治思想史を専門とし，大学改革を題材に日本の教育行政の変化を分析した重田園江の議論を参考にしたい。彼女は，1990年代以降の大学改革は新自由主義の流行にあやかって「市場の論理」「大学間競争」をレトリックに用いたが，実際は規制緩和と構造改革で変革を強いられた官僚制が自ら

を再規定し，構成しなおす官僚制再編のプロセスだったととらえる。生じているのは限られた権力資源をめぐる権力闘争であることから，政治的現象を市場の比喩ではとらえられないとして，存立意義を問われた行政官僚が作り出した統治の制度化と理解すべきとする（重田 2018：110，148-149頁）。

　規制緩和や自由化，民営化は，本来，国の関与を減らし，行政府や官僚の権力，権限は縮小されるが，明治以来自らの権限の維持と拡大を至上命題としてきた日本の行政組織が，規制緩和と自由化の圧力を機に，その役割を再規定し，生き残りを図っていると重田は分析する。官僚制が自らの権限を縮小させずに生き延びる戦略が改革では用いられ，影響力拡大のための新たな統治術によって他の集団の自律性が奪われるという解釈である。通信業界等で見られた規制緩和と市場システム導入による自由化とは，大学改革は異なっており，文部科学省のふるまいは特筆に値するとして，実際は市場の論理とは無関係に官僚が作った基準に合わせた大学の改変が進められ，官僚制と官僚的統治を通じて官僚と行政の権限強化が至るところで進行し，大学と研究者が管理される新しい規律システムが生まれたと分析する（重田 2018：150頁）[5]。

　以上は大学改革の分析だが，〈言説〉やそれを推進する研究者も重田が言う規律システムに順応し従属している。新自由主義的な用語で競争や自由化を装うことで行政による専制は見えにくくなるが，教育行政が「マネジメント」「リーダーシップ」「チーム」「カリキュラム・マネジメント」等を使用し始めたことも以上の文脈に位置づけて理解できる。これらを踏まえると，学校にミクロに注目する視点の問題性が浮き彫りになり，現代の教育経営の現象を考える際には，学校の実態的条件を再認識することが重要だとわかる。

## (2) 経営管理主義下の学校経営—教育経営不在の〈言説〉

　学校への行政支配の構図は，NPM（新公共管理）や経営管理主義の問題としても分析されてきた。水本（2017）は，経営管理主義が近年の教育政策の政策内容にとり入れられているとし，その例に学校評価やカリキュラム・マネジメントを挙げ，そのような政策内容は政策形式にも影響を与えるとし，政策の主体と客体に働く権力様式として問題をとらえている。公共的事業の教育に対して，民間的手法である経営管理主義が公権力により制度化される事態について，それが地方分権や規制緩和を語ることで公権力の影響力が後退するのではなく，影響力行使のメカニズムが変更されるとしている[6]。また仲田（2018）

は，教育界のスタンダード化の台頭は，若手教員が増加するなか教育の計画性を高め予測可能な形で国の教育目標の実現を図ろうとする教育体制への変化だと分析する。国の目的や方向性を所与にその効率的，効果的達成のための技術として PDCA が各階層で稼働させられ，自治体，学校，教師が国の目標の執行者に変わると指摘している。

PDCA を強調した〈言説〉の流行も以上の文脈で理解可能だが，石井（2006）は，現代の新自由主義的教育改革が学校側に経営裁量権を付与する単純な改革ではないとして，経営（企画機能）と教育（実施機能）を分断する点が本質的な特徴だと分析している。これによって引き起こされる構造的問題——国や自治体が企画に責任を負う一方で，学校，教師は経営から切り離された「実施者」「代理人」と位置づけられ，成果を評価される存在となる——があることから，教育経営学はこの現実から出発し，理論枠組みを問い直す必要があるとし次を述べている。

> 「学校・教師」は「企画」「立案」といった経営事項の主要な部分にはほとんど関与することができず，いわば「経営から切り離された存在」となる。その結果，「教育実践」「教育現場」に寄り添う研究は，そのまま「経営感覚と切り離された」現場の関心に寄り添うことにならざるをえなくなる（中略）「教育経営学研究が実践と切り離されている」という問いは，実のところ，「教育現場」が「教育経営」から疎外されたところに生じている構造的な問題なのだと考えられる。つまり，実践から乖離した「研究」が問題なのではなく，実践者自身が経営から切り離されてしまっている「事実」をこそ問題とすべきだということになる。（石井 2006：252-253頁強調原文）

さらに石井は，1950年代後半に持田栄一が教育経営から切り離されつつある教職員を学校現場における経営主体と位置づけ直し，学校単位の教育内容の決定のあり方を構想しようとしたことに触れ，「すなわちそれは，今日の用語でいえば，『教育課程経営』を焦点とする学校経営のあり方の構想でもあった」（石井 2006：254頁）と指摘し，高野が持田の問題意識と方法論を援用し，教育管理＝経営過程と教授＝学習過程の統一の中心に教育課程経営を見出すことになったとみられると論じている。この点，現代の教育と経営の乖離現象の問題を克服する可能性が初期の教育課程経営論にはあったと考えられる。それと同時に，高野が教育課程経営の科学化を志向した際に，「教育課程内容と授業内容それ自体と，その条件づくりとの識別に立つ考え方そのものが，科学化す

ることである」（高野 1989：11頁）と教育と経営を二分法的にとらえる発想が強かった点に注目すると，教育と経営の乖離が進む現代ではそのような視点は現実味がないだけでなく，その乖離をかえって加速させる概念の脆弱性を備えていたと言える。

　つまり，経営管理主義下においては，企画・立案という創意を最も必要とする経営機能が学校に失われつつあるにもかかわらず，実施機能の遂行が強く要求されており，その学校に対して〈言説〉は実施機能の遂行を促進させる条件づくりを――高野が有した脆弱性を最大の武器として振り回す形で――ワークシートやモデル化で技術的に補強している。教育のための創意が無いまま実施機能を遂行させるという意味で教育経営不在の〈言説〉である。これは見方を変えると，教育経営は二分法的に考えられる概念ではなく，「教育経営」としてしか考えられないことを意味している。問題は教育と経営の統合をいかに図るかではなく，本来不可分の教育と経営が乖離し始めており，その理解なしに二分法的組み合わせで単純に語られるようになってしまっていることにある。

## (3)　教育経営学の政治性の回復へ

　社会環境が複雑化し人々が不安を抱くのに対して〈言説〉は単純化で安心を与え応答する。言い換えると，〈言説〉が脱政治化する形で政治化している。これを克服するには，政治的文脈や政治的説明力を有する知識産出が求められる。異なる価値観の者が生きる社会には対立や矛盾があるが，人間はそれを政治の力で乗り越えなければならず，動物が本能で群れをつくるのに対して人間はことばを使って集団を維持する（宇野 2018：55-56頁）。つまりことばは政治性をもつ。ただすでに論じたように，現代の官僚制支配のもとでは，学校を特定のことばに収束させる力が働き，特定の政治が過剰に機能する。

　かつて埴谷雄高が，政治の基本的支柱の一つに自身の知らない他のことのみに関心をもち熱烈に論じる態度を挙げた。それを最も単純化したのが一つのスローガンの高唱で，その態度のために人々は他人のことばで話し論じることに慣れ，次第に自らの判断を失う。他人のことばで話すことは他人の思想によって考える状態であり，この「他の思考」が近代政治の原理で「ちょうど文学がひとりの個人が感じ，見たところのものの延長にのみ築きあげられるのとまったく対照的に，政治は自らが感じ，見たところのものではなく，他人が見て感じたところのものの上にのみ支えられている」（埴谷 1963：17-18頁）。埴谷は

「他の思考」は真実か否か判定不能のため同一党派かどうかで真偽が決定され党派が乱立し，他の見知らぬことを物語ることで，あらゆる見解や理論は安易化され，悪しき実見者と善意の雷同者が共に誕生するとした。「カリキュラム・マネジメント」を語る言説が乱立する現象も同じで，皮肉なことに〈言説〉という「他の思考」によって，学習経験の総体を「自らの思考」で厳しく評価するとしたカリキュラム概念とは真逆の状況が生じる。

　教育経営言説が脱政治化する形で政治化し，学校に「他の思考」を植えつけるように機能する状況を転換し，教育経営学の政治性を回復する必要がある。埴谷が言うように「ひとびとは，偶然与えられた権力の目に見えぬ拡がりのなかで忽ち何物かになろうとする」（13-14頁）。しかし，われわれが無自覚である社会をどのように認識するかが問われている。政治はことばを使って民主的な空間をつくるが，特定の言説が独り歩きすることを問題として受け止める。つまり〈言説〉を政治作用の次元でとらえる必要がある。〈言説〉が「他の思考」として使われることで，学校で対話（くっちゃべること）がなくなるとしたら，それは教育課程経営に込められたそもそもの想いとかけ離れている。

## 3　問題を抜け出す回路をどこに見出せるか

### (1)　教育課程経営論の思想課題（近代化論克服と経営過程システム化）の現代的価値

　教育課程経営論はなにをどう乗り越えようとし，また現代でどこまでそれらに説明力があるか。かつて高野は，1960年代の伊藤和衛の学校経営の近代化論について，それが戦後の成り行き管理を前進させたものの，①学校の運営を標準化する能率化の手法が教育課程の経営過程にも適用され，学校の集団的社会的過程への配慮を疎かにしたため，教師や子どもの主体性を弱め，②高度経済成長下の政策による教育の合理化，効率化に無自覚に適応したとその課題を指摘した（高野 1987：277-278頁）。その上で，近代化を乗り越える可能性を①教師の主体性を軸に社会体制を再編し，②教育課程の計画過程への教師の経営参加に特に留意し，③それを技術的管理でなく権力的管理の意味も希薄化する志向に立つ点に求め，経営現代化論としての教育課程経営を意図した（高野 1987：279，287頁）。つまり，近代化が運営の標準化や所与の社会目的の合理的達成を目指したのに対して，集団過程に加えて，社会目的や権力への問い，教師の主体性による教育体制の変革が高野の課題とされた。

官僚制支配のための「カリキュラム・マネジメント」を脱し，教育の理想と現実の方へ

　さらに，高野は，1977年学習指導要領改訂を受けて，その課題——教育内容再編志向はあるが，そのための条件整備や両者の構造的関連づけが弱いこと——を踏まえて「教育課程の編成—実施—評価の経営過程（サイクル）をシステムとしてとらえ，最適化（合理化）すること」（高野 1979：68頁）を教育課程経営の科学的研究の第一の基本視角に据えるに至る。

　以上を踏まえると，まず高野の場合，近代化論に向きあうことで望むべき社会や人間のあり方を問い，より広い視野で思考する素地があった。行政意図や社会変動への意識も明確でシステムの外部環境も「一応別にふまえ」られていた（高野 1979：68頁）。だが，議論の焦点は学校の内部経営にあり，持田が提唱した教育と経営の乖離の克服に挑み，教育経営学の存立基盤に関わるその難題に向きあった点は評価できるが，現代に通用する議論にするには補強が必要である。

　次に高野は「教育内容そのものの改善と同時に，学校経営上諸条件の根本的改革をトータルに構造的に行う」として教育課程経営システムの構造的分析や最適で合理的なモデルの創出を目指した（高野 1979：68頁）。それまでの教育内容偏重への問題提起として，教育内容と条件整備の一体化の必要性を指摘した点はそれなりに価値があったが，現代ではその条件整備にどれほどの自由や「根本的改革」が担保されているかは定かでない。また，そもそも教育課程のP-D-Sをつなげることが可能かまたはそれにリアリティがあるかを問う必要もある。日本の教育行政が戦後，インプット管理で学校の創造性を抑制し教育課程のP-D-Sが遮断された状態から，学習指導要領の大綱化でインプット規制が緩和された時代には経営過程のシステム化にも意義があった。しかし，現在はスループットも管理され始め，計画や評価も旧来以上に教師の意思や参加なしに全面的に管理される可能性がある。学校経営環境を無視してPDCAサイクルを技術的に回すことは現代ではナイーブ過ぎ，伊藤の合理化の課題を一部内包した教育課程経営論は，それが行政的に進められることでさらに学校の意思や教師の主体性を剥奪する可能性をもち，学校を官僚化する装置になりかねない。高野が一応別にふまえたシステムの環境が学校経営に大きな影響を及ぼし，教育と経営が乖離する現代では，構造的分析としてはシステムの環境分析が重要になる。「教育か経営か」や「国家か反国家（学校現場）か」の二分法ではなく，「教育経営」の問題として「学校もそれ以外も」考えることが必要だ。

## ⑵ 教育経営学がカリキュラムを論じる可能性

### ① カリキュラムを語る＝学校経営を語る

　学校経営の中核的機能がカリキュラムに関わるのであれば，それをめぐる議論も教育経営言説が多様であるのと同程度に多様である必要がある。言い換えると，〈言説〉が流布するとは学校経営の論じ方がそのような語りで矮小化されるということである。考えられる方策の一つは，「教育課程経営」や「カリキュラムマネジメント」などを取り立てて言わないようにすることだ。学校経営の中核的機能のカリキュラムにまで踏み込めていない教育経営研究こそが問題であり，そのことを問うことを抜きに〈言説〉を揶揄，冷笑することは大きな罪を伴う。〈言説〉が社会に浸透していることが教育経営研究の課題を突きつけており，①〈言説〉が従来の教育経営学をどのように摂取し，乗り越えているかだけでなく，②教育経営学がカリキュラムに届く議論をすることが問われる。前者は，現代が行政主導の「カリキュラム・マネジメント」というねじれ現象にあることに加えて，PDCA や組織文化を語る劣化した経営論——PDCA や組織文化に問題があるだけでなく，それらが稀釈され技術的次元に堕しカリキュラムを語って偽物の経営学を浸透させること——が蔓延している。高野が乗り越えようとした近代化論の課題以上に問題は深刻であり，学説史との対話がない点にも理論的欠落がある。後者は，〈言説〉がどうあるべきかを問うのではなく，なぜ「カリキュラム・マネジメントはかくたるべき」とばかり語られる時代になったかを自省し，それを許したわれわれの責任を問う。ただ，行政主導の経営管理主義が進行する時代を悲観する必要もない。日本の教育経営学が戦後の55年体制の中央集権化に対して外在的にその存立基盤を形成してきたことを考えると，いまはそれと同じまたはそれ以上の好機にある。学問の使命や理論基盤は学問それ自体に内在的に起源があるのではなく，特に教育経営学の場合，権力，政治作用を意識する必要があり，教育行政や教育政策に取り込まれながら，それらを含み込んだ理論生成が重要になる。教職大学院などの問題含みの制度環境を追い風にすることも可能だ。

### ② 教育経営学がカリキュラムを語る知的態度—教育の理想と現実のために

　SBCD の議論を踏まえると，カリキュラム開発は教師の専門的力量形成や現職教育の有効なプログラムになり，教育に関わる者の草の根の精神態度に多くの示唆を与えるものだった。それは権力への生硬な抵抗や反発を意味せず，政策との距離のとり方や外的要求との折り合いのつけ方を含むものだった。そも

そも「経営（management）」には「人間」「手製」を意味する"man"が入っており，それは「人間の頭と手（man）」で「具体的な行為（age）」を「意図的につくって動かしていくこと（ment）」を意味し，現場主義の発想を有す概念である。その経営がカリキュラム概念の有す精神態度を補強できるとすると，誰の支配も許さないアナキズムとの親和性も高い。ただ，アナキズムは歴史上，一度も成功していないことと教育経営では脱権力が現実的でない——政治，権力を前提にそれらとどうつき合うかがその成否を左右し，教育経営とそれらは不即不離で（非）敵対的矛盾の形で共存する——ことを踏まえると「方法としてのアナキズム」（鶴見 1991）が現実的だ。それは誤ったことの記憶を保つことで真理の方向を見出そうとするもので，一つの革命ですべてを変えるのではなく実験を重ねその習慣が社会を変えるとのプラグマティズムにも近い方法的立場だ。

　新自由主義は，偽装されたボトムアップを最大の手段に従来の教育の資源，権力構図を崩し政治的，社会的矛盾を引き起こすことから学校現場には圧力がかかる。学校は学習指導要領の理解にすら苦しみ，大量退職・大量採用の影響もあり，授業の目当てや進め方の標準化に頼りながらもいっときは実務的に動かざるをえない。その不安につけこんで実体の無い〈言説〉が蔓延する。このような状況への抵抗を考えていく必要がある。権力への伝統的抵抗は抵抗すなわち反対の単純な原理に基づいたが，抵抗とは創造することだ。環境の複雑化に目を向けず教育課程を技術的に遂行することばかりに気をとられるのではなく，そのような議論には収まりきらないものを探す。それは官僚制化への抵抗であるとともに，亀裂を探すために官僚制から距離をとることでもある。閉じた世界として現れつつある現代を矛盾やわれわれ自らの不適合から理解し行動するという意味での批判であり，このような創造には正統性がある。

　新自由主義下の官僚的知性にわれわれは知らずに絡め取られ，機械的な予定調和に陥っているが，それは〈教える―学ぶ〉という教育関係に反する。予定調和を超え自他関係の想定を超えるところに教育のロマンがあるが，〈言説〉は運命決定論的世界観に立ち民主的ではない。カリキュラムという物語構築の努力を諦めてはならず，人が社会に生きるうえでの夢，希望を語ることは官僚的知性とは対極的に位置する文学的想像力を必要とする。ただ，それは現代の環境では容易でないため，従来の教育課程編成論が陥った啓蒙にとどまるのではなく，教育という業務の変化の特質を政治的な次元で検討し，具体的には

〈労働〉を〈活動〉にいかに転換できるか議論が必要だ[7]。

〈言説〉は官僚制を所与にそのなかに自らを埋没させ邁進する。ただ，官僚制はその特質として，誰も失敗の責任をとることができず，誤っていることがわかっているのに改革の方向転換ができない。現代社会で使われることばの多くは聞こえはよいが，われわれには徐々に自由がなくなっており，旧来の社会正義の問題や構造も悪化している。しかし，教育経営とは，社会の枠組みや方向性をはじめ教育の営為を問い返し生み出す参照点を自らつくっていくものだ。教育経営がカリキュラムを語ることでそれらに挑むことができる。

[注]

(1) その象徴は田村（2014）。2016年12月21日中央教育審議会答申は，カリキュラム・マネジメントとして，教科横断，データに基づく PDCA サイクル，人的・物的資源の効果的活用を挙げ，2017年学習指導要領でもその重要性が指摘された。

(2) 水本（2018）は，現代の教育行政は経営管理主義（managerialism）の理性の知を学習させることで学校の主体性を構築（客体的主体化）しているとし，教育政策がかえって学校の自律性を阻害し，研究もそれに加担する場合があり，「政策とその言説をまじめに学習すればするほど，学校は多忙化し，学校経営は硬直化する」（6頁）と指摘する。経営管理主義とは社会問題をもっぱら経営的手法で解決しようとする考え方で，「主体化」はこうした言説で人々の志向性と行為が構成されることを指す。

(3) 彼は，市場原理を促進する政府の改革は規制総数の上昇に帰着し，新しい規制手段に「規制緩和」とラベリングすることで，それが官僚制を縮小させ個人の創意工夫を解放するように見せかけることができるとしている（グレーバー 2017：13, 24頁）。

(4) その例として，ヴィジョン，クオリティ，ステイクホルダー，リーダーシップ，エクセレンス，イノベーションを挙げている（グレーバー 2017：29頁）。

(5) 重田（2018）は，改革批判の枠組みが「市場の論理」など批判される側のレトリックにのせられることが多いため，官僚制が発達した近代国家の政治を表現した「規律」，「専制」を経済用語に代わる視点として提案する。規律化は官僚組織の注文や視線が過剰に意識され，管理の意味，目的も思考の外に追いやられ管理の自己目的化が起こることを意味し，専制は自由に意志，思考する人間がその自由を基準化された行政に譲り，行政の規制に従属した行動をとることを意味する（111, 119-120, 130-134頁）。

(6) 水本（2017）は，経営管理主義によって，規制的規則の緩和に代わり構成的規則が強化され義務論的権力が学校に強力に作用する一方，受け手にその遂行性が自覚

官僚制支配のための「カリキュラム・マネジメント」を脱し，教育の理想と現実の方へ

されにくく学校や教師が対抗意識や制度構築の契機をつかみにくくなっていると指摘している。

(7) ハンナ・アーレントが人間の複数性に対応する活動力として政治の条件としたのが〈活動〉で，生命維持のための消費が〈労働〉である。〈労働〉は業務をこなし生産物を消費するという差し迫った必要の充足を超えた創造性や耐用寿命を一切もたずに反復される。変革プロジェクトの企画，実行においてもカリキュラムの創造性や教授上の革新に基づいて現状に異議が唱えられることもない。また〈労働〉は教育的発想や価値よりキャッチフレーズで彩られた過程を強調し代替案を認めない点で悪への潜在力を持つ（Gunter 2015：p.65，88）。なお，〈言説〉の課題について，研究や研修を通じてこのような観点で理解を促すだけでも学校の機能は高まる。

## ［引用・参考文献］

・安藤福光「『教科書を教える学校』から『カリキュラムを開発する学校』へ」末松裕基編著『現代の学校を読み解く―学校の現在地と教育の未来』春風社，2016年，51-80頁。

・石井拓児「『現代日本社会と教育経営改革』に関する研究動向レビュー」『日本教育経営学会紀要』第48号，2006年，246-259頁。

・宇野重規『未来をはじめる―「人と一緒にいること」の政治学』東京大学出版会，2018年。

・小島弘道「学校による社会改造論とその問題点―G.S. Counts の学校論の分析を通して―」『教育学研究』日本教育学会，第36巻第3号，1969年，201-211頁。

・重田園江『隔たりと政治―統治と連帯の思想』青土社，2018年。

・勝野正章『教員評価の理念と政策―日本とイギリス』エイデル研究所，2003年。

・グレーバー，デヴィッド『官僚制のユートピア―テクノロジー，構造的愚かさ，リベラリズムの鉄則』酒井隆史訳，2017年，以文社。

・佐藤学「カリキュラム開発と授業研究」安彦忠彦編『カリキュラム研究入門』勁草書房，1985年，88-122頁。

・高野桂一「高校教育課程経営の課題とあり方」『月刊高校教育』第11巻12月増刊号，学事出版，1978年，47-59頁。

・高野桂一「教育課程経営方式の研究方法と課題」『月刊高校教育』第12巻第4号，学事出版，1979年，65-72頁。

・高野桂一「戦後教育の展開と教育経営的発想」日本教育経営学会編『講座　日本の教育経営1　現代日本の教育課題と教育経営』ぎょうせい，1987年，271-292頁。

・高野桂一「教育課程経営の科学とは何か」高野桂一編著『教育課程経営の理論と実際―新教育課程基準をふまえて』教育開発研究所，1989年，1-96頁。

・田村知子『カリキュラムマネジメント―学力向上へのアクションプラン』日本標準，2014年。

・鶴見俊輔『方法としてのアナキズム』筑摩書房，1991年。

・仲田康一「『スタンダード化』時代における教育統制レジーム―テンプレートによる統治・データによる統治―」『日本教育行政学会年報』第44号，2018年，9 -26頁。

・埴谷雄高『幻視のなかの政治』未来社，1963年。

・水本徳明「学習観の転換と経営管理主義の行方―公教育経営における権力様式に関する言語行為論的検討―」『教育学研究』日本教育学会，第84巻第 4 号，2017年，398-409頁。

・水本徳明「『教育行政の終わる点から学校経営は始動する』か？―経営管理主義の理性による主体化と教育経営研究―」『日本教育経営学会紀要』第60号，2018年，2 -15頁。

・Gunter, H. (2015), *Educational Leadership and Hannah Arendt,* Routledge.

# 研　究　論　文

学校統廃合に伴う学校―地域連携の再編過程
　―人口減少社会における「地域教育経営」論の再
　構築―　　　　　　　　　　　　　御代田桜子

《研究論文》

# 学校統廃合に伴う学校—地域連携の再編過程
## —人口減少社会における「地域教育経営」論の再構築—

名古屋大学大学院・日本学術振興会特別研究員　御 代 田 桜 子

## 1　研究の背景と目的

　本稿の目的は，学校統廃合によって新設された学校を中心とした学校—地域連携の再編過程を検討することを通じて，「地域教育経営」論の再構築に対して示唆を与えることである。そのために，北海道北部の酪農地帯における学校統廃合とその後10年間にわたる学校—地域連携の取り組みについて事例分析を行う。

　少子高齢化により，全国各地で学校の小規模化や学校統廃合の検討・実施が進んでいる。特に農山漁村地域では，小規模校が点在しており，小規模校を中心市街地の学校へ吸収するという統合や，複数の小規模校を統合して新設校を設置するといった選択がとられることが多い。いずれの選択も，学校区の広域化を招き，児童生徒はスクールバスなどを用いた遠隔通学が求められるなど，通学条件や教育条件の整備という課題に直面している。加えて，学校区の広域化を教育経営の観点，すなわち学校と地域の連携という観点から捉えていくことが求められている。

　これまでの学校統廃合研究は，その背景要因や決定プロセスを検討するものが多いが（若林 2012，宮﨑 2013，川上 2015，御代田 2016など），統廃合後の学校と地域の関係を検討する研究もいくつか存在する。例えば，西村（2014）は，特に過疎地域では学校と児童生徒を媒介として住民間の関係がつくられ，それを基盤として学校と地域の関係が構築されていることが多いとし，このような見地から，市町村合併を経験した旧自治体における3件の統廃合事例の検討を行うものである。その結果，統廃合を経て学校と地域，住民間の関係性の

転換が模索されるものの，地域内で活動の共有や見解をすり合わせる接地点を見出せない状況が指摘された。また，小林・斎尾（2011）は，学校区が広域化した地域においては，旧学校区単位の狭域な地域運営の維持・発展が困難であり，統廃合後の学校が新たな広域な地域運営の起点として位置づけられる必要があるとしている。しかし，学校が起点となりつつも，地域運営の主導権は地域側がとり学校と地域のバランスが適切に図られないと，学校への依存状態が生じる場合があることも示唆されている。

　以上の先行研究より導出されるのは，統廃合によって学校区が広域化した場合，学校は統合された複数の地域運営の要ともなりうるが，同時に，学校の本来的機能との関係が考慮されなければならないということである。このことは，学校区の広域化という今日的状況を踏まえた地域教育経営の枠組みの再検討を要請する。なぜなら，地域教育経営の対象範囲が，漠然とした地域という範域であり，具体的な組織体やそこでの営為との関係で捉えにくいことにより，学校統廃合が正しく位置づけられない可能性があるためである。

　そこで本稿では，以下を課題とする。まず，従来の「地域教育経営」論の検討を行い，個別学校経営を横断する地域教育経営という枠組みを確認するとともに人口減少社会における学校―地域連携の課題を整理する。次に，北海道北部の酪農地帯における学校統廃合事例をもとに，地域運営を維持する学校―地域連携から，それらを包括する新たな連携組織の構築に至る再編過程を検討する。これらを通じて，「地域教育経営」論の再構築に向けた課題を提示する。

# 2　人口減少社会における学校―地域連携の課題

## (1)　「地域教育経営」論における学校―地域連携

　1970～80年代に教育経営の単位として，生活基盤である「地域」を捉えて生成されたのが「地域教育経営」論である。総論的にまとめられているのは，1987年に出版された日本教育経営学会編『講座　日本の教育経営7　地域教育経営の展開』においてだが，「地域教育経営」という用語の使用自体は1970年代から確認できる（吉本 1975：24頁，高桑 1975：154頁）[1]。1980年代における「地域教育経営」論の到達点（浜田 2001：1頁）とされる同書『地域教育経営の展開』では，河野（1987）が第1章「地域教育経営の構想」において，教育主体や教育機関を学校に限定してきた従来の「閉じられた学校経営」に対して，「社会教育やその他の教育作用との総合化・統合化を図ることが必要」

としている（河野 1987：1‐2頁）。また，河野は当時の急激な都市化／郊外地域の過疎化による「教育条件の分極化」を問題とし，「学校経営を，都市化の進展に伴う教育条件整備の方針や政策の転換という広い視点からとらえ」ること，「個別経営の考え方ではなく，一定の教育行政単位を基礎にする数個の学校組織（school system）における経営といった考え方に転換せざるをえなく」なっていることを示唆している（河野 1987：3頁）。すなわち，河野は，一定の教育行政範域における複数の教育機関や地域社会のあらゆる営みを全体的に捉え，統合し，関連づける枠組みを提起した。地域内の不均衡が生じるなかで公正な条件整備を志向する場合，一定の教育行政範域における教育計画の作成は必須である。多くの先行研究が指摘するように，今日的な人口減少下においても，学校の「適正」配置を目的とした総合計画の立案が求められており，地域の状況を踏まえた柔軟な計画を策定し，その策定過程に各学校や地域住民を位置づけていくことは重要な論点とされている（丹間 2015，水本 2016，貞広 2016など）。

　現実の学校統廃合の手続き場面に即して考えれば，教育行政範域における教育経営論とともに，統廃合前にあっては学校ごとの保護者・地域住民との合意形成が当然重要になる。その際，統廃合によって地域運営が必ずしも広域化するわけではない以上，旧学校区の地域運営は当然引き継がれることとなる。そうであるならば，個別学校経営を横断的に取り扱うフレーム設定が必要になる。この点で植田の「地域教育経営」論が参考になる。植田は，個別学校経営への保護者・地域住民の参加という観点から，個別学校における教育経営を核としながらも，教育課程が人事や財政の広域的決定に及ぼす影響を捉えるために，複数学校をまたぐ地域教育経営の枠組みを提起した（植田 1995）[2]。

　以上のように，「地域教育経営」論は個別学校経営を横断する地域教育経営という枠組み設定がなされてきており，それを実質化するための学校―地域連携が求められてきた。学校統廃合に伴って，特に個別学校単位での保護者・地域住民との関係やそれに基づく合意形成のありようが重要となる。

### (2)　人口減少社会における地域運営と教育経営の関係

　前節で示したような個別学校経営を横断する地域教育経営を考えていく際，人口減少社会における地域運営との関係の検討が必要になる。

　1980年代の「地域教育経営」論の提起は，のちに，臨時教育審議会の展開し

た学校の閉鎖性批判をそのまま引き受け，「生涯学習体系への移行」「まちづくり」との接続を志向するものであったと総括される（浜田 2001：2頁，北神 2009：28頁）。実際に，2000年に出された日本教育経営学会編『シリーズ 教育の経営』（全6巻）では，第4巻『生涯学習社会における教育経営』において「地域教育経営」論が展開されている。それは，生涯学習という視点から「地域に存在するさまざまな教育・学習のネットワーク化と融合」（岡東他 2000：3頁）という意味での「地域教育経営」論であった（岡東 2000，玉井 2000）。地域に潜在する教育資源を可視化するほか，生涯学習社会に即応した学校のあり方として学校の活用や学校施設の複合化などが言及されており，主眼は教育行政範域においてそれらを捉えることにあった。

　一方，玉井（2000）は，学校を担い手とした「コミュニティの活性化」を重視し，学校行事・施設の開放や地域に開かれた教育課程への再編の必要性を提起している。すなわち，「地域生涯教育センター」としての役割を学校に付与し，学校を中核とした学校と地域の相互補完的な連携の展望を「地域教育経営」論として展開したのである。

　玉井による提起は，2010年以降の状況においてより現実味を帯びてきている。2000年代の市町村合併を経て，過疎地域の少子高齢化，人口減少が進行し「限界集落」論(3)が唱えられるようになった。1960年代の産業構造の転換以降，農山漁村では人口減少が過度に進行し，中小都市では中心商店街の長期にわたる斜陽化，郊外地帯への人口の移動が進行し続けたためである。それは，従来の地域社会を支えていた地域運営の崩壊に将来的につながるものとして把握されてきた（山下 2012）。一方，自治体範域の広域化の進行に伴い，小学校区程度の狭域な範域における政策形成機能や要求機能を担う地域運営は，地域社会での教育や福祉にとっての命綱とならざるを得ない。狭域な地域における地域自主組織(4)の取り組みが近年注目されており，狭域な地域運営と広域自治との重層的連携のあり方を，教育経営の観点から検討していく必要性も高まっている（平井 2016）。

　さらに，近年の学校統廃合により，地域運営と学校の関係が一対一ではないケースが増えてきている。学校の存在が，「子どもの成長発達に加え，地域社会の持続的発展を担う存在となることを免れない」（辻村 2017）とする指摘があるように，学校が複数の地域運営との連携をいかに構築していくのかが課題となっている。そのため，個別学校単位を主眼とした教育経営において，地域

運営をいかに捉え，それと教育経営をいかに接合させていくのかを展望する枠組みが求められる。

## 3　調査の概要

### ⑴　対象地域の概要と学校統廃合の経過

　本稿の対象は，北海道稚内市[5]にある稚内市立天北小中学校（以下，天北小中）である。稚内市では，児童生徒数減少に伴う小規模校化に対して，2008年に「稚内市立小中学校再編方針及び実施計画―教育力の向上と新たな地域づくりのために―」の策定に至っているが，天北地域の統廃合は時期的にもその先駆けであり，市教育委員会の積極的な姿勢はみられない[6]。天北小中は，稚内市の中心部から車で1時間ほどの酪農地帯に位置しており，2002年に小学校7校，中学校5校[7]が統廃合して新設校として開校した。開校直後は88名の児童生徒が在籍していたものの，その後の減少により2年目以降は複式学級が編制されている。天北地域内の教職員総数は，統合前は64名（教員53，職員11）であったのに対して，統合後は23名（教員19，職員4）となった[8]。2018年5月1日の在籍者数は45名（小学校：3学級・29名，中学校：3学級・16名），教職員数18名であり[9]，へき地級地3級の小中併置校である[10]。対象の選定にあたっては，人口減少により広域な学校統廃合を経験している地域であり，かつ学校統廃合の前後を通したデータの蓄積があることを要件とした。以下，統合後の天北小中の学校区を天北地域とし，統合前の旧学校区を地区と記載する。

　天北地域の学校統廃合の決定要因は，児童生徒数の減少であった。1900年代初頭から入植によって集落が形成されて以後，各集落に寺社と私設教授所が建てられ，のちに7小学校と5中学校が認定された。1940年代以降は地域内の曲渕地区が炭鉱で栄え，1971年の閉山後は酪農と畑作を中心とする産業構造へと転換した。1989年には，天北地域を縦断するかつての主要路線JR天北線が廃線となり，人口減少が進んだ[11]。天北地域の学校では，1990年以降，複式学級や欠学年が生じるなど集団学習や部活動の組織が困難となり，複数校が連携した集団学習や合同の修学旅行などが取り組まれていた。児童生徒数増が見込めないことに対する不安の声も各地区であがるなか，1998年から市教育委員会，各地区のPTA会長，町内会長（地区単位で組織される），校長からなる検討組織「沼川・曲渕地区学校教育問題検討委員会」が結成された。「学校教育の充

実・発展を考える時，父兄の中から学校統廃合の話が持ち上がり，【中略】３年間の時間と何十回もの会議の末，【中略】天北小中学校を開校する運びとなりました」(12)とされるように，地区ごとの合意形成は時間をかけて行われた。ここで，①スクールバスをはじめとする通学支援，②新設校への充分な教育条件整備，③地域への配慮，④開校準備委員会の設置，という条件のもと，すべての地域を同様に扱う対等な合併として新設統合を行うという合意に至った。その後，２年間の開校準備の取り組みを経て，2002年４月に天北小中が新設された。

## (2)　調査方法と調査協力者

以上の地域的状況を踏まえ，教員と各地区の住民へのインタビュー調査及び資料収集を実施した。本稿では，開校準備にあたった教員と歴代の校長の４名の語り，提供資料（学校運営計画，閉校記念誌等）を分析対象とし，教育経営と地域運営との関係に焦点を当てながら，統廃合によって新設された学校を中心とした学校─地域連携の取り組みを描く。分析に使用した調査協力者の詳細は**表**に示す通りである。インタビューは基本的に録音したが，録音機器の不具合により録音できなかったものは，筆者が調査協力者とのやりとりを記録し，再構成した原稿を協力者本人に確認してもらい，承諾を受けた。なお，個人の特定を防ぐために，氏名は仮名とし，引用するインタビューデータは内容が変わらない範囲で，加筆・修正を行っている。

加えて，同事例を対象とした山沢（2011）や北原他（2014）があるが，いずれも統廃合のある時期を対象とした調査報告であり，通時的な視点での検討は行っていないため，本稿では事実関係の確認においてのみ参照した。

### 表　分析に使用した調査協力者・実施日一覧

| 氏名（仮） | 当該学校での役割（勤務時期・年数含む） | 調査実施日 | 実施者及び所蔵 |
|---|---|---|---|
| A 氏 | 校長（2008.4-2011.3） | 2015.7.1 | 筆者 |
| B 氏 | 校長（2011.4-2013.3） | 2015.6.29 | |
| C 氏 | 教頭（2009.4-2010.3） | 2016.7.26 | |
| | 校長（2013.4-2017.3） | | |
| D 氏 | 教諭（1998.4-2001.3）<br>教頭（2001.4-2003.3） | 2013.8.28 | 名古屋大学<br>宗谷教育調査団(13) |

## 4　分析：統廃合後の地域内ネットワークの結成と学校の役割

　以下では，対象地域における学校―地域連携の取り組みについて，(1)統合時の新設校開校に向けた取り組み（2000-2002年），(2)統合後の学校―地域連携の取り組み（2002-2012年），(3)地域内ネットワークの結成と学校―地域連携の展開（2013-2016年）に時期を区分して記述する。

### (1)　統合時の新設校開校に向けた取り組み

　統合時の学校―地域連携の取り組みについては，新設校開校に向けた開校準備委員会の活動が中心となる。開校準備委員会は，いくつかの専門部会で組織され，教育課程に関する専門部会も置かれた[14]。この専門部会では，「児童生徒及び幼児の現状把握，父母・地域の教育要望等の調査に関すること」，「教育課程・交通対策全般に関すること」を業務内容とし，統合するすべての学校の教務主任が役員となり保護者・地域住民も含むメンバーで準備が進められた[15]。その際，各地区の保護者・地域住民・教職員を対象としたアンケートの実施により「育てたい子ども像」「学校へ寄せる期待」を把握し，それを踏まえつつ統合学校のすべての教育課程の内容の丹念な整理・再構成が行われた[16]。この過程で，5地区の学校行事を合わせた新しい学校行事（天北ソーランや天北太鼓）が生成された。これらは対等な統廃合を実施していくうえで重要な取り組みであったが，次のような限界点もあった。

　「特に一番頭を悩ませたのは総合的な学習（の時間）と特別活動のセクションですね」（D氏）という発言からもわかるように，教育課程の整理・再構成において最も焦点となったのは，各学校で実施されていた学校行事や地域行事といった各学校独自の教育活動の整理であった。特に，地区ごとに行われる祭礼行事は，従来，教育課程内に組み込まれており，学校行事として学校の教職員・児童生徒が総出で担うなど，統合前の学校―地域連携の中心的役割を持っていた。まさに学校は地区において「文化の中心」（D氏）であったため，統合後も学校が祭礼に関わることは住民の願いであった。しかし，すべての地区行事を学校行事の枠内に入れ込むことができないため，「取捨選択，まとめるものはまとめる」（D氏）というように，教育課程内で扱い学校行事とするものと，教育課程外の地区行事とするものに区別した。すなわち，新設校が立つ

地区（沼川）の地区行事のみを学校行事として位置づけ，教職員・児童生徒の参加が確約された。しかし，そこで「排除」された地区行事が日程的に登校日にあたる場合，地区行事への参加者が確保できないという問題も生じ，「学校が存在している地区のお祭りだから，（それだけが学校行事として扱われることを）地域に納得してもらうしかないだろう」（D氏）と地域への説得がなされた。そして，妥協策として，学校は登校日における地区行事への参加は出席扱いにするという措置をとったが，子どもの負担も鑑み，地区によっては祭礼の日にちを登校日に被らない土日に変更したところもあった。D氏の「最大公約数を絞って作っていくしかない」，「地域の活動を残す残さないは学校がタッチするものじゃない」という発言から，教育課程という枠内においては取捨選択せざるを得ないこと，その他の地区行事は学校とは区別し地域運営の問題として捉えていたことがうかがえる。

　これらが意味するのは，統廃合前と同様の学校―地域連携を構築することの難しさである。すなわち，新設統合を選択することから教育課程の整理・再構成においてまで，対等な形での学校―地域連携の再編及び従来の関係性の維持が目指されたものの，学校教育活動の制約上（授業時数など）部分的に排除せざるを得ないものが生じたというアンビバレントな現実を示している。こういった統合時における学校―地域連携の難しさは，統合後の連携の取り組みへと引き継がれたとみられる。

## ⑵　統合後の学校―地域連携の取り組み

　統合後は，複数地区を平等に扱うことに加え，新設校を開校することを契機に天北地域として子育てをしていくという地域の期待もあったため，その両者に応える「実質的」な学校―地域連携が要請された。

　まず，連携組織の面である。教育課程に掲げられた「地域・父母・子どもの期待に応える新しい学校の基盤づくり」を目指し，校務分掌としてそれぞれの地区担当教員（当該地域では「地区PTA担当」と呼ばれる）を割り振り，定期的な地区別懇談会の開催によって地区の実態の把握，学校教育活動の地区への共有などが行われた。これについてD氏は，「やはり地域に根ざしたということで，実質的にもそうしたいということで，先生方を全職員を，地区PTA担当にはり付けましたね」と話す。「学校が近くになくなった分，教育に関わって，教育文化に関わっての情報が，（住民にとって）少なくなっていたなと

いう感じがすごくするんです」（Ｂ氏）という語りからも，統合前は各地区ごとに学校―地域連携が完結していたのに対して，統合後はより綿密な情報共有が必要だとされていたことがわかる。この取り組みを通じて，学校は子どもの生活実態や地区の教育課題を把握するだけではなく，学校における教育活動の状況を各地区と共有しようとしていた。

　それに加えて，地区を平等に扱うという点についてＢ氏は，「いい意味での八方美人」という言葉で語ってくれた。すなわち，教育活動（特に地域学習）においては，「校区全体が地域ですということ」が基本スタンスとされ，複数地区の存在がそれほど意識されなかったと言うが，「一つやると，こっちは，こっちもっていうところがあるので，【中略】学校も皆さんのことを見ていますという，いい意味での八方美人というかな，そんな意識があった」（Ｂ氏）という。また，４名すべての調査協力者から，校長が学校に隣接する校長住宅に住み地域活動に積極的に参加するとともに，各地区の祭礼行事（その数は合わせて年間20回にものぼる）に学校の代表として足を運んでいたということが語られた。この祭礼への参加は，学校がそれぞれの地区の住民との信頼関係を構築し，学校が地区を平等に扱っていることを示すシンボルとして重要な意味を有していたことがうかがえる。

　これは形式的に見れば，既存の地域の形態を維持し，それに対応する形で学校を中心とした複数地区との関係が作られたといえる。また，統合時における地区行事の取り扱いをめぐるわだかまりを解消し各地区を平等に扱うために，地区担当教員を中心とした学校―地域連携に加え，教育活動の内容の工夫や校長の地区行事への参加がそれを補足していたとみられる。

### ⑶　地域内ネットワークの結成と学校―地域連携の展開

　前節で示したような，学校による学校を中心とした学校―地域連携が取り組まれるなかで，各地区が抱える地域運営の課題が学校に集約された。そして，集約された課題の解決をはかって，新たな取り組みが始められた。直接の契機となったのは，統廃合から10年目の節目を記念した天北地域としてのイベントである。その呼びかけを受けた翌年2013年５月に，地域内の組織をつなぐネットワークとして「天北地区子育てネットワーク」（以下，ネットワーク）が設立された。その設立趣旨は，「地域ぐるみのネットワークシステムを充実させ，天北小中学校区のすべての子どもの健やかな成長を願って，町内会の交流・連

絡調整及び活動の援助・激励をすること」[17]とされ，①「子育て懇談会」の開催，②子育て新聞の発行・全戸配布，③子育てに関する諸団体との連携・諸行事の後援，の三つを具体的な活動目標とした。ネットワークは，天北地域内の各地区町内会と賛同団体をもって構成され，賛同団体には天北小中や沼川保育所といった地域内のすべての教育機関，そして地域内の教育関係団体である天北小中PTAや天北地域民生児童委員連絡協議会，そして天北地域連合会が連ねられ，事務局は天北小中に置かれた。

ネットワーク設立の初期構想を担ったA氏は，当時の学校—地域連携の課題を次のように語った。「学校区が持っているPTA活動の子ども会と，地区（の町内会）の持っている子ども育成部[18]と，これは両方あるところ，片一方しかないところという，ぐちゃぐちゃだったので，何とか一つにして力合わせをしたいねというようなことをずっと話はしていた。【中略】というのは，もう子どもがいなくなった地区がいっぱいあるんで，育成部が休会になっているんです」（A氏）。すなわち，各地区によって子どもに関わる組織構成が異なること，また学齢児童生徒が0人となり組織が立ち行かなくなった地区が存在したことが，それらをつなぐネットワークの着想であった。

実際のネットワークの設立を担った後任のB氏は，ネットワーク設立の意味づけを，「（子どもにとっての）環境の乏しさ，それから，地域の方たちのそういう（子どもや学校に関わる）情報が，学校がなくなった分減っているなっていうところを，少しでも学校が核となってできるといいなと思ったのがネットワークだったんですよね」（B氏）と話す。2012年度の天北小中の学校経営方針では，当該年度の重点課題の一つに「保護者・地域との連携協力～内外に開かれた学校づくり」があげられており，その中の細目に「『天北地区子育てネットワーク』の発足と活動」が明記されている[19]など，学校が核となりネットワークの設立が進められたことがわかる。

ネットワークの活動は，役員会を中心とした年3回の子育て懇談会の実施，子育て新聞の発行であり，役員には保育所の母親代表，町内会長，民生委員，ネットワーク会長，学校（事務局）が参加している。B氏は，ネットワークの活動の意義について，二つの点を指摘していた。まず，学校経営への意義について，「（ネットワークで）縦と横が重なるみたいな感じで。お互いになんとなくそうかなと思っていたことがより確信を持てたなとか。であれば，学校は学校運営の方向性についても，ああ，やっぱりそうだと，改めて確信を持ってそ

こを進めることができる」（B氏）と語っていた。加えて，「ネットワークって，その組織自体を設立したということもあるんですけれども，それに伴う他団体のというかな，ほかで作ってきたそういう集会的なもの，地域の方を入れた集会も（学校・子どもたちと）つながった」（B氏）としていた。喫緊の課題が毎回あげられるわけではないが，保育時間延長の要望や，防災の問題などが共有されたり，子育てや地域の問題などが日常的に話題にされたりする場となっている。地域の課題の共有は，地域のさまざまな分野・団体での活動を可視化し，地区主催の高齢者との交流企画を学校教育活動と組み合わせて実施することを可能とした。ここから，ネットワークは，子ども・子育てに関する問題の共有にとどまらず，地域の高齢化，独居老人への支援，担い手不足などの地区の課題を天北地域として共有する場としての機能も果たしていたといえる。

　しかし，C氏によれば，その後のネットワークでは，参加者が年々減るなかで，学校の行事とセットにするなど参加しやすい企画づくりによって地域住民の参加を増やすことが主要命題となっている状況がある。実際，C氏が企画の立案や新聞の発行を行っており，ネットワークの主な担い手が事務局である学校となっている。「地域の子ども組織が残っていて，地域で子どもを育てていくという意識や組織との関わり方があるとよりいい」（C氏）というように，地区の組織の担い手不足により，学校がリーダーシップをとらざるを得ない状況が生じている。ここから，小林・斎尾（2011）の先行研究が指摘するような地域運営の学校への依存傾向がうかがえる。

## 5　まとめと考察

　本稿では，統廃合により広域化した学校区（地域）との関係性という観点から，統廃合後の学校―地域連携の再編過程について分析を行ってきた。

　まず，事例の分析から明らかになったことは，第一に，統合前は7つの学校区（地区）において，学校と地区が一対一でその関係性が維持されていたが，統廃合によって関係性の転換が迫られたことである。すべての地区を対等に扱うためにも，開校準備過程では教育課程内での取り扱いを平等にすることに重きが置かれたが，地区行事の取り扱いについては取捨選択せざるを得ず，地区間において関係性の差をもたらした。

　第二に，学校統廃合を経て学校区が拡大したのちも，統合前の地区組織を活用して学校―地域連携が取り組まれていたことである。この連携の目的は，子

どもの生活実態を把握し，それを教育課題として吟味し，教育活動に盛り込んでいくことにあり，それらの過程に保護者や地域住民を位置づけようとすることにあった。目的達成のためには，学校と広域化した地域という一対一の関係ではなく，地域の既存の形態に対応するという方法が適当であったと考えられる。地域教育経営の観点でいえば，統合後も統合前の地区組織が活用され，旧小学校区が維持されていたとも捉えられる。旧小学校区を維持しつつ，学校が複数地区をまたがって，それぞれに対応するという関係が築かれたのである。すなわち，学校を中心とした放射状の学校―地域連携と捉えることができる。

　第三に，学校を通してそれぞれの地区が抱える地区活動の課題の共有がなされたことが，わずかな担い手同士が手を結ぶための新たな組織を構築する動力源となったということである。これにより作られたのが，放射状の学校―地域連携を補完し包括的に捉えるネットワーク，すなわち，環状の学校―地域連携である。環状の連携の目的は，天北地域としての子ども・子育てに関する課題を共有すること，天北地域内のさまざまな組織のゆるやかな連携によって相互補完を行うことにあった。そういった共有の場の中心として学校が位置づけられたことは必然的であったといえるが，学校が地域運営の補完をも担っており，把握した教育課題だけではなく，地域課題への対応をも担う状況が生まれた。ここでは，学校という場を活用して地域課題への対応が可能となる一方で，地域運営の担い手の育成と確保が依然として深刻な課題として残されている。

　以上のように，学校統廃合の前後を通じ，学校は少なくとも複数の地域を対象として，個別の関係性と同時に，広域的・包括的に，放射状及び環状の関係性を保ち続けている。こうした関係を捉えるために，改めて地域教育経営の枠組み設定が要請されている。特に，個別学校経営への地域住民の参加という点で，地域運営組織との接合を顧慮する必要があり，学校統廃合に伴い学校区内に複数存在することになる地域運営組織と関係を維持していくことが地域教育経営の核となる。この点は，学校に対する保護者・地域の声を幅広く公正に把握するという意味で，多様な教育意識や教育要求に応じた「地域教育経営」論の再構築において有用な視点となりうる。ただし，本稿は事例からの導出であるという限界を有しているため，地域的状況の異なる学校―地域連携やコミュニティ・スクールの取り組みなどの実証的研究の蓄積が求められる。

［注］

(1) 例えば，主原正夫・吉本二郎編『講座 教育経営システムの設計（全3巻)』（明治図書出版，1975年）の序説では，従来の学校経営論が学校の内部問題に重点を向けてきた反省や，社会変化に対応できない「教育システム」改革の必要性から，学校経営のあり方と同時に学校経営の「基礎を構成する地域教育経営の基本的要件をも解明しなければならない」（吉本 1975：24頁）とした。しかし，ここでは「地域教育経営」概念について詳しく論じられているわけではない。

(2) 同様の枠組みを持つものに堀内孜の一連の研究があり，「公教育経営」とそれを名付けている（堀内 1996）。

(3) 「限界集落」は，65歳以上の高齢者が集落人口の過半数であるという量的規定，独居老人世帯が増加し社会的共同生活の維持が困難な状態に置かれているという質的規定による山村集落の区分概念である（大野 2005）。

(4) 地域自主組織とは，小学校区などを単位として住民組織に活動拠点と交付金を提供することにより，自主的な住民活動を行政が後押しする仕組みであり，自治体が行うサービスの一部を地域に移管しコミュニティ・ビジネスとして展開するというものである。住民自身の「自助努力を強い，無慈悲ともいえる実践論に帰結」しているとする指摘（市原 2009：34頁）もあるため，行政責任の不明確化や地域の自助努力への依存という側面も含めて議論の余地があるものと捉えられる。

(5) 最北端にある稚内市（人口約3万人，世帯数約2万：2018年12月末日現在）は，漁業と農業（酪農）を基幹産業とする。200海里規制以降の漁業の衰退，酪農の廃業などにより人口流出が著しく，1995年から2015年までの20年間で児童生徒数は約半数となり，2002年より過疎地域となった。

(6) 山沢（2011:19頁）は，市教委が基本的には地域・学校の要望に応える教育条件整備に徹するスタンスだったとしている。稚内市では，2000年度に小学校23校／中学校16校あったのに対して，その後断続的に統廃合が生じ2018年度には，半分以下（小学校11校／中学校7校）となっている。

(7) 沼川小学校，上声問小学校，曙小学校，上修徳小学校，樺岡小学校，曲淵小学校，豊別小学校の7つの小学校と，沼川中学校，上修徳中学校，樺岡中学校，曲淵中学校，豊別中学校の5つの中学校である。

(8) 北海道教職員組合編『北海道教育関係職員録2001年度版』北海道教育評論社，同『北海道教育関係職員録2002年度版』北海道教育評論社より。

(9) 北海道教育庁宗谷教育局『平成30年度 宗谷の教育』2018年5月。

(10) 小中一貫校ではないが同一校舎・校地で，「平成30年度学校要覧」によれば校長は兼務で，教頭・教諭等はそれぞれ配置されている（教員14，職員4）。

(11) 稚内市史編さん委員会編『稚内市史第2巻』第一法規出版，1999年。

⑿　稚内市立豊別小中学校閉校協賛会『閉校記念誌　学び舎―希望のふるさと豊別―』2002年3月23日，12頁。

⒀　名古屋大学教育学部を基盤に組織されている調査団体。筆者も同行しインタビュー調査を行った。データの適正な取り扱い上，筆者個人の行ったものと区別した。

⒁　「仮称『天北小中学校』開校準備委員会規約（案）」2000年。

⒂　「開校準備委員会各専門部会業務内容」2000年。

⒃　教育課程編成の具体的内容は「教育課程の全体構造／年間行事計画／教科，道徳，特別活動，総合学習の時間の全体計画／生徒指導の全体計画／授業日数，時数の算出／日課表，時間割りの編成／校務分掌と所管事項及び内容の作成／児童生徒一覧／クラブ，部活動の検討／総合学習，対外的な行事の扱い方／年間行事カレンダーの作成」であった（教育課程専門部会「天北小中学校教育課程作成関係」2001年6月11日）。

⒄　天北地区子育てネットワーク「平成25年度天北地区子育てネットワーク活動方針」2013年。

⒅　「子ども会」「子ども育成部」は，地域における子育てを目的とした行事の企画・運営を行う地域子ども組織である。PTA活動の一環として保護者を主体として構成される「子ども会」と，町内会活動の一環として行われる「子ども育成部」とで主体が異なり，それに伴い活動の趣向が多少異なっているとみられるが，いずれも子どもを通じて学校との関わりがある地域組織である。

⒆　稚内市立天北小中学校「平成25年度 学校経営計画」2013年，4頁。


[引用文献]

・浜田博文「地域教育経営論の再構成―学校―地域関係論の検討をもとにして―」大塚学校経営研究会『学校経営研究』第26巻，2001年，1-15頁。

・平井貴美代「『ストップ人口減少』政策と教育経営」『日本教育経営学会紀要』第58号，2016年，94-100頁。

・堀内孜編『公教育経営学』学術図書出版社，1996年。

・市原あかね「内発的発展論再考―国家的なものの意義について」唯物論研究協会『唯物論研究年誌第14号　地域再生のリアリズム』青木書店，2009年，32-57頁。

・川上泰彦「地方教育委員会の学校維持・統廃合判断に関する経営課題」『日本教育経営学会紀要』第57号，2015年，186-192頁。

・北神正行「『地域教育経営』論の再検討課題と教育経営学」『日本教育経営学会紀要』第51号，2009年，23-33頁。

・北原圭将他「学校と地域との共同関係の構築と共同の意義―稚内市天北地区の学校統廃合に着目して―」名古屋大学教育学部教育経営学研究室編『地域教育経営に学

ぶ』第16号，2014年，15-41頁。

・小林史嗣・斎尾直子「農山村地域における学校区広域化の実態と学校を基盤とする地域運営の課題」『農村計画学会誌』第30巻，2011年，267-272頁。

・河野重男「地域教育経営の構想」日本教育経営学会編『講座　日本の教育経営7　地域教育経営の展開』ぎょうせい，1987年，1-17頁。

・宮﨑悟「公立小学校の統廃合による人件費削減効果のシミュレーション推計」『国立教育政策研究所紀要』第142集，2013年，197-205頁。

・御代田桜子「地域社会再編を背景とする学校統廃合の構造―1990年代以降の動向整理―」『中部教育学会紀要』第16号，2016年，13-23頁。

・水本徳明「人口減少社会時代における学校再編」『日本教育経営学会紀要』第58号，2016年，108-113頁。

・西村吉弘「学校統廃合後の地域の位置づけとその課題」『国立教育政策研究所紀要』第143集，2014年，167-181頁。

・大野晃『山村環境社会学序説―現代山村の限界集落化と流域共同管理―』農山漁村文化協会，2005年。

・岡東壽隆他「まえがき」日本教育経営学会編『シリーズ教育の経営4　生涯学習社会における教育経営』玉川大学出版部，2000年，3-4頁。

・岡東壽隆「青少年の問題行動と地域教育経営―地域社会と青少年」日本教育経営学会編『シリーズ教育の経営4　生涯学習社会における教育経営』玉川大学出版部，2000年，257-272頁。

・貞広斎子「人口減少社会における持続可能な学校経営システムの開発」『日本教育経営学会紀要』第58号，2016年，114-115頁。

・高桑康雄「諸学校の経営と情報」主原正夫・吉本二郎編『講座　教育経営システムの設計2　学校の組織・運営』明治図書出版，1975年，154-186頁。

・玉井康之「コミュニティの活性化と生涯学習―心と心の結びつきと地域教育経営」日本教育経営学会編『シリーズ教育の経営4　生涯学習社会における教育経営』玉川大学出版部，2000年，44-63頁。

・丹間康仁『学習と協働―学校統廃合をめぐる住民・行政関係の過程』東洋館出版社，2015年。

・辻村貴洋「教育経営と地域行政―地域社会の問題とその解決・主権―」末松裕基編著『教師のための教育学シリーズ4　教育経営論』学文社，2017年，154-173頁。

・植田健男「カリキュラムの地域的共同所有」梅原利夫編『教育への挑戦2　カリキュラムをつくりかえる』国土社，1995年，174-213頁。

・若林敬子『学校統廃合の社会学的研究〈増補版〉』お茶の水書房，2012年。

・山下祐介『限界集落の真実―過疎の村は消えるか？―』筑摩書房，2012年。

・山沢智樹「地域教育経営における学校統廃合―北海道稚内市の事例に着目して―」
名古屋大学教育学部2010年度卒業論文，2011年。
・吉本二郎「システムとしての学校教育」主原正夫・吉本二郎編『講座　教育経営シ
ステムの設計1　教育経営の基本』明治図書出版，1975年，9‐28頁。

# 教育経営の実践事例

「子どもの貧困」緩和に向けた学校の役割と課題
　―スクールソーシャルワーカーを中心とした
　チームプロジェクトの可能性―　　　　　　　野村ゆかり

《教育経営の実践事例》

# 「子どもの貧困」緩和に向けた
# 学校の役割と課題
## ―スクールソーシャルワーカーを中心
## としたチームプロジェクトの可能性―

兵庫教育大学教職大学院・修了生 　野　村　ゆ　か　り

## 1　本稿の目的と課題設定の理由

　本稿は，教頭である筆者がスクールソーシャルワーカー（以下，「SSW」と
する。）を中心としたチームプロジェクトにより取り組んできた実践事例をも
とに，「子どもの貧困」緩和に向けた学校の役割と課題について明らかにする
ものである。

　内閣府は「子供の貧困対策に関する大綱」（2014年）に「教育の支援では，
『学校』を子供の貧困対策のプラットフォームと位置付けて総合的に対策を推
進するとともに，教育費負担の軽減を図る」としている。また，近年の中央教
育審議会答申で示されたように，SSWや福祉部門等の専門スタッフの活用の
みに留まらず，地域人材も活用した地域協働活動を推進する「チームとしての
学校」づくりを視野に入れた，子どもの学びと育ちを支援していく新たな学校
体制の構築や新たなコーディネート機能の在り方を検討することが求められて
いる。それらを受けて，筆者が教頭として勤務するA市立B小学校では，年々
「子どもの貧困」に起因する多様で複雑な教育課題が増加し，学校だけでは教
育課題の解決に限界があるという認識に立ち，地域連携担当教職員（教頭）と
SSW，地域コーディネーターの三者による家庭支援チームを中心とした「学
校のプラットフォーム」化と地域協働に取り組んできた。

　これまで，教頭（＝筆者）は地域連携担当教職員として，子どもを取り巻く
課題に応じ，学校内外の人的資源をかみ合わせ，人を巻き込み，常勤化するや
りくりをし，地域学校協働活動をともに行い，校内教職員とも「教育・児童に
関して共通言語で語れる」関係をつくるマネジメントに腐心してきた。

B校において「各機関をつなぐ」ことを「横ぐし」をさすととらえるなら，課題となる「縦ぐし」は，「子どもの貧困」であり，これらの多機関から，ケースに応じた「チーム」を編成する必要性と見守り強化には，地域を含めたネットワークをつくっていくことの必要性を強く認識した。

そこで，家庭支援チーム，とりわけSSWを中心としたチームプロジェクトにより，学校が情報を早期にキャッチし，対象児に学校としてできる環境を整え，初期対応・支援策を実行していくことが重要であるととらえた。

SSWと教育経営に関する先行研究に関して，本学会紀要第60号で神林（2018）は，心理や福祉に関するスタッフの専門性に焦点をあてた研究の動向を整理した上で，今後の研究課題や展望を導出している。神林は「SCやSSWに関する専門性に関する教育経営研究は皆無に等しい」ことをとりあげ，「教員と専門スタッフとの連携・役割分担を考える際，木岡（2016：17頁）が指摘するように，『各職がいかなる働きをしているか』という実態把握が一つ重要になろう」（神林2018：268頁）と指摘する。また，「SCやSSWはどのような一日，一週間を過ごしているのかを明らかにする研究は低調である」とし，「心理・福祉スタッフの専門性や役割に関する知見を蓄積し，その成果をこれまでの教育経営研究における教員の専門性に関する成果と照らし合わせ，『チーム学校』を多角的に考察することが今後の課題といえる」と述べている（同上）。高橋（2018）は，「学校を『貧困対策のプラットフォーム』にすると，学校が福祉機関になり，福祉も教職員の責任になるのではないか。しかし，子どもが貧困であっても，そもそも教職員はそれを解決できない」（187頁）と指摘する。また，「SSWは，子どもの貧困問題全般の解決を行うのではなく，子どもの学校生活に支障をきたす事項に対処することになろう。それ以外は，主として関係部局との連携にとどまるのではないか」（191頁）と推測している。

本稿では，先行研究の指摘や事例校の実態を踏まえ，家庭支援チームの中でもSSWを中心としたチームプロジェクトに焦点をあて，SSWの配置と役割の変遷，地域コーディネーターや教頭との連携・協働の過程を検証し，学校をプラットフォームにした「子どもの貧困」緩和に向けた取り組みの可能性を検討していく。

## 2　SSWと連携・協働した家庭支援チームの発足

A市の人口は約30万人（2018年11月現在）であり，B校は児童数約300名，

学級数15（特別支援学級 3 を含む），教職員数25名の中規模校である。一人親家庭が多く，就学援助率が平均40%近くあり，家庭的に恵まれてない児童が少なくない。保護者自身の経済的及び精神的不安定さが不登校や問題行動，児童間のトラブル等の児童の「荒れ」となってでてきている。

　これまでも，地域コーディネーターと教頭は家庭支援の必要性を感じていた。しかし，良好な養育環境や家庭内での良い経験が少ない B 校の家庭の状況は，なかなか変えられない。それならば，SSW と連携・協働した家庭支援チームをつくり，福祉的な観点からの支援策を立案し，教育相談等に関する調査研究協力者会議「児童生徒の教育相談の充実について（報告）」（2017年）にあるように，「児童の置かれた環境にも働きかけ，児童一人一人の QOL（生活）の向上とそれを可能とする学校・地域をつくる」ことにした。

　また B 校は，2015年度に A 市教育委員会の「保・幼・小連携推進地区事業」の指定を受けた。A 市で行われている保幼小連携事業は，園と小学校の子どもや教職員との連携・交流のみが主流であるが，B 校は当初より「子どもが健全発達していけるような地域や関係機関の協働関係の構築」を目的に活動をスタートした。このことが保・幼・小の連携はもとより，園同士，地域の団体との交流や地域学校協働活動が活発に行われるようになるきっかけづくりとなり，「家庭支援」体制を構築するために最適であった。さらに翌年度には，これまでのケース会議や地域の見守りを通して顔見知りになったメンバーを保・幼・小連携推進委員に委嘱することにした。それは，中高も含めた各校種と地域をつないだ「家庭支援」体制を構築した地域協働を実現するためであった。

## 3　SSW の配置と勤務形態・役割の変遷

　A 市の場合，SSW は「A 市スクールソーシャルワーカー活用事業」によって A 市教育研究所に配置されている。SSW の職務は，①問題行動を抱える児童生徒が置かれた環境への働きかけ，②関係諸機関とのネットワークの構築・連携・調整，③保護者，教職員等に対する支援・相談・情報提供，④学校内におけるチーム支援体制の構築，支援，⑤教職員等への研修活動となっている。

　2014年度まで SSW は中学校区単位を基盤に派遣され，小学校との連携・協働がとりにくかったが，2015年度からは各中学校区内小中 4 校を中心に活動するようになり，小学校との連携・協働がとりやすくなっていった。事例校の場合，外部専門家との連携・協働で大きな役割を担ったのが SSW であった。

ここでは，B校における子どもの貧困緩和に向けたSSWの配置と勤務形態・役割の変遷について，6つのステージに分け整理していく。

## (1) 第1ステージ：顔見知りになり，つながる時期

B校担当のSSWのX氏は社会福祉士資格をもち，教育と福祉で専門的な知識・技術を有するとともに過去に活動経験の実績があるキャリアの持ち主である。X氏がA市のSSWとして活動を始めた2015年度当初は，週17時間の勤務時間をSSW自身が各校4時間程度に割り振っていた。

当初の1週間の動きは，教員と顔見知りになることからスタートし，学校訪問や校内支援会等に参加し，相談があった家庭に教頭からSSWを紹介し，つなぐことで家庭訪問が徐々に増えていった。SSWは基本的に学校外での職務が多くなるため，教員は当初職務の違いや教育と福祉がつながることの効果が見えない状態があった。そこで，県派遣のスクールカウンセラー（SC）や市派遣の学校カウンセラー（学C）とSSWの違いを教職員向けに教頭が職員研修の場で紹介したり，保護者向けに『入学の手引』という学校ナビの冊子の1ページに盛り込み，就学時健康診断や入学式，年度当初には全家庭へ配布し周知している。

SC・学C，SSWの職務や役割分担についての理解が十分でなかった面もあり，積極的に活用するコーディネートは，当初なかなかうまくできなかった。そこで学校側（児童支援担当教員）が，勤務日の違うSC（火曜日午後），学C（月・木午後），SSW（不定期週17時間）との連絡調整をとり，教頭を含めた情報交換会を必要に応じて行うことで，気になる事例において互いの見立てや役割分担等について話し合うことができるようになっていった。

SSWの職務は，学校の立場ではない家庭支援ができるところが重要であり，中学校区単位を基盤に派遣されたことにより，きょうだい関係や小中連携による家庭支援・児童生徒支援へと発展させることができるようになっていった。

## (2) 第2ステージ：やりくりマネジメントによってSSWの活躍場面が増加

ケースを積み重ねることによってSSWの活用効果を教員も認識できるようになり活躍場面が増加し，外側のリソースが活かされる活動も生まれてきた。例えば，ケース会議で話題となった児童たちの夏季休業中の心配（学習習慣＋

生活習慣の乱れ＋問題行動等）への対応に地域コーディネーターや地域の各団体とが連携・協働し，放課後学習室を活用して夏休みの課題等を行った後，食育のエッセンスを入れたおにぎりづくり・弁当づくりを行い，体育・文化的なイベントを行うという活動である。

このように，SSW の動きは活発化していったが，2015年度の SSW の雇用期間は，4月20日前後～翌年3月4日という縛りがあった。保育所・子育て支援センターから相談のあった新入生 A 児の家庭に対する支援（不安を抱える母親への支援）の一番大事な時期に不在となることから，雇用条件の縛りによる問題への対応として，3月5日から3月末まで「放課後学習室学習アドバイザー」として雇用（1,480円／1時間×1時間ないし2時間×開設日数10日で給与補償）し，4月6日～16日の間，「小1サポーター」として雇用（1,000円／1日×7日（期間中の休日を除く））して給与補償した。そのことにより，職務として，SSW 任務を継承し，学 C，保育園・子ども家庭支援センター・児童クラブとの連携に効果を生みだすことにつながった。

顔なじみが増えたことで各校の課題の緊急性や重要度に応じて，柔軟に勤務は変化していき，家庭環境の変化により親子が精神的に不安定な家庭への訪問（B 校2件）が増加し，学校に顔を見せることが少なくなってきた。SSW の活躍により，各関係機関とつながることによる効果や母親が安定することで子どもも安定することを実感し，当該児童の学級担任を始めとする教職員からの信頼を得ることにつながっていった。

### ⑶　第3ステージ：チーム編成における3つの前提と5つのレベルがみえる

教職員からの信頼を得たのに呼応するように，2015年度からの引き続きのケースの上に，いじめや性加害など新たなケースへの関わりが増し，SSW がキーパーソンとなる（10件中5件）ことがさらに多くなっていった。あるケースでは，SSW から弁護士への相談の提案があり，それ以後の法テラスや親への連絡・（日程等）調整は SSW が行うようになった。SSW の X 氏は，学校側（生徒指導部等）が入りにくいケースの家庭訪問を行い，保護者に寄り添った。保護者の背中を後押しする実働や同行等の家庭支援ができ，その効果は大きかった。

ケース会議の情報提供と学校外での情報収集を担う SSW と協働したことに

より，新たな福祉分野を中心としたネットワークの拡がり（市福祉課生活保護担当，民生委員・児童民生委員・少年補導センター・保護司・弁護士・児童クラブ指導員・女性相談センター・医療福祉センター・子ども発達支援センター）ができ，各機関とつながることによる効果も実感することができた。また，このネットワークの拡がりから，地域人材と連携・協働して校内見回りや24時間体制で児童の家庭支援を行うようになった。

　ただし，チーム編成には①ケースによって異なる課題（問題構造），②課題（問題構造）によって異なる主担当部局，③担当部局によって異なる視点や権限と役割（得手不得手）も異なっているという前提があり，専門的な立場からケースの課題分析を行い，課題による担当部局の選択をし，担当部局による守備範囲が明確になると，どこの機関とつながると効果的かがみえてくる。

　またチーム編成には5つのレベルがあり，①学校内チーム（例：学年団・7年団・児童支援担当・生徒指導部等），②課題分析チーム（校内支援会），③部局横断的チーム（ケース会議），④部局内チーム（例：市福祉課内の生保と家庭支援センター等）との連携，⑤部局内チーム間連携（地域内連携協議会）である（筆者自身の解釈による概念化）。どのチーム編成を行うのかの見極めは，当初は主に地域連携担当教職員（教頭）が担ってきた。

## ⑷　第4ステージ：SSW が自分のポジションを知る

　保幼小連携推進委員会の学校参観の際，SSW が「今日，学校をまわってみて，地域コーディネーターの Y 氏や各委員（地域団体役員・PTA 執行部）が子どもたちとも顔見知りで，自分たちが地域の大人から見守られているという安心感が窺えた。自分は，軸を学校に置き情報を得ながら，他地区からの転入者や家庭事情が変わり，孤立しがちな人，困り感がある人にアプローチし，各専門機関につなぐという役割を担っていて，少し落ち着いてきたら，地域にバトンをつないで見守り続けてもらえるという安心感ができた」と言ってきた。また，「SSW と地域コーディネーターの役割の違いを認識した」という。このことは，家庭支援チームの一員としての自分のポジションを知ったといえる。

　すなわち，SSW の役割は，①レスキューレベル（緊急性・だれかが助けに行く），②カンファレンスレベル（ケース会議），③行動レベル（個別ケア・公的なサービスを受けやすくすること）の3つのレベルがあり（筆者自身の解釈による概念化），SSW がそうした役割発揮をしやすいようにしていくことが地

域連携担当教職員（教頭）の役割だと考えた。

家庭支援チームが本来の職務を担えるようにするためには，地域連携担当教職員（教頭）が顔見知りをつくり，活躍場面を増加させるようなマネジメントを行い，地域や社会の多様な組織・機関等との連携・協働を通して適切に見守りや支援につなげていくことで，互いのよさや強みを引き出しあい，効果的・柔軟的に対処できていく。これが地域のプラットフォームとしての役割発揮へとつながっていく。このようなサイクルを生み出すことで，また三者は新たな他のレスキューへの対応に移行することができる。

### ⑸　第5ステージ：ソーシャルワークレベルの変化がみえる

B校のSSWは，2017年度から県立高校1校にも派遣されるようになり，現在合計週26時間勤務（A市週19時間程度・県立高校週7時間程度）となっている。2017年度末にはA市教育研究所から就学前に保育園や保護者との面談を行い，小学校での個別支援計画に反映して小1ギャップを軽減するという方針が打ち出された。B校では就学に関わる事案への対応の連絡会が多く，SSWとの打ち合わせや会への参加が多くあった。そのため，これにより，就学援助や児童クラブの申請，親の不安や困り感に早期に支援を行うことができた。2015年度は，各機関への連絡・つなぎは教頭を通じて行うことが多かったが，ネットワークができてからは，SSWが連携・仲介・調整も担うようになった。そのため，各機関等からも子どもや家庭の状況を聞く連絡が教頭に入ってきた。また，ケースによってはA市教育委員会人権・こども支援課が各機関への連絡・調整を担うようになり，教頭の仕事の負担軽減にもつながっている。2018年度に入ってからのSSWの主な動きは，継続ケース（4件）と新入生や転入生，家庭環境の変化に関わる新規ケース（2件）も増えている。

SSWの一週間の動きは，**表1**のように2015年度と比べると学校内では，SC・学C・SSW・児童支援・教頭等との情報交換会，学校外では家庭訪問以外に家事支援，各機関の職員との面談，児童・保護者の同行，保小との就学に関わる情報交換会などが加わっている。

また，SSWの動きは学校側の情報だけでなく，自身が積極的に地域組織を起点にさらにネットワークを拡げる活動をはじめ，学校側がつかむ前の情報を早期にキャッチし，SSWから学校側に情報提供をするようになってきた。地域連携担当教員が活躍場面を増加させるようなマネジメントを行わずとも，自

身が福祉機関，医療機関のネットワークも構築して，ソーシャルワークのレベルが変化してきた。

**表1：2018年度SSWの勤務実態（週26時間勤務）と**
**その内容（2018年3月5日～9日まで）**

| 時間帯 | 月 | 火 | 水 | 木 | 金 |
|---|---|---|---|---|---|
| 8:30<br>9:00 | C小：同行登校（家庭訪問） | 福祉機関下調べ | D小：校内（4H）不登校児4名別室対応 | B小：SC・学校・児童支援・教頭との情報交換会 | |
| 10:00<br>12:00 | 市教育研究所：SSW連絡協議会 | B小：家庭訪問（不登校） | B小：研究所通所同行 | B小：家庭訪問（母親支援） | **法テラス：弁護士との面談・打ち合わせ** |
| 13:00<br>14:00<br>14:30 | | 中：生徒支援委員会（毎週） | 中：訪問（毎週） | D小：訪問 | |
| 15:00<br>16:00<br>16:30 | E高校：訪問（毎週） | 児童相談所職員との面談<br>**E小：通所児童と活動**<br>C小：校内支援会（月1回） | A小：保護者心の教育センター同行<br>保小との就学に関わる情報交換会訪問（毎週） | E高校：訪問（毎週） | **警察署への保護者の同行** |
| 17:00<br>18:00 | | B小：家庭訪問（家事支援） | | | D小：家庭訪問 |

出典：SSWのX氏と筆者の勤務記録をもとに筆者作成

## ⑹　第6ステージ：SSWから学校への提案

　SSWは，その頃のインタビューにおいて「もっとピンポイントの支援を自ら学習し，保護者に紹介し，専門機関につなげたい。そのためには下準備と保護者との信頼関係の構築の時間が必要」と答えている。

　あるケースでは，SSWが保護者と関わるようになり相談を受ける中で，SSWは高次脳機能障害を疑うようになり，A市障害者相談支援センターにつなげた。また，SSWはセンターから高次脳機能障害専門医を紹介してもらい，保護者につなげたり，県外の児童相談所から虐待当時の資料収集も行ったりして，医療につなげた。病院の検査結果で，高次脳機能障害であることが判明し，今後，医師からの呼びかけでケース会議を行う予定となっている。このことはソーシャルワーカーの倫理綱領にある倫理基準（社会福祉専門職団体協議会）にある，「利用者に必要な情報を適切な方法・わかりやすい表現を用いて提供

し，利用者の意思を確認」（説明責任）し，「利用者との専門的援助関係を最も大切」（利用者との関係）にして，専門社会資源（医療を含む）である外部機関との連携・仲介をSSWのX氏が自律的に行えるようになってきたといえる。また，別のケースでは，生活保護を受給している祖母が父親から孫の養育委任をされ，経済的に困窮していたが，学校事務職，教頭とケースワーカー，家庭支援センターが協働して，就学援助や生活保護の措置につなげた。このように，チームプロジェクトの展開による，「子どもの貧困」緩和の取り組みが徐々に

### 表2　三者の動きにどのような変化が生まれているか
#### －2015年度と2018年度の比較－

| | 2015年度 | 2018年度 | 変化の特徴 |
|---|---|---|---|
| 地域連携担当教員 | ・SSWのやりくり<br>・地域コーディネーター候補の常勤化<br>・防災・地域学習等教育活動へのつなぎ<br>・各地域・専門機関と積極的につなぎを展開（開拓期・構築期） | ・やりくりは安定期<br>・効率的で効果的なホワイトボード会議（時間とゴール設定）<br>・特別支援教育コーディネーターの活躍<br>・児童支援のSC・学CとSSWとのスクリーニング会議 | ・引き継ぎ，人材育成<br>・関係機関への連絡調整をすべて地域連携担当教員（教頭）が行っていたが，ネットワークの構築と信頼関係構築により福祉課修学指導員や児童相談所，家庭支援センターなどから連絡が入る |
| SSW | ・週17時間<br>・4校を平等に訪問<br>・学校訪問が主で，コミュニケーションにより，教職員との信頼関係構築<br>・校内支援会参加<br>・教室へ入れない子どもの家庭訪問・学校での面談<br>・SSW連絡協議会<br>・教室へ入れない子どもの家庭訪問（6年），教育研究所へのつなぎ・母親支援 | ・週26時間　4校＋高校<br>・校内支援会・ケース会議参加の増加<br>・A保育園で民生委員主任児童委員とあいさつ運動<br>・M保育園との情報共有（1年生の保護者支援）<br>・福祉課・児童相談所・南署との連携・協働<br>・セーフティネット連絡会や，より専門的な医療機関へのつなぎ・ケース会議 | ・家庭訪問の増加<br>・母親の対応の増大<br>・教職員との連携<br>・専門機関（高次脳機能障害相談センター）へのつなぎ<br>・教室へ入れない子どもの家庭訪問<br>・学校での面談<br>・父子家庭への家事支援・相談<br>・就学に向けての情報交換会<br>・地域コーディネーター，民生委員，保育園との連携・協働 |
| 地域コーディネーター | ・放課後学び場支援員<br>・B防災連合事務局長 | ・放課後等学習支援員<br>・放課後学習支援員・庶務<br>・B連合事務局長<br>・B防災連合事務局長<br>・困り感のある子・学級への補助 | ・学校行事や教育活動での活躍の場の増加<br>・長期休業中の放課後学習室の学習支援とB連合とPTAとの連携・協働<br>・朝食支援「こども食堂」開始<br>・「学校支援地域本部」の発足 |

出典：SSWのX氏と地域コーディネーターと筆者の勤務記録をもとに筆者作成

可能になってきたのである。

これまで述べてきたような取り組みは，**表2**のようにX氏をはじめ三者の属人性によるところが大きいことは否めない。しかし，三者によるチームプロジェクトの積み重ねによって各々が役割を自覚した自律的な動きに発展してきたということは言える。

## 4　考察

B小学校における実践事例から見いだされる「子どもの貧困」緩和のための解決策は，学校をプラットフォームに専門家・地域人材を活用した家庭支援チームをつくり，三者が連携・協働して子どもたちへの学習・生活支援・家庭支援も含めた企画・運営を行うことである。そのための教頭の役割は，個人や組織がもっている資源（人的，物的，財的，情報，ネットワーク）や能力を一旦統合するという，ハブ的な役割である。また，その目的に応じて調整し，学校を取り巻く，警察・医療・福祉・保健・司法・教育行政などさまざまな機関を使って，どのようなチーム編成を行い，問題解決をしていくことが効果的かを検討し，チーム編成していく，舵取り的役割が重要である。

本来，SSWは，児童生徒の最善の利益を保障するため，ソーシャルワークの価値・知識・技術を基盤とする福祉の専門性を有する者として，学校等においてソーシャルワークを行う専門職であり，職として自律した存在である。しかし，どんなに専門性をもったSSWであっても，教頭等によるこのようなマネジメントがなされなければ，機能していくことは困難になる。三者もフェードアウトの時期を迎えているが，たとえ人が変わろうとも重要なのは，課題解決に向けて，たくさんの人や組織を巻き込み，変えよう，自らも変わろうとする意志であり，変革行動のできる人をどうつなぎ，コンフリクトを調整し，かみ合わせていくかのマネジメントを継続的に行うかにかかっている。

[参考文献]
・神林寿幸「心理や福祉に関するスタッフの専門性をめぐる研究動向—2000年以降の国内論文を中心に—」『日本教育経営学会紀要』第60号，2018年，264-273頁。
・木岡一明「『多職種によって構成される学校』のマネジメント：その設定の含意と可能性」大塚学校経営研究会『学校経営研究』第41号，2016年，10-17頁。
・高橋寛人「児童福祉と学校教育の交錯の史的検討」『日本教育経営学会紀要』第60号，

2018年，186-191頁。

※本稿は，平成27年〜30年度科学研究費基盤研究Ｃ『多職種構成による効果的な教育マネジメント・システム開発に関する国際比較研究』（研究代表者：木岡一明）の成果の一部である。また，筆者が2017年度に兵庫教育大学教職大学院教育政策リーダーコースに提出した修了論文の一部を加筆・修正したものである。

公開シンポジウム

学校における働き方改革と教育経営学の課題

# 学校における働き方改革と教育経営学の課題

シンポジスト（所属等は，シンポジウム時点）

| | | |
|---|---|---|
| 放送大学教授（中央教育審議会初等中等教育分科会　学校における働き方改革特別部会部会長） | 小　川　正　人 | |
| 徳島県教育委員会教育次長 | 竹　内　敏　洋 | |
| 鳴門市里浦小学校教諭（前徳島県教職員団体連合会委員長） | 東　條　光　哉 | |
| 日本PTA全国協議会会長 | 東　川　勝　明 | |
| 同志社女子大学特任教授 | 水　本　徳　明 | |
| 司会 | 天　笠　茂・佐　古　秀　一 | |

## 1　シンポジウムの背景と趣旨

　文部科学省が実施した教員勤務実態調査（平成28年度）の速報値が2017年4月に公表され，教員の長時間勤務の実態が明らかとなった。文部科学大臣は，中央教育審議会に対して「新しい時代の教育に向けた持続可能な学校指導・運営体制の構築のための学校における働き方改革に関する総合的な方策について」を2017年（6月）に諮問し，これを受けて，中央教育審議会初等中等教育分科会に「学校における働き方改革特別部会」が設置され，2017年7月から検討を開始した。2017年12月には審議の「中間まとめ」を公表し，同時期に文部科学省が「中間まとめ」をふまえて実施する取り組みをまとめた「緊急対策」を発表した。教員の過重な負担や学校における働き方改革については社会的にも関心を呼び，教育委員会においても具体的な検討がなされるようになった。

　教員の長時間勤務は，学校教育に深刻な影響をもたらしている。直接的には教職員の心身の健康を損なう要因となるが，それとともに，仕事に追われ疲労が蓄積した中で，子供と接する時間を思うように確保できない状態や授業準備に十分な時間を割くことができない状態をもたらしていることが予想され，子供の学校生活や学習にも好ましくない影響を及ぼすことが考えられる。また，過酷な勤務条件が明らかになるにつれ，学校をブラックな職場であると捉える風潮も見え始め，教職に対する魅力の低下とそれに伴う教員人材確保が困難になることも考えられる。

　学校における働き方は，わが国における学校ならびに教員の在り方そのものを問う問題でもある。教員の勤務負担を軽減しようとすれば，軽減する仕事を

誰がどのように担うべきなのか？ 教科指導のみならず全人格的教育を学校が担う日本型学校教育の特長が見直される中で，教員が担うべき職務（教員でなければならない仕事）とは何なのか？ また過労死ラインを超える長時間勤務の教員が珍しくないばかりか，それがむしろ「当たり前」のようにまかり通ってきた制度的もしくは文化的な背景はどのようなものなのか？ それはどう改善できるのか？ 教員が負担すべき仕事量に一定の上限を想定するとすれば，学校に配置すべき教員数はどのように考えるべきなのか？ 等々である。学校における働き方の実態とその改善方策は，これまでの学校と教員のありようの捉え直しを迫る課題であり，かつこれからの在り方をわれわれがどう構想するかにつながる課題でもある。

　日本教育経営学会第58回大会では，中央教育審議会での議論の動向をふまえて，学校における働き方改革を幅広い観点で議論することをねらいとして，「学校における働き方改革と教育経営学の課題」と題して公開シンポジウムを実施した。

　シンポジウムには，以下の方々に登壇をしていただいた（所属等は，シンポジウム時のものである）。

　小川正人：放送大学教授（中央教育審議会：学校における働き方改革特別部会部会長）

　竹内　敏：徳島県教育委員会教育次長

　東條光洋：鳴門市里浦小学校教諭（前徳島県教職員団体連合会委員長）

　東川勝哉：日本PTA全国協議会会長

　水本徳明：同志社女子大学特任教授

　進行は，天笠茂（千葉大学），佐古秀一（鳴門教育大学）である。

　開催日時は，2018年6月9日，13時30分〜16時までであった。当日の参加者は非学会員を含めて200人を超えた。

　ンンポジウムは，まず登壇者からそれぞれの立場で，学校における働き方の問題ならびにその改善に関する意見等を述べていただき，その後，フロアからの質問を受ける形で進行した。

　以下に当日のシンポジウムの内容を報告するが，これは各登壇者が当日配布された印刷物と発言記録をもとに，佐古がとりまとめたものである。

## 2　シンポジストからの報告

　小川正人氏には，シンポジウムの議論の基本的な材料として，中央教育審議会の検討経過の説明をお願いし，それとともに働き方改革の今後の方向性などを個人的な意見も含めて述べていただいた。そのため，小川氏には，他の登壇者より長い報告時間を割り振った。

　小川氏は，「中央教育審議会の審議：論点と課題」というテーマで報告を行った。前半では，中央教育審議会特別部会長の立場から，教員の勤務実態と問題，並びに中央教育審議会におけるその時点までの審議経過を報告した。後半では，中央教育審議会の今後の審議の見通しと特に教員の長時間勤務の背景となっている制度的問題とその改善方策について，個人的な見解を含めて報告がなされた。

　小川氏の報告は，このシンポジウムの基調ともなるので，提出資料の内容も含めてやや詳しく紹介しておく。2016年教員勤務実態調査では，月当たりの平均時間外勤務が，校内勤務だけで小学校は74時間（土日勤務を加えると約83時間），中学校は約98時間（土日勤務を加えると約125時間）となっており，平均値でも過労死ラインを超えるという異常な長時間勤務の実態にある。また，2006年の調査との比較では，授業・授業準備等の本来的業務の勤務時間が増えていることが示された。小川氏はこの背景には，2008年学習指導要領改訂による授業時数の増加や言語活動・理数教育の充実等による学習指導の取り組みの強化，一人ひとりの児童生徒へのきめ細やかな授業や学習指導に取り組むため，少人数指導・習熟度指導，補習指導等が行われてきたこと等を挙げ，さらに，国による正規の教職員定数改善や加配などが増えない中で非常勤講師や現有スタッフによる持ち時数の増加などで対応してきたことがその背景にあることを述べた。そして2020年度からの新教育課程実施を考えた時，授業など本来的業務を中心に長時間勤務の状況がより深刻化することが懸念されることにも言及した。

　中央教育審議会特別部会前半は，国や自治体の厳しい財政事情の中で教員の大幅増員を見通すことが難しい状況にあることから，本来的業務により専念してもらうために，周辺的・境界的業務を学校・教員から切り離していく方向で論議を積み重ねたことを説明し，その結果を「中間まとめ」として2018年末に公表したことを述べた。

公開シンポジウム：学校における働き方改革と教育経営学の課題

特別部会後半の審議については，(1)学校の組織運営体制の在り方，(2)学校の労働安全衛生管理の在り方，(3)時間外勤務抑制に向けた制度措置の在り方を挙げ，(1)については，特に主幹教諭制度，主任制度の在り方が議論の対象になるとした。

小川氏の報告後半の中心的なテーマは，勤務時間抑制の制度的措置に関するものであった。具体的には給特法の取り扱いと年間変形労働時間制の導入について個人的な見解を含めて報告された。小川氏は，まず給特法の本来の趣旨が，労基法の考え方をふまえて正規の勤務時間の割り振りを適正に行い，原則として時間外勤務を命じないこと，時間外勤務をさせる場合には超勤4項目の業務に限定することになっているにもかかわらず，現実には，膨大な時間外勤務が生じており，その要因としては，学校において適正な勤務時間管理がなされていないこと，そして上限規制が明確でないことが問題であると述べた。

このような認識をふまえた上で，今の政治事情と追加財源の見通しが不透明な中では給特法の廃止は難しいとして，現実的に最大限できることを考えたいという基本的な姿勢を示した。そして，これまで超勤4項目以外の業務の時間外勤務を教員の「自発的行為」と扱ってきたことを見直した上で，それら業務の時間外勤務も含めた勤務時間の上限規制を考えるべきであることを述べた。さらに，給特法の本来的趣旨に立ち戻り，時間外勤務が生じた際にはそれを相殺する勤務の割り振りを行い休日を取得させる方法が現実的ではないかと述べた。その方策の一つとして，勤務時間を柔軟に設定し，振替休暇をしっかりと取得させる可能を拡げる制度として，1年単位の変形労働時間制の導入も検討に値すると提起した（現行法制下では，時間外勤務は「ただ働き」のままであるため，同じ時間外勤務をやらざるを得ないのであれば，その一部を正規の勤務時間に組入れして正規の勤務時間を長くすることになるが，その長くなった時間分を長期休業期間に振替休暇として取得することで「ただ働き」時間を少しでも減らせる－小川追記）。もちろん，導入の前提には，業務量を減らし繁忙期と閑散期のメリハリをつけ，例えば時間外勤務の上限を1日2時間以下とする等，教員の健康を保持するルールを明確に定めるとともに，繁忙期の業務負担を軽減するために教職員の定数等の改善も考慮した上で，変形労働時間制の導入は検討に値するとした。

次いで，竹内敏氏は，徳島県の学校における働き方改革の取組状況について

報告を行った。

　徳島県では，2017年12月から「学校における働き方改革タスクフォース」を設置して検討に着手していることが紹介された。徳島県の現状として，教員時間外勤務状況調査をもとに以下の点が報告された。教員一人当たりの時間外勤務時間は，小学校で14時間8分，中学校では20時間54分であった。業務内容別に見ると，時間を費やした時間外業務については，小学校は，授業準備・教材研究が第1位，次いで校務分担，第3位が成績処理であった。中学校では，授業準備・教材研究が第1位，次いで校務分担，部活動の順であった。県立学校については，月当たり時間外勤務は，14時間12分であった。

　このような状況に対して，県の取り組みの柱とされた事項は，(1)勤務時間の管理と意識改革，(2)業務改善の推進，(3)外部人材等の活用，(4)部活動の適正化，(5)保護者・地域への理解推進であった。これらに関して取り組みの現状と課題が紹介された。竹内氏は(1)が最も重要で困難も大きいとの認識を示した。勤務時間を客観的に把握するシステム等の導入・整備に務めていると共に，学校の有効事例をホームページで発信していることを紹介した。業務改善の推進とワークライフバランスの推進は，これからの管理職の重要な職務であり，管理職研修も重要であると述べた。管理職が働き方改革にどう取り組んでいるか，今後の県教育委員会による学校訪問等で検証していく必要性にも言及した。この他，(2)については，県教育委員会自ら，調査，照会などの精選に努め，3年間で42件の削減を実現したこと，今後は鳴門教育大学と連携して県内サテライトを活用した研修なども推進したいとも述べた。(3)の外部人材の活用については，これまでスクールサポートスタッフの確保に関しては一定数の応募者が確保できたが，部活動指導員の確保が困難であることの実状等が紹介された。

　さらに2018年からは，学校における働き方改革推進チームを設置して，具体的な改革の推進に取り組んでいることを紹介し，モデル地区である東みよし町の事例を紹介した。また県下の市町村教育委員会で，学校閉庁について検討がなされていることも紹介した。報告の最後には，個人的な意見としつつ，学校における働き方改革は，できることを総合的に行っていくことが有効だと思われると述べ，特に校長のマネジメントと教員の意識改革がポイントとなると指摘した。そして，子供には主体的・対話的で深い学びが求められているが，教員にも必要なことだろうとして，何のための働き方改革かを深く考え，主体的に取り組むことが必要だと述べた。

３人目の報告者は東條光洋氏である。東條氏は，学校における働き方について，学校の教員としての実感から問題を提起した。

　平成における学校の変化として，学校と地域との連携が求められ，その結果として，それを担う人がいないまま，学校には連携に伴う仕事が多く発生し，教職員が従事する時間が増大したこと，また，授業時数が増大したことや情報発信が求められホームページ作成などの業務が増大していることなどを述べた。次いで，教職員の負担を増大させている学校の現状を説明した。教育委員会等からの報告文書が大量に学校に求められていること，特に４，５月期には文書が多いことを指摘した。授業に関連する業務も多く，子供の提出物に対するマルつけや評価事務の負担も大きいこと，学校行事については防災に関わる行事が増えていること，保護者との連絡も保護者への便り，連絡業務も日常的に行わなければならないこと，研修についても必要であるが，あまりにも多すぎること，学力向上の要請から学力テストに付随するさまざまな指導を行わざるを得ないこと，部活動については成果が求められ，小学校でも金管バンドや水泳などについて時間をかけた指導がなされていることなどを紹介した。

　このような学校の状況をふまえて，学校がいつまで持続できるか不安に感じると述べた。


　次いで PTA の立場から東川勝哉氏が報告した。

　日本 PTA 全国協議会の歩みを紹介し，日本 PTA 全国協議会における家庭教育支援の歴史と考え方に言及した上で，働き方改革についても教育委員会，学校と連携しつつ推進したいとの方向性を示した。また日本 PTA 全国協議会が調査事業の一環として実施している保護者・親を対象とした意識調査の結果を紹介し，保護者・親は先生方が授業に集中して取り組むことを望んでいる一方で，学校における働き方改革について意識はまだ高まっていないのではないかとの問題点を示した。そして，家庭・学校・地域が一体となって取り組んでいくことの重要性と必要性について述べた。


　各登壇者の報告を受けて，水本氏が教育経営研究からの問題提起を行った。

　一点目は，日本型学校教育の認識に関する問題提起である。つまり教科指導（授業）以外の教育活動によって日本型学校教育が担われているとの認識に対して，授業で全人的な教育ができないことを前提としつつ議論が展開されてい

ることが問題ではないかとの疑問を呈した。二点目は働き方の現状認識に関する問題である。学校における働き方については，全国平均でその実態を把握することは重要なことであるが，地域により，学校によりその実状が異なっている点に留意すべきではないか。働き方の実態と対応策は，それぞれの学校できめ細かく進めていくことが重要であることを指摘した。第三は，自律的な学校経営の未確立に関する問題である。一体自分たちの学校は，何を実現するために，どう取り組むのか，そのようなイメージをしっかりともち，そのもとで教職員が注力すべきものを明確に把握できる自律的な学校のマネジメントの確立が必要なのではないかと述べた。第四には，保護者に学校の実態を知らせることの必要性である。学校における働き方や教師の実状（勤務負担など）について，保護者や地域がどれほど知り得ているだろうか？　働き方改革の前提として，保護者・地域にまず学校の実態を知ってもらうことの必要性を指摘した。第五には，働き方改革の前提として，専門職としての教師の自律性を担保することが重要ではないかと指摘した。つまり，専門職として行うべき，力を入れるべきことを，自ら明らかにしていくことが求められているのではないかと指摘した。それに関して，教師の専門職団体の自律性も確立していくことが必要であることにも言及した。

## 3　フロアとの質疑並びに意見交換

　これら5名の報告の後，フロアからの質問・意見を求めた。多様な内容の質問・意見が出されたが，主なものを列挙しておく。

　一つは，中央教育審議会における議論の観点をめぐっての意見である。

　これは，議論の立て方が，教員の働き方改革ではなく，働かせ方改革として議論されているのではないかという疑問である。この点は，上記の水本氏の報告と関連するものであろう。

　二つ目には，中央教育審議会での議論においてさらに検討を要すると思われる事項に関する意見である。

　これについては，一つには教員配置の考え方に関する問題が提起された。すなわち，教員が担当する授業時数について，1人の教員が担当すべき時数について，担当授業時間，授業準備なども含めて積み上げ式で算出していくことが必要なのではないかという指摘である。また，これを教職員定数の基礎となる数値として取り扱うなどして，教員配置の考え方，算出方法を改めることが必

要ではないかという点も述べられた。これは，教職員定数の改善などを実施することが困難な方策よりも，まず現実的に最大限できることを方策として検討するという特別部会の審議方針に対する疑問であるといえる。

また，日本型学校教育とはどのようなものなのかについて，どのような議論がなされたのか，今後のわが国の学校教育のビジョンをしっかりとふまえて議論をすることが重要であるとの指摘があった。

三つ目には，教員の勤務実態と働き方改革の動向に関する意見である。これについては，過酷な勤務状況におかれている学校・教員の実態について複数の意見が出された。それとともに，勤務の振り替え措置については，事務量が膨大となり，特に教頭に負担がかかってくる。それに付随する教頭の事務処理負担を考慮すべきであるとの意見が出された。

四つ目は，教員の専門職性の確立に関する意見であり，教員の自発的な研究活動が低調になりつつあり，今後教員の自律的・自主的な教科等の研究・研修ができるようにしてほしいとの意見が出た。

これらの質問，意見をとりまとめる形で，報告者からの補足意見が述べられた。

小川氏は，教員の持ち時数をどう設定していくかは重要な問題であり，持ち時数の上限設定を含めて，教員が本来業務に専念できる環境づくりが重要である。またそれが年間の変形労働時間制導入の前提となるのではないかという考え方を改めて示した。また年間変形労働制は，勤務時間の管理が難しく，そのため管理職が過重負担になることも予想されるので，学校のマネジメント体制を整備することが必要であるとの認識を示した。

竹内氏は，これまで教員の献身的な努力で学校が機能してきたことは事実であるが，教員が新たに学んでいくこと，さまざまな経験を蓄積することなしに，教員をこれからの社会の中で続けていくことができるかが疑問であるとの認識を示し，教員がさまざまな経験ができるような働き方が必要との認識を示した。

東條氏は，教員がやり甲斐のある教員生活を送れるように，働き方改革を進める必要があると述べた。

東川氏は，PTAとしては学校に関わりサポートをしたいと思っているが，そのための情報がない，積極的に声をかけてほしいと，学校等との連携に積極的な姿勢を示した。

水本氏は，なぜ自分たちの学校が忙しいのか，そのことを学校自らが考える

ことが必要だと述べ，学校の現状を分析する力を高めることが必要だとした。そしてどんな学校になってほしいかを描く力のある学校・教員が必要だと述べた。

　なお，フロアから，これまで学校のマネジメントを中心的なテーマとして取り扱ってきた教育経営学は，学校における働き方改革にどう貢献してきたのか，また貢献しうるのか，学校における働き方の実態と教育経営学の関係を捉え直す必要があるのではないか，という教育経営学の在り方に対する意見が出たことを，最後に申し添えておく。

（文責　佐古秀一：本原稿に記載の内容については，配付資料，録音データをもとに佐古の責任において作成したものである。）

# 若手研究者のためのラウンドテーブル

## 転換期における新しい教育経営学を探究する
## ―若手研究者が考える新たな研究テーマと課題―

　若手研究者のためのラウンドテーブルでは，近年の学会の動向や今後の方向性を意識しつつ，若手ならではの自由な視座によって，教育経営学における新たな研究課題および方法の探索を重ねてきた。研究とは何か，科学とは何かといった根本的な問いにも向き合いながら，学問の独自性の追究や継承発展の姿勢そのものを問い直すと共に，教職大学院など現在の学校や大学の実践現場に参画する若手の立場にも立ち，研究と実践の往還に向けた方法論の探索を続けている。今年度の若手ラウンドテーブルはこの3年の歩みの最後となる。

　これまでの若手研究者の報告では，自身の研究の歩みに基づき，その意義や葛藤について深く考察されたもの，またその過程でつかみ取られた研究への手応えや見通しが主に語られてきた。ラウンドテーブルでは，こうした報告がきっかけで参加者との活発な議論が起きている。

　今年度もまた，これまでの登壇者とは異なる問題関心や方法論に則って研究を進める若手研究者に話題提供をお願いした。

社会変動下における生活空間と学校の相互変容を
　いかに対象化できるか
　―「知的態度としての方法論」を意識しながら―
　　　　　　　　　　　　　　　　　　　　　榎　　　景子
教育経営学における理論研究の意義
　―概念の俗流化／改革モデルの形式化への抵抗―　織田　泰幸

# 社会変動下における生活空間と学校の
# 相互変容をいかに対象化できるか
## ―「知的態度としての方法論」を意識しながら―

長崎大学 **榎 　 景 子**

　本報告では，現代の急激な社会変動下における生活空間と学校の相互変容を教育経営学はいかに対象化できるかについて，若干の話題提供を行った。特に，筆者が研究を進めるなかで，その根底にいかなる頭の働かせ方や心の動きがあったのかをメタ的に捉えることを意識した。つまり，自身が先行研究との対話を経て，どういう発想に基づき，何を捉え，いかに考えていきたいのかという，視点，概念装置，理論枠組の配列・結合への自覚的な知的営為に焦点を当てるものである（山下 2018）。ここでは"知的態度としての方法論"と呼ぶ。

　教育経営学では，近接領域の技術的な分析手法を援用する研究も少なくない。すぐれた方法や概念の適切な援用は教育経営学の発展にも寄与する。他方，それらに従属すれば，思考停止や事実の矮小化のおそれも生じる。既存の方法や概念に学びつつも，対象を「自分のこの眼」で見る構え，そして絶えざる訓練（内田 1985）こそ，今の若手に求められる。ごく当たり前にも思うが，容易ではない。少子化，経済のグローバル化，産業構造の転換など，急激な社会変動下での教育経営政策・実践自体が複雑性を帯びることを考えれば，意識しても，し過ぎることはない。本報告はこうした問題意識を出発点としている。

　筆者は，米国公立初等中等教育の「学校再編政策（統廃合・新設・再配置）」を研究してきた。近年の米国都市部では，学力結果に基づく急進的な学校再編も見られる。だがそれは，単なる教育アカウンタビリティ政策とは捉え難い。首長主導の下，一見，関連性の薄い住宅政策・税制操作と密かに連動させられ，貧困層と中流層の入替を伴う都市再開発を促している（榎 2017）。都市経営とは無関係かのように実施される教育経営政策が，他領域政策との相互作用の下で，学校教育の枠を超えた影響力を持つという複雑な局面が浮かび上がる。

　教育経営学がこうした動態を的確に捉えようとすれば，単位学校経営論を超える複数校および制度レベルの経営理論や，教育経営政策と他領域政策との連

関ならびに土台となる社会のあり方を問う枠組の深化が求められる（榎 2017）。さらに問われるべきは，社会的要請に教育が従属させられている（かに見える）状況に対して，研究者がどう知性を働かせるべきか，という点であるようにも思う。筆者は政治・経済に目を向ける程，教育の外の力を批判するだけでよいか，教育学が問うべきは何か，を課題として意識せざるを得なかった。

　振り返れば，こうした問いや思考の導き糸となったのは，いわゆる教育学の古典である。例えば，勝田守一の「教育のまわりから教育にせまっていくというやり方では，いつまでたっても教育の問題にゆきつかない」（勝田 1954）という指摘や，城丸章夫の「教育実践をめぐる外部のちからのどこをどう突っついたら，それらのちからを変えることができるのか」（城丸 1978）という問いが次の研究を方向づけたように思われる。所与の社会関係から目をそらさず（適切に向き合い），かつ，これからの教育経営実践をどう創りうるのか。教育経営学，教育学の固有性は，事実解明だけでなく，"どうすべきか"にも向き合う点に特徴の一つがある。前述の課題意識からすれば，社会の諸要求と教育を，発達への助成的介入という系でいかにつなぐのかという視野の下で，「事実解明」から「制作」へ架橋していくことが求められよう（cf. 中内 1988）。

　以上を踏まえれば，社会変動下での教育経営政策・実践を対象化する際の課題として，次の二点が意識される。第一に，組織運用のみならず，その前提かつ結果としての教育と社会の関係調整論の探究を射程に入れること。第二に，組織主体の意図を超えた部分である客観的な力学構造をいかに解明し，かつ教育実践を変化させうる要因をどう同定するかである。そして制作の学たる教育学として意味ある言説を生み出しているか，絶えず意識することを心がけたい。

## ［参考文献］

- ・内田義彦『読書と社会科学』岩波書店，1985年。
- ・榎景子「現代米国都市部における学校再編政策の特質と課題に関する研究―『地域再生』との連関に焦点を当てて―」（博士論文），神戸大学，2017年。
- ・勝田守一「教育の理論についての反省」『教育』1954年2月号。
- ・城丸章夫「教育政策について」『やさしい教育学（上）』あゆみ出版，1978年。
- ・中内敏夫『教育学第一歩』岩波書店，1988年。
- ・山下晃一「教育実践との関係性から見た教育制度研究の方法論的課題」『教育制度学研究（日本教育制度学会）』第25号，2018年，169-173頁。

# 教育経営学における理論研究の意義
## ―概念の俗流化／改革モデルの形式化への抵抗―

三重大学 織 田 泰 幸

　筆者が教育経営の研究において最も関心を寄せるテーマは，組織論である。学説史的には，科学的管理法，人間関係論，システム論，ルースカップリング論，主観主義，組織文化論，同僚性・協働性，品質管理理論，学習する組織論，知識経営論…と様々な研究の蓄積がある。研究の動機としては，多様な組織観（モデル・メタファー）を通じて学校を多面的に捉えることで，全体としての学校の姿をよりクリアに理解したいという思いがある。しかし，文献を読み，研究を進め，授業をする中で，どうしても気になることがある。それは教育経営の組織論では，概念の希釈化・俗流化が見られること，そして自分自身がそれに加担しているのではないか，という漠然とした不満と不安である。教育社会学者の苅谷剛彦は，心理学者マズローが人生の達人たちの観察から考案した「自己実現への欲求」という考え方が，教育の世界で使われると「希釈され，一般化され，俗流化していく」（252頁）ことへの疑問や問題性を指摘する。これと同じ現象が，教育経営の組織論においても起こっている。

　例えば，「同僚性（collegiality）」という概念は，リトル（Little, J., 1982）が"Norms of Collegiality and Experimentation : Workplace Conditions of School Success"という論文の中で提示した。同論文の結論部分は，最も適応能力があり成功を収める学校には，「同僚性の規範」（学校内での活動の共有の期待）と「連続的な改善の規範」（継続的な分析・評価・実験の期待）がみられる，という指摘であった。わが国の教育研究では，前者の「同僚性」は注目されたが，後者の「連続的な改善」が抜け落ちて紹介された。

　また，1980年代のアメリカの産業界に多大な影響をもたらした「総合的品質管理（TQM）」の考え方は，80年代後半には教育界に導入され，教育における「品質革命」や「品質管理運動」と呼ばれるまでの盛りあがりを見せた。TQMは，統計学者デミング（Deming, E.）の品質管理理論を基礎として構築されたと言われている。デミングは，近代の悪しき管理スタイルからの転換を目指しており，深遠なる知識，原理，手法，結果の全体を理解することの重要性を主張

していた。またデミングは数値目標やノルマによる管理には否定的であった。デミング自身，「数値目標は何も達成しない」，「方法だけが大切であって，目標ではない」，「経営者は，数値割りあてを設定する代わりに，仕事のプロセスの改善に取り組むべきである」，「結果による管理の成果は，問題を増やすことはあっても減らすことはない」，「測定できなければ管理できないと思い込むのは幻想である」と述べている（pp. 31-35）。しかし，こうしたデミングの考え方はほとんど理解されないままに，主に品質管理の「手法」が参考にされ，数値目標やノルマとセットになってアメリカの学校現場に導入された。しばらく経つと，「最新のレシピやプログラムやスローガンの大行列」，「安易な解決策を求めて活動を進めるための道具」といった形式化に対する批判が高まり，TQM に基づく学校改革は衰退していった。

　このような概念の俗流化や改革モデルの形式化の主な原因として考えられるのは，①原著を丹念に読んでいない（翻訳本やテキストに依存する），②権威主義に陥っている（著名な学者の文献を正解と考える），③理論的な基盤や原理・原則を踏まえず，すぐに使える手法やツールに飛びついている，ことにある。研究者にとっての重要な課題は，教育経営の研究と実践（および関連する教育政策）が，こうした俗流化や形式化に陥ることを可能な限り防ぐこと，そのうえで教育経営の実践にとって真に意義ある貢献を行うことにある。

　教育経営の研究者として，俗流化や形式化と闘うためには，以下のような思考や姿勢が大切ではないだろうか。①学問を「思考の軸」として理解する。教育学全体に見られる理論軽視／実践志向／有用性模索の現状に対して，学問がいかなる意味において「実践に役立つ」のかをあらためて探究する。②やむにやまれず「境界を突破する」。視野狭窄に陥らず，問題意識を禁欲せず，学問的に誠実であることの結果として，教育経営以外の分野（社会学，心理学，哲学，文化人類学…）の研究に果敢に挑戦する。③オリジナルの文献（原著・一次資料）を丹念に読み込む。訳書を原者に照らして確認する。④（新しいことをやるためにこそ）古典（クラシックス）を知る。当時の学者たちが，何に直面して，何と闘っていたか，やり残した課題は何か，を考える。

## ［参考文献］

- ・苅谷剛彦『なぜ教育論争は不毛なのか』中央公論新社，2003年。
- ・Deming, W.E., *The New Economics - For Industry, Government, Education ( 2 nd edition)*, The MIT Press, 1994.

# 議論のまとめ

北海道大学 篠 原 岳 司
東京学芸大学 末 松 裕 基

　話題提供に続き，主に2つの柱について議論が交わされた。第一に，教育経営学における学問の俗流化に対する問題意識である。教育経営学の固有性や特性を議論する中で，榎会員からは「教育学としての教育経営学」の立場から対象の自覚化や共有化が若手研究者の課題であることが示された。それを受けて，参加者から「教育学固有の視点で見れば教育経営学の学問としての俗流化は防げるのか」と質問があり，織田会員は「あらゆる思想・理論は俗流化するが，原典にもとづき理論研究を行うことがそれに対する抵抗となる」と応答した。別の参加者からは「俗流化は学問の国民への普及も意味するとすれば，俗流化と真正さのジレンマの中に学問があるだろう」「学問を問う中で，そもそも教育経営学の概念とは何か。つい親学問として経営学の概念を持ってくるが，それは本当にサーチライトとしての概念になっているか。教育経営学の概念をめぐり論争があって良いのでは」との意見が出された。

　第二に，教育経営学における「知的態度としての方法論」についてである。織田会員が訴える原典・原著への正確な理解の必要性は，多くにおいて不正確な理解や継承が認められるとの認識からであるが，「むしろ，誤って受け取られること自体を現実として考える必要がある」「本来は，理論と実証の両方に向き合うことが課題である」と批判が出された。また学校現場経験のある参加者から「理論の射程を確保し，現場の状況から理論を立ち上げる可能性を信じている」と発言があった。それらを受けて，織田会員は「研究者として社会科学の複雑さを知ることが必要である。俗流化に対する問題は，学校現場の無理解ではなく，研究者が疑似科学に加担すること」と述べ，榎会員からは「理論は思考の出発点でしかないと心に留め，実践を拡張する，次の実践に方向を与えるものとして捉えることが知的態度として必要である」との認識が示された。

　最後に，若手ラウンドテーブルの総括があった。世話人からは，古典や重要概念の批判的継承と論争に向き合うことを通し，学問としての教育経営学の継続的な問い直しが期待される旨の発言があった。

# 課 題 研 究 報 告

## 日本型教育経営システムの有効性に関する研究：新たな学校像における教育の専門性⑶ ―「チームとしての学校」をめぐる改革事例に着目して―

生徒指導対応の支援を行うスクールソーシャルワー
　　カー―茨城県結城市の事例―　　　　　　　加藤　崇英
福祉事務所を中心としたスクールソーシャルワーク
　　兵庫県尼崎市の事例から―　　　　　　　　濱口　輝士
高校のスクールソーシャルワーカー
　　―スクールソーシャルワーカーで学校経営は変わ
　　るか―　　　　　　　　　　　　　　　　　高橋　寛人
まとめにかえて　　　　　　　　　　　　　　南部　初世
討論のまとめ　　　　　　　　　　　　　　　篠原　岳司

# 生徒指導対応の支援を行うスクール ソーシャルワーカー
—茨城県結城市の事例—

茨城大学 加 藤 崇 英

## 1　はじめに—事例の概要と調査について—

本稿は，中学校の生徒指導に関わる支援を中心としながら，義務段階の支援を行っているスクールソーシャルワーカー（以下，SSW）の事例として，茨城県結城市の事例を取り上げ，その配置や運用の在り方を検討し，特質を明らかにすることを目的とする。

SSW は，近年の「チーム学校」の議論によって注目度が高まった（加藤2016）。一方，結城市における SSW の導入は，平成12年度に遡る。つまり，国の「チーム学校」の議論よりもかなり前の段階で取り組まれてきた。同市は，人口約5万人，3つの中学校（中学校区），9つの小学校を有している。市の相談体制としては，SSW 2名，スクールカウンセラー（以下，SC）が6名配置され，市内小中学校をカバーしている。不登校支援などを行っている教育支援センターには，生徒指導相談員が2名，指導員助手が2名配置されるほか，研修生やボランティア（大学生）も関わっている。

なお，調査は教育委員会及び市内A中学校での訪問によるインタビュー調査として実施した（調査日2018年3月13日）。

## 2　経緯と SSW 職員の位置づけ

### ⑴　制度の経緯

【平成12年】SSW 制度の開始。市内3中学校に SSW を配置。2つの中学校に配置し，もう1つの中学校には交代で訪問。不登校対策といじめの早期発見を目的とし，休み時間の支援，ひきこもり・家庭訪問の支援を行った。学校文化になじめることを重視し，教員免許を必須条件として教委指導課に配置した。

【平成15年】ケース会議の開始。他機関との連携の必要性から，ケース会議

課題研究報告：日本型教育経営システムの有効性に関する研究：新たな学校像における教育の専門性(3)

を月1回実施。福祉課（支援センター「ゆうの木」）との連携が密になっていった。

【平成17年】不登校問題の困難性が高まり，児童相談所，健康増進センター，病院，特別支援学校など，地域との連携を開始。共通理解が進んだ。

【平成21年】学校に1日勤務という体制から，指導課に籍を置き，学校にその都度訪問するという派遣型の体制に変更。中学校の生徒指導部会（週1回）には必ず出席。市内の不登校児童生徒に関する情報共有の体制を構築。

【平成23年】SSWとフレンド「ゆうの木」に関する市としての設置規則を整備。以来，毎年4月，校長，教頭，生徒指導主事に対してはパンフレットを通じてSSWを紹介，周知。

【平成29年度（調査年度）】不登校指導の対応を基本とする一方で就学指導の対応が増加。現在は，教員資格を有している嘱託を2名配置する体制。

## (2) 導入の経緯と配置職員の特徴

中学校での事件を契機として，学校内で子どもに声を掛けて話を聞いたりする相談員としての役割や，ひきこもりや不登校の対策として家庭訪問を行い，適応指導教室や学校とのつなぎの役割を支援的に行うこと，そうした活動を役割として担う職員を配置するという，機能としての明確なイメージが最初にあった。そうした職員について，いかなる名称がよいのか，当時のSCの助言もあり，海外の事例などから，「スクールソーシャルワーカー」という名称を付けることとなった。なお，現在の配置職員の身分は，市教育委員会の指導課に所属する嘱託職員（2名配置）である（市規程）。

導入当初は，福祉の職員と学校の事務職員がSSW職員として配置された（教員免許を有する）。前者は，学校心理士資格を有し，関連の専門性を有する面もあるといえるが，後者は必ずしもそうとはいえなかった。だが，いずれにしても，名称がSSWであっても，むしろ相談員やつなぐという役割，さらに学校に所属し，学校に近い存在として，つまり行政の専門としての職員の性格を強めることなく，学校と行政の中間に位置することができたという。

その後，福祉の職員がSSW職員として配置されたが，学校文化になじめなかった事例もあったという。こうした経緯から，福祉の専門性以上に学校文化になじめることを重視し，教員経験を有する職員（元教員）を配置している。現在配置の2名のSSWは，教員免許を有する退職教員であり，豊富な教員経

験をバックグラウンドとして有しているが，社会福祉士や精神保健福祉士等の福祉に関する専門的な資格は有していない。

## 3　SSW の業務と活動の特徴

### (1)　SSW の業務と活動の概要

業務の流れは，概ね以下の通りである（表参照）。まず，教育委員会事務局指導課で始業・終業となる。業務確認や打ち合わせ後，市内の関わりのある学校や施設，家庭等を廻る。特に市内 3 つの中学校における毎週の生徒指導部会に必ず出席し，問題・課題及び情報の共有が活動の特徴として指摘できる。

表　1 日の行動パターン例

| 時　間 | 場　所 | 活動内容 |
|---|---|---|
| 8：30－ 9：00 | 指導課 | ゆうの木相談員との打ち合わせ |
| 9：35－10：40 | A 中学校 | 生徒指導部会に出席。生徒指導主事との話し合い。SC と打ち合わせ |
| 10：40－11：30 | A 中学校 | A 男の校内での様子を観察 |
| 11：30－12：30 | ゆうの木 | 通室生の支援 |
| 14：00－15：30 | A 小学校 | 不登校援助状況報告書の受け取り |
| 16：00－17：00 | C 中学校 | C 中学校の教諭と面談 |
| 17：00－17：30 | 指導課 | 就学関係の電話相談 |

（「ある一日」インタビュー時，プレゼン資料より抜粋）

### (2)　A 中学校における会議体及び生徒指導体制における SSW の位置づけ

A 中学校では，生徒指導部会（毎週水曜日 2 校時に設定）及びいじめ防止不登校対策委員会（月 1 回水曜日 3 校時に設定）に SSW，SC，「ゆうの木」職員がセットで参加している。

生徒指導部会に出席する職員は，校長，教頭，教務主任，副教務主任，生徒指導主事，各学年担当教諭，養護教諭，特別支援コーディネーター，SC，SSW，市教育支援センター職員である。毎週の生徒指導部会への参加を基本に，情報交換や支援の相談を行う。不登校，発達障害，虐待が疑われる子，家庭環境面に問題のある子など，そうした子どもたちの面談などをする場合もある。いわゆるケース会議はこの会議のなかで取り扱う。

生徒指導主事からは，教員から見て支援になっていることとして，教員の手が回らないので，いろいろな調べものをしてくれることや，小学生の段階から

知っているので小学校とつないでくれること，さらに家庭訪問の支援をしてくれる面などが指摘された。加えて，適応指導教室「ゆうの木」への入級指導もSSWに協力してもらっているという。SSWは，これら会議に参画するとともに，学校全体の生徒指導及び教育相談の体制に位置づけられている。

　また，いじめ防止不登校対策委員会に出席する職員は，校長，教頭，教務主任，副教務主任，生徒指導主事，各学年担当教諭，養護教諭，特別支援コーディネーター，SC，SSW，市教育支援センター（フレンド「ゆうの木」）職員，その他（校長の判断により，必要に応じて，人権，心理，児童福祉，社会福祉，少年犯罪，発達障害等に関する専門的知識を有する者）である。

## ⑶　A中学校側から見たSSWの専門性と活用上の利点

　導入の経緯についても知る校長は，SSWの専門性に関わる位置づけと，行政・学校・保護者との間の位置関係について，以下のように指摘した。

　導入の平成12年に「相談員が欲しい」ということになった。名称については「どこから見つけてきたのか，スクールソーシャルワーカーということになった」（前述のように教育委員会インタビューによれば，当時のSCが海外のSSWを紹介したことがきっかけ）。「では，資格がどういうのが必要なんだということになったとき」，「資格は何もない。教員免許はあったけれども，とにかく子どもたちの近くで話を聞ける職員ということで」。「ただ子どもたちの話を聴く，家庭訪問をして来られるといいね，ぐらいの感じだったんですね」。「一番良かったのは，やっぱりスクールソーシャルワーカーは学校側ではなくて，市役所と学校の中間にいて，市の行政がある程度わかってもいるけれども，そことの橋渡しをしてくれる。よそのスクールソーシャルワーカーって，市役所とか，行政関係の人が派遣されるという感じだったと思うんです」。「学校に近いようなスタートだったので，こっちから相談しやすい。専門的な知識を持った人たちではないから，専門用語も使わない」，「フラット。一緒になって考えるということができるようになったんですよね」。「それで，そのうち，SSWの2人がいろいろなところで研修するようになって，専門的なことも学んだりしてきてというのが結城のスクールソーシャルワーカーで。スクールソーシャルワーカーって言ってよいのかもわかんないですけれども」。

## ⑷ SSW による学校内外及び市内外における諸機関との連携

前述のように平成17年度以降は，特に諸機関との連携に SSW が大きな役割を果たしている。主に教育委員会事務局の指導課，中学校の生徒指導部会への参加・情報共有，教育支援センター・フレンド「ゆうの木」との間の行き来を活動の基本としながらも，対象の児童生徒，保護者の家庭，小学校，保育園・幼稚園，さらには高等学校や特別支援学校など，教育機関だけでも市全体をほぼ網羅した活動になっている。加えて福祉・医療機関との関わりがある。

例えば，特別支援学校との関係は，未就学の教育相談のなかで，支援学校への進学を相談している保護者や子どもの面談や検査などがあるため，これに関わる連携があり，これは指導主事も一緒に行動する。また高校は進路面に関わって不登校生徒の受け入れに尽力している高校の教員と連絡をとっている。

# 4　本事例の特質─まとめにかえて─

第一に，SSW の教員経験と職員の専門性について指摘できる。当初の配置職員は福祉の専門性を有していたが，制度運用の年数を経るに従い，教育以外の専門性を有する職員よりも，教員経験を有するなど，学校文化への適性を重視するようになった。よって，本事例では，教員経験が優先となり，SSW に求められる学問的な意味での専門性や資格については優先順位を下げたものとなった（本稿では，社会福祉士や精神保健福祉士等の福祉専門資格を有する場合は「『SSW の学術専門的性格』を強く有する」とし，そうした資格を有していない場合は「『SSW の学術専門的性格』をあまり強く有していない」と捉える）。

すなわち，A 中学校長のインタビューでも明らかなように，むしろ SSW が「SSW の学術専門的性格」を有していない方が学校・教員の側から見ても，話しやすく，また学校の進めたい方針で生徒指導を展開できるという意味で，好意的に受け止められていたことが指摘されていた。ただし，そこでの SSW の専門性の在り方が，本来の在り方として，つまり「SSW の学術専門的性格」から見て，それが良いか，悪いか，そうした問題に関する判断について留保されていることは，校長自身も十二分に認識していたことは特徴的であった。

第二に，中学校の毎週の生徒指導部会に必ず出席するという関わり方が指摘できる。また本事例では，生徒指導部会のなかでケース会議を行う。そうした意味でも，学校運営から見て，自然な流れのなかで SSW を活用し，生徒指導

課題研究報告：日本型教育経営システムの有効性に関する研究：新たな学校像における教育の専門性(3)

体制を展開することができている事例である。

　第三に，SSW の役割の変化と職員活用の実態についてであり，就学指導の相談・事務の増加についてである。本事例では，SSW としての典型的な業務活動がある一方で，「SSW の学術専門的性格」からすべての業務内容が決まっているわけではない。むしろ教育委員会が，新たに生じる子ども支援の業務に対して，職員を充てることで業務内容が決まっていく，という傾向も指摘できる。すなわち，SSW のさらに"新しい業務"として就学指導が強調された。

　インタビューでは，まず「保護者と相談したりして，小学校につないで」いくことがあり，そして「小学校に上がったら，情緒学級や知的学級でどういう風にやっているかというようなモニタリング」が業務としてあるのではないかと指摘されていた。本来は SSW の専門性による業務とは考えにくいが，ここに保護者の側への心的な負担やケアということ，さらには就学前から義務段階へのシームレスなサポートが必要であり，こうした支援がもし例えば不登校問題の解決にも大きく関わるということであれば，SSW の業務として，いわば拡大解釈も可能かも知れない。

　いずれにしても「SSW の学術専門的性格」を前提にするならば，本事例のような「SSW の学術専門的性格」をあまり強く有していない職員に，こうした業務がどこまで許容されるかは不透明である。本事例の特殊な在り方であるという指摘も可能と思われる。だが，一方で本事例の自治体における SSW の配置と運用に関する考え方の延長として，これまでの経緯から考えれば，自然な流れとも思われるものでもある。

　なお本稿は，日本教育経営学会大会課題研究（2018年 6 月10日）での発表の概要の報告であり，詳細は加藤（2019）として報告した。

［参考文献］
・加藤崇英「『チーム学校』論議のねらいと射程」『学校経営研究』大塚学校経営研究会，第41号，2016年，1 - 9 頁。
・加藤崇英「中学校の生徒指導対応の支援を中心としたスクールソーシャルワーカー―茨城県結城市におけるスクールソーシャルワーカーの運用―」『茨城大学教育学部紀要（教育科学）』第68号，2019年，675-686頁。

# 福祉事務所を中心としたスクールソーシャルワーク
## ―兵庫県尼崎市の事例から―

名古屋文理大学 濱 口 輝 士

## はじめに

2015年12月の中央教育審議会答申「チームとしての学校の在り方と今後の改善方策について」では、「心理や福祉等の専門スタッフを学校の教育活動の中に位置付け、教員との間での連携・分担の在り方を整備するなど専門スタッフが専門性や経験を発揮できる環境を充実していくことが必要」[1]として、専門性に基づくチーム体制の構築が掲げられた。このうち、福祉の専門職としてはスクールソーシャルワーカー（以下、「SSW」と表記する）が位置付けられ、生徒指導上の課題解決に向けて、教育分野と福祉分野の協働が焦点の１つとなっている。しかし、「チームとしての学校」において、教育と福祉という異なる専門性を有する人々がどのように連携・分担していくのかについては、未だ十分な研究蓄積があるとは言えない。

そこで本報告では、SSWの導入事例として、兵庫県尼崎市の取り組みを検討する。尼崎市におけるSSW関連事業は、福祉部局からの発信で進められたものであり、福祉事務所（福祉部局）にソーシャルワーカーを配置し、これを拠点として学校へのソーシャルワークを実施している点に特色がある。また、資格要件として社会福祉士、精神保健福祉士の資格を有することとされるなど、全体として福祉の専門性を重視した事例といえる。

研究推進委員会では、尼崎市において福祉部局から派遣されるソーシャルワーカーが、学校とどのように連携して学校における課題解決を図っているのかを明らかにするため、市のSSW関連事業・施策の担当者並びにSSWに対して、インタビュー調査を行った。この調査や市の行政資料に基づき、尼崎市の施策の有効性や課題を検討していく。

本稿の構成は以下の通りである。第１に、尼崎市における子育てをめぐる現

課題研究報告：日本型教育経営システムの有効性に関する研究：新たな学校像における教育の専門性(3)

状や課題を整理する。第2に、「尼崎市子どもの育ち支援条例」に基づくSSW
の導入施策の概要を整理する。第3に、市の事業担当者・SSW担当者へのイ
ンタビュー調査から、教職員とSSWとの連携の実際について整理する。

# 1　尼崎市における子育てをめぐる課題と対応

## (1)　尼崎市の抱えた課題

　尼崎市のSSW関連事業の背景には、同市の子育てをめぐる課題状況がある。
尼崎市は人口約46万の中核市であるが、世帯構成の状況を見ると、ひとり親世
帯が2010年度時点で17.6%であり、全国平均よりも2%程度高くなっている。
また、小中学校における要保護・準要保護就学援助認定者の割合は25%（7,905
人）であり、全国の就学援助認定者の割合と比較して10%程度高い[2]。

　また、尼崎市において特に深刻と認識されていたのが、児童虐待と不登校で
ある。児童虐待の相談件数は年々増加傾向にあり、2011年には179件だったも
のが、2015年には501件まで増加している。虐待相談種別を見ると、ネグレク
トの割合が最も高く、41.9%となっている。また、不登校児童生徒の出現率
は小学校0.55%、中学校4.04%と、小中学校共に全国出現率と比べて約1.4倍
程高い[3]。

　こうした状況の中で、尼崎市においては、「家庭の子育て機能」の低下や地
域の教育力の低下が課題として認識され、これらに対する取り組みが進められ
てきた。

## (2)　「尼崎市子どもの育ち支援条例」に基づく「子どもの育ちを支
　　える仕組み」

　尼崎市は、市内の子育てをめぐる課題として、①子育てに不安や負担を感じ
る家庭の増加、家庭の子育てを支える地域の力の弱体化、②地域における子ど
もの豊かな人間性や社会性などを育む機会の減少、③児童虐待、いじめ、不登
校、非行等の要因の複雑化を位置付けた。そしてこうした課題を背景として、
2009年12月、市としての対応の基盤となる「尼崎市子どもの育ち支援条例」を
制定することとなった。

　この条例に基づき、「子どもの育ちを支える仕組み」として、①地域社会の
子育て機能の向上につなげる「地域社会の子育て機能向上支援事業」（子育て
コミュニティソーシャルワーク）、②児童虐待やいじめ、不登校、非行などの

日本教育経営学会紀要第61号・2019年　　　　　　　　　　　　　　　115

問題を抱えた子どもを関係機関などが連携して支援する「子ども家庭相談支援体制整備事業（スクールソーシャルワーク）」という２つの事業を開始し，子育てをめぐる課題への対応を図ってきた。

## 2　尼崎市におけるSSW関連の事業・制度の概要

「子ども家庭相談支援体制整備事業（スクールソーシャルワーク）」は，福祉事務所に「子どもの育ち支援ワーカー」（SSW）を配置し，ここを拠点として各学校に配置・派遣される形式をとっている。現在，尼崎市では，６名の「子どもの育ち支援ワーカー」が勤務している。

この事業には，①児童生徒の問題行動の背景にある家庭環境や社会環境への働き掛けを行う仕組みの不在，②就学後の教育・福祉・保健分野の協力の不十分さ，といった課題意識がある。

> 児童虐待については，早期発見，重篤化防止の視点から初期段階による対応が求められており，また，不登校，いじめ，非行など，主に教育分野で対応している問題には，その背景に家庭環境等の生活に起因する要因があることが少なくありません。こうした場合には，教育分野だけで対応するには限界があることなどから，支援を必要としている子どもを早期に発見し，適切な支援につなげるため，北部保健福祉センターを中心とした子ども家庭相談支援体制を，就学後対応の機能強化を図る視点から整備します。

出典：尼崎市ホームページ

このように，尼崎市においては，就学後に福祉・保健分野の支援が途切れることが課題とされていた。子どもの乳幼児期では，虐待やネグレクト等が発生していても，児童福祉法に基づく関係機関の連携・支援の仕組みが存在する。しかし就学後については，いじめや非行・不登校といった問題が発生した場合は，主として教育分野で対応し，福祉・保健分野と連携して支援する仕組みがない。「子ども家庭相談支援体制整備事業」はこうした課題に対応するため，福祉事務所の就学後対応の機能強化，要支援の子どもを中心とした福祉・教育の連携体制の強化を図るものとなっている。

「子どもの育ち支援ワーカー」の主な業務は，①支援方針の合意形成・支援関係者の役割分担に応じた支援実施の調整，②要支援の子どもと様々な社会資源との結合・当該子どもが育つ環境への働きかけ，③学校内のチーム体制づくり支援，④学校と関係機関等との連携の促進，⑤教員等への助言，⑥子ども及

課題研究報告：日本型教育経営システムの有効性に関する研究：新たな学校像における教育の専門性(3)

び保護者からの相談に対する助言，⑦要支援の子どもに関わる者の間の関係調整，⑧尼崎市要保護児童対策地域協議会との連携，である。また，SSW の活動形態は，ⅰ）対象校に常駐する配置校型，ⅱ）要請を受けて派遣される派遣校型を基本としつつ，市内の学校の巡回や，子ども・保護者等からの相談に応じて活動する場合もある。

SSW の活用状況は，以下の通りである。

### 表1　2016年度の活動状況

活動学校数
　小学校：17校/41校，相談ケース数119件
　中学校：13校/17校，相談ケース数129件
活動状況
・校内ケース会議82回／連携ケース会議45回／他機関との連携活動325回
・個別ケーススーパーバイズ21回／福祉・教育連携体制SV調整会議4回／スクールソーシャルワーク活動連絡会議12回／教員に対する事業管理スーパーバイズ1回／ワーカー研修7回

### 表2　活動ケース数の推移

|  |  | 関係学校数（校） | 件 数 |
|---|---|---|---|
| 小学校 | 26年度 | 20 | 76 |
|  | 27年度 | 24 | 108 |
|  | 28年度 | 17 | 119 |
| 中学校 | 26年度 | 10 | 126 |
|  | 27年度 | 12 | 150 |
|  | 28年度 | 13 | 129 |
| 計 | 26年度 | 30 | 202 |
|  | 27年度 | 36 | 258 |
|  | 28年度 | 30 | 248 |

出典：尼崎市平成29年度事務事業シート（平成28年度決算）

## 3　校内における SSW の活動の概要

「子どもの育ち支援ワーカー」の日常的な活動は，課題を抱えた児童・生徒の担任や関係者との情報交換，面談，関係機関訪問，教室訪問，家庭訪問等があげられる。これらの活動を通じて，児童・生徒の問題の背景や理由の分析，対応策の検討を行うこととしている。

教職員との連携の際，尼崎市において重視されているのは，校内の「窓口教員」の存在であった。「窓口教員」は，校内の委員会や教職員，保護者との連携等の中から拾い上げられた情報を集約し，課題状況に応じて「子どもの育ち支援ワーカー」に活動を依頼する役割を持っている。「子どもの育ち支援ワーカー」を活用する学校には，原則として必ず窓口となる教員がおり，学校と「子どもの育ち支援ワーカー」との連携の要となっている。それゆえ，「窓口教員」には，課題解決に向けて教職員をコーディネートする力量が求められていた。

「子どもの育ち支援ワーカー」に活動を依頼するまでの流れは，**図1**のようになる。**図1**に見られるように，情報の拾い上げや課題発見，その場に応じた対応については当該学校の教職員や「窓口教員」の役割とされ，深刻度の高いものから優先的に「子どもの育ち支援ワーカー」へとつないでいくこととなる。

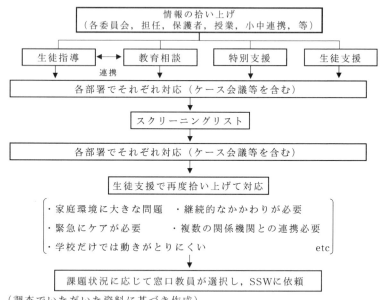

（調査でいただいた資料に基づき作成）

**図1　SSWに依頼するまでの流れ**

## おわりに

以上，尼崎市におけるSSW（「子どもの育ち支援ワーカー」）活用事例についてみてきた。尼崎市では，SSWを教育委員会部局ではなく，福祉部局に配置することで，福祉の専門性を重視した活動を行っている。

福祉部局にSSWを配置することには，SSWが家庭児童相談員と連携したり，生活保護・保健分野の情報を得やすくなったりするなどの有効性がある。これにより，SSWがより福祉の視点を生かした支援が行われやすい。また，福祉事務所を拠点とすることで，SSW同士の情報共有や支援に入る際の新たな視点の獲得が行いやすいといった利点もある。

他方で，教育委員会や教育現場からは，福祉事務所やSSWは外部の機関と

課題研究報告：日本型教育経営システムの有効性に関する研究：新たな学校像における教育の専門性(3)

いう認識でとらえられる傾向にあり，連携には困難が伴う場合もある。実際，尼崎市の事業の初期段階では，実際に学校からの派遣要請が少なく，また教員のSSWの活動に対する認知が進んでいないために活動することが難しい状況もあり，この点については市の事業評価においても指摘されていた。

　本報告で見てきた尼崎市の事例の特質として，福祉領域の機能の拡張が指摘できよう。「子どもの育ち支援ワーカー」をめぐる事業や制度の設計は，福祉事務所の就学後対応における機能強化という視点で行われている。これは，乳幼児期の子どもに対して福祉部局が行ってきた連携・支援の仕組みを，就学後の児童・生徒に対しても適用しようとするものであった。それゆえ，「子どもの育ち支援ワーカー」の活動は，学校におけるソーシャルワークを実施するものといえるのではないか。福祉の視点を生かした尼崎市の施策が学校現場においてどのように定着していくのか，さらなる調査が求められる。

[注]
⑴　中央教育審議会「チームとしての学校の在り方と今後の改善方策について（答申）」2015年12月，12頁。
⑵　「尼崎市における子どもの育ち支援・青少年施策の今後の方向性について」2017年。
⑶　同上。

[参考資料・URL]
・尼崎市「尼崎市における子どもの育ち支援・青少年施策の今後の方向性について」2017年。
・「尼崎市子どもの育ち支援条例について」http://www.city.amagasaki.hyogo.jp/shisei/si_kangae/kodomo_sesaku/046kodomojourei/046joureigaiyou.html
・子ども家庭相談支援体制整備事業（スクールソーシャルワーク）http://www.city.amagasaki.hyogo.jp/shisei/si_kangae/kodomo_sesaku/046kodomojourei/1008173/046ssw.html
・尼崎市平成29年度事務事業評価 http://www.city.amagasaki.hyogo.jp/shisei/si_torikumi/005zimuzigyou/1008282.html

# 高校のスクールソーシャルワーカー
## ―スクールソーシャルワーカーで学校経営は変わるか―

横浜市立大学 高 橋 寛 人

## はじめに

「チーム学校」で学校経営はどのようにかわるのであろうか。本報告は，高校のスクールソーシャルワーカー（SSW）をとり上げて，考察するものである。

SSW は①学校の内部者として活動するのがよいのか，外部者として学校に参加する方が望ましいのだろうか。② SSW は教育職員か，それとも福祉職員であるべきか。③いじめ，不登校，校内暴力など学校内の問題解決のために，福祉の専門家に学校への参加を求めるのか。それとも，福祉的ケアの必要な子どもやその家族を把握し，対応するために福祉の専門家が学校に入るのだろうか。④クライエントは学校か，それとも子どもか。

公立大学に勤務する報告者は，近年，地域貢献の観点から，困難を抱える子ども・若者への支援に関わる団体や支援者に交流の機会を提供してきた。その関連で，2015年度より COC 事業により K 県立のクリエイティブスクール高校や県内の市立定時制高校に関与している。また，生活困窮者自立支援法に基づく困難を抱える家庭の子どもたちへの学習支援について，横浜市の事業委託団体スタッフの意見をまとめた[1]。本報告は，これらの知見をいかして，K 県を事例に高校における SSW について調査し，それをもとに上記の課題を検討するものである。

2018年2月に K 県教育委員会に訪問調査を行い，SSW 担当部署の指導主事にヒヤリングを行った。また，K 県に SSW が置かれた当初から勤務を続けている SSW にもインタビューを行った。ほかに，県内での関連の研究会等に参加し，そこでの SSW の報告を参考にした。

## 1　K 県における高校 SSW

K 県が高校を担当する SSW を新設したのは2015年度で，10名を配置した。翌年度は20名に倍増，2017年度は25名に増やした。2017年度，K 県立高校は

147校，中教育学校2校である。

　K県におけるSSWの配置形態は，拠点型と呼ばれる。配置された県立高等学校を拠点に，近隣の県立高校・特別支援学校を対象校と位置づけ，派遣希望に応じて訪問するというものである。拠点校には定時制高校，通信制高校，クリエイティブスクールが選ばれている。

　SSWの雇用についてみると，1日7時間，週1日または2日の勤務で年間35週である[2]（ちなみにスクールカウンセラーは週1日である）。時給3500円で，賃金の3分の1は国からの補助金が充てられている。他の曜日は，別の自治体でSSWを行ったり，福祉関係の他の仕事などを行っている人が多い。女性または定年退職した人が大半である。契約期間は1年で，同一校の勤務年数は原則として3年である。県教委としては，採用にあたって，教員経験よりもケースワークの経験を重視しているとのことである。

　業務内容については「平成29年度K県教育委員会県立高等学校スクールソーシャルワーカー採用候補者募集案内」が次の6つの事項を掲げている。①全生徒を対象に，学習面・行動面に関する指導の向上を促す支援，②課題のある生徒を取り巻く環境への働きかけ，③学校内におけるチーム支援体制の構築・支援，④関係機関とのネットワークの構築，連携・調整，⑤保護者，教職員等に対する支援・相談・情報提供，⑥教職員等への研修活動等である。文部科学省の「スクールソーシャルワーカー活用事業実施要領方針[3]」と比べると，②〜⑥は同じであるが，K県は①を付加している。そして，K県教委『スクールソーシャルワーカー活用ガイドライン[4]』は，SSWの活動について次のように記している。

　　「本県においては，SSWは児童・生徒や保護者への直接的な個別援助（ケアワーク）中心とするものではなく，教職員へのコンサルテーション（専門家による指導・助言を含めた検討）を中心とした活動を重視しています。」

　SSWの活動の中心を子どもや保護者への個別援助ではなく，教職員へのコンサルテーションに置くというのである。しかし，インタビューをしたSSWからは，教職員へのコンサルテーションを中心としているという話は聞かれなかった。

## 2　高校をめぐる変化と困難を抱える高校生の困難とは

　SSW の支援を必要とする生徒が定時制，通信制などの特定の学校に集中する傾向がある。文部科学省の全国調査で不登校生徒の割合についてみると，全日制が1.1％に対し定時制は15.8％である[5]。発達障害は，全日制1.8％，定時制14.1％，そして通信制課程15.7％である[6]。そのような高校では SSW の活躍する余地が大きいため，SSW 配置のインパクトが鮮明に現れるといえよう。外国につながる子どもたちの在籍数は，小中学校では地域によって異なるが，高校の場合は，特定の高校に偏在する傾向がある。

　小学校では，問題を抱える児童だけでなく保護者への支援が大切である。これに対し，高校生の場合，生徒自身が適切に自己決定できるための支援が必要となる。また，高校は小中学校と比べて福祉関係情報の入手が困難という事情がある。福祉は市町村の担当事務であるが，公立高校の設置者はふつう都道府県であり，生徒は様々な市町村から通学しているためである。なお，児童福祉法は18歳未満の子どもを対象としているから（第4条），生徒が18歳になると，福祉分野の支援の種類や窓口が変わるという点がやっかいである。

　さて，SSW の支援を必要とする高校生は，どのような生活環境に置かれているのだろうか。従前と基本的に異なる点は，日本経済の衰退による貧困化と就職・進学難の進行である。バブル崩壊後，日本社会の貧困化が進み，とくにリーマンショック以降，高校生の卒業後の状況が大きく変わった。以前，教師は，生徒を卒業させれば自立して生活できる職に就かせることができた。生活保護家庭の子どもも，高校を卒業すれば正規労働者として就業できたので，生活保護から脱却することができた。しかし，非正規労働の拡大，ブラック職場の蔓延で，長期間安定的に働ける場が失われてきた。他方，大学・短大の定員割れが進んで，学力にかかわらず大学進学が可能になった。しかし，奨学金を借りて進学した場合，大学を卒業しても安定的な仕事に就けなければ返還できず，もしも大学を中退すれば借金だけが残ってしまう。そこで，高校教師は貧困家庭の子どもに進学をすすめにくくなった。

　困難を抱える高校生の親の多くは非正規雇用である。非正規は無職になる時期があり，賃金は低い。家計を助けるためにアルバイトに追われる高校生が少なくない。また，親が長時間労働や夜間・深夜・早朝勤務を余儀なくされるケ

課題研究報告：日本型教育経営システムの有効性に関する研究：新たな学校像における教育の専門性(3)

ースがめずらしくないため，親にかわって高校生が家事を担うこととなる。炊事，洗濯，掃除，父親の異なるきょうだいの子守り，祖父母の介護などである。

　家族関係が不安定なケースが見られる。ひとり親家庭の場合，貧困率が高いことがよく知られている。大きな家を借りることができず，狭いアパートで暮らしていると大変である。親が再婚（新しい恋人と同居）すると，継父（家にいる母親の恋人）・継母（家にいる父親の恋人）との関係で，家庭内で様々に気を遣わなければならない。母親が若くして結婚し，離婚後の新しい父親（または母親の恋人）との間に子どもがいることがある。親の異なる年の離れた弟・妹の面倒をみているのである。

　高校特有の支援がある。同じSSWであっても小中学校とは大分異なる。進路未定のまま卒業する子どもには，教師の行う就職指導とは別の就労支援が必要である。中退した生徒に対して，教師からの支援は困難であるが，SSWが関わっている場合は連続的な支援が可能である。妊娠・出産した高校生には，SSWからの直接支援のほか，10代の親支援のために保健・福祉機関とつなぐ。生活保護家庭の高校生が進学するためには，親と世帯分離の手続きが必要となる。児童養護施設を退所する場合はもちろん，進学や就職で家を離れて自活するための自立支援が求められることもある。

## 3　social work in school か social work for school か？

　ところで，SSWはどのような思いで学校で働いているのだろうか。インタビューでは，必ずしも「チーム」の一員として認識されていないが，1年単位の非常勤雇用という立場ゆえに「しかたがない」という声があった。

> 「年度の最初に出る教職員の写真の中にも私は入っていなくて，卒業式とかそういうのにもお誘いがなくて。」「ソーシャルワーカー自身は単に非常勤じゃないですか。」「1年ごとにどうなるか分からない身分なので，仕方ないよなって。」

　異なるカルチャーの中で孤軍奮闘しているという。

> 「カルチャーショックで，学校ってそうか，福祉の現場に来たんじゃないんだっていうのが最初のパンチでしたね。私は孤立してるんだって，私はそこから環境を作っていかないといけないんだなっていうのがあり，心臓に毛が生えていないと出来ない仕事かなって。」「まさに孤軍奮闘，その状態で本当に孤独なんです。」

　教員文化に「内部化」する危険性に対する自戒の声もあった。

「学校や教員文化を理解しないと働けないが，内部化されないこと。『学校ってそういうもんよね』と思うと，思考停止がはじまる。先生と仲良くなると，『先生に嫌われたくない，認められたい』というところで動く自分になってはいけない。」

SSW が学校に入ることの意義として，学校で福祉的ニーズを把握できることがあげられた。

「ケースワーカーの立場から見ると，…特別な支援が必要なものを拾い上げる，学校という場所だからそれが出来るのかなって。それを学校がいかに，そういう福祉が学校という場所に入っていることをいかに一般的に受け入れていくか。」

以上の発言には，SSW が福祉の専門職として学校文化に対峙しつつ孤軍奮闘することへの矜持があらわれている。

「チーム学校」における SSW の役割等について，教員に意見を聞くと，学校の観点からの SSW への期待が述べられる。教育学者の視点もほとんどが同様である。これに対して，ソーシャルワーカーに聞くと福祉の観点からの話となる。

学校教育は，学校の教育目標の達成を目指して，主に集団指導を通じて行われる。これに対してソーシャルワークは，生活の改善をめざして個別支援を行い，関係機関をつなぐ。教育職としての価値観ではなく，福祉職の価値観で職務を行う。その内容は，社会福祉専門職団体協議会が作成した「ソーシャルワーカーの倫理綱領」に示されている。

教育関係者は，SSW の支援によって，学校教育がよりよく行われることを期待する。虐待や貧困などの家庭内の問題の改善自体が目的ではなく，子どもが学校に毎日安心して通学し，学校生活を送れるようにすることを期待する。他方，福祉の観点からは，ソーシャルワーカーが学校に入って子どもとその家族に対するソーシャルワークを行うチャンスとしてとらえられる。日本スクールソーシャルワーク協会名誉会長の山下英三郎は，social work in school であって，social work for school ではないと主張している[7]。

## 4　SSW のあり方

social work in school にせよ social work for school にせよ，SSW の導入で，学校教員には福祉に関する知見が不可欠となった。前回の本学会の大会での課題研究報告において，筆者は，学校看護師（婦）が養護教諭として制度化された歴史について報告し，SSW もやがて教諭として制度化される可能性が高い

課題研究報告：日本型教育経営システムの有効性に関する研究：新たな学校像における教育の専門性(3)

ことを指摘した[8]。これに対し，今回の報告では，SSW のあるべき姿としては，学校以外の場でソーシャルワーカーとして活動する福祉の専門職が，学校にも入って福祉的支援を行うことが求められるという結論となった。

SSW について，週1～2日程度しか学校に来て活動しないことを問題視して，学校あるいは教育委員会に常駐する制度にすべきだという意見が少なくない。しかし，毎日学校に勤務することによって，ソーシャルワークの力量が低下する危険性はないだろうか[9]。「チーム学校」の「チーム」をめぐって，多職種協が主張される。個々の職員の専門性が融解するのではなく，向上し続けるような他職種協働が求められる。

[注]

(1) 『【2017年増補改訂版】横浜市寄り添い型学習・生活支援の検討―研究会での委託法人関係者の意見とアンケートから―』横浜市立大学子ども若者の居場所研究会，2017年8月，大学ホームページに掲載中。

(2) K県教育委員会「平成29年度K県教育委員会スクールソーシャルワーカー募集案内」

(3) SSW 活用事業実施要領（2013年初等中等教育局長決定，2016年一部改正）

(4) 神奈川県教育委員会教育局支援教育部子ども教育支援課『スクールソーシャルワーカー活用ガイドライン―スクールソーシャルワーカーの視点に立った支援の構築に向けて―』2011年，4頁。

(5) 文部科学省初等中等教育局児童生徒課『平成28年度「児童生徒の問題行動・不登校等生徒指導上の諸課題に関する調査」（確定値）について』2018年2月，92頁。

(6) 文部科学省・特別支援教育の推進に関する調査研究協力者会議高等学校ワーキング・グループ『高等学校における特別支援教育の推進について―高等学校ワーキング・グループ報告』2009年8月，3頁。

(7) 西野博之・山下英三郎『居場所とスクールソーシャルワーク』子どもの風出版会，2018年，166頁。

(8) 高橋寛人「児童福祉と学校教育の交錯の史的検討」『日本教育経営学会紀要』第60号，2018年，190頁。

(9) もしも，スクールローヤーが毎日学校に勤務するとした場合，訴訟資料を作成したり，裁判や調停に立ち会うことはまれである。法律のプロではなくなってしまうであろう。

# まとめにかえて

名古屋大学 南 部 初 世

　今回のセッションでは，子どもの学校での生活機能の多様化に応じ，学校に置かれる職種も増え，それに伴って教職員組織も多様化・複雑化してきた今日，教授機能を担う職と管理機能，生活・福祉的機能を担う職との実態上の分担をどのように整理すればよいのかについて，福祉の専門家であるSSWに着目して分析を行った。今回とり上げた3つの事例には，①学校に親和的な制度設計―福祉の専門性を生かした制度設計，②大都市部における学校での活動実態―地方都市における学校での活動実態，③小中学校における機能―高等学校における機能という3つの分析軸が存在しており，3事例の特徴と対照的な点について，以下のように整理した。

　1）SSWの資格は，結城市では教員資格，尼崎市では社会福祉士・精神保健福祉士で，採用試験を課している。これに対しK県では，主な資格として，社会福祉士，精神保健福祉士，臨床心理士，教員免許状等を挙げている。

　また，2）制度的特徴として，結城市では「増加する学校の教育・指導の機能を増強・補強する観点による人的配置」の考え方，尼崎市ではスーパーバイズ体制（福祉・教育分野の連携のあり方についてのSVを含む）と，「要支援の子どもを支援するための学校内のチーム体制づくり支援」及び「福祉の観点からの対応等について教員等への助言」がSSWの担当業務に含まれている点が挙げられる。K県では「全生徒を対象に，学習面・行動面に関する指導の向上を促す支援」や「学校内におけるチーム支援体制の構築・支援」が含まれ，教職員へのコンサルテーションを中心とした活動が重視されているが，それは，学校の教職員等が，スクールソーシャルワークの視点を持って対応することが大切だと考えるからである。

　3）学校レベルでのSSWの位置づけや運用について，結城市では，学校の生徒指導部会への定例参加など，分掌に組み込む形で運用しているが，神奈川県については，拠点校の職員室に机が置かれ，位置づけられている場合もあり，実際には管理職により対応が大きく異なっている。SSW自身が，うまく機能

課題研究報告：日本型教育経営システムの有効性に関する研究：新たな学校像における教育の専門性⑶

していない組織を変えていくこともまた自分たちの仕事であると認識している
ケースもあり，今回とり上げていない自治体においても，SSW がまさに学校
経営機能の一部を担うところまで来ている事例もみられた。

　さらに，４）「外部性」については，結城市のようにうまく利用している例
もあれば，尼崎市のように，連携の難しさに繋がっている例もある。K 県でも
メリット・デメリット両面見られ，「内部化されない」ことを重視する側面も
あり，これをどう評価するのかが難しい。

　この他，SSW の報酬も自治体により多様であり，５）職として成立するか
否かは場合による。本研究推進委員会は，こうした多様な実態において，ある
べきモデルを提示するのではなく，それを生み出している現在の状況を正確に
分析するというスタンスに立っており，最後に論点を 3 点挙げておく。

　第一に，SSW の機能を social work in school ととらえるのか，social work for
school ととらえるのかである。社会福祉学領域では，前者の考えに重点を置く
が，それは SSW のルーツがアメリカの「訪問教師」にあるからであろう。し
かしながら，たとえば文部科学省の作成資料の中には，学校のためのソーシャ
ルワークとして任務が記述されている面もあり，また，社会福祉学領域の研究
においても，学校のためのソーシャルワークという考え方が重要であるとの提
起も存在している。

　第二に，「学校」という場の持つ意味の変容であり，ここではあえて，「機
能」ではなく，「場」という言葉を用いている。近年，「プラットフォームとし
ての学校」が提唱され，学校という場を今後どのように認識していくのかが重
要となる。学校は地域の拠点であると言われるが，とりわけ過疎地域において
は，学校の持つ意味合いが大きい。これまで我々は「閉じられた場」としての
学校を考えてきたが，既に学校はそうした「閉じられた場」ではなくなってい
る。これまで中心に据えてきた「教授・学習機能」についても，AI 技術の進
展によって大きく変化していく可能性がある。

　第三に，このように学校が大きく変わろうとしている中で，そこで働く教職
員の職務と専門性について考えることである。それが「教育の専門性」であろ
うと現在は考えている。2 年前，この言葉について問われ，「教育という営み
の専門性」と答えたが，このように状況が変わり，上記の第一，第二の点との
関連で「教育の専門性」について考える必要がある。本課題研究は今回で終了
するが，科学研究費補助金研究において引き続きこの問題を考えていきたい。

# 討論のまとめ

北海道大学 篠 原 岳 司

## 1 課題研究報告のねらい

　今期の研究推進委員会は「日本型教育経営システムの有効性に関する研究」を主題に掲げ，「新たな学校像」における教育の専門性の行方について，検討することを課題としてきた。一昨年度の第1回課題研究報告では「担い手（スタッフ）」に着目し，日本の政策動向を踏まえた上で，アメリカとドイツにおける新たなスタッフ導入の動向から教育の専門性の意味変容とその多様化の行方について議論が交わされた。続けて，昨年度の第2回課題研究報告では，日本の学校教員の自律的な判断の帰結として，その職務の機能拡張および特異な働き方が歴史的に形成されてきたことが明らかにされ，教員の自律的判断の両義性が論点となり議論が交わされた。今年度の第3回課題研究報告は，今日の「チームとしての学校」における他職種との実質的な協働の事例を考察するために，福祉専門職であるスクールソーシャルワーカー（以下，SSW）に着目し，三者に報告を依頼した。共通するねらいは，「教育の専門性」，そして他職種の専門性との関係を問うこと，および多様化・複雑化する今日の教育組織の機能分担のあり方を考察することにある。

　加藤報告では，茨城県結城市の中学校の生徒指導の支援にSSWが関わる事例が紹介され，結城市におけるSSW職員の位置づけやその機能に見られる非福祉専門職的性格が特徴として明らかにされた。なお，ここでのSSWの専門性のあり方が本来的に良いか悪いかは留保されているとの補足もあった。濱口報告では，兵庫県尼崎市における福祉事務所を中心としたSSWの実施事例が明らかにされた。そこでは，SSWの活用においても初期段階での子どもの困難の発見は教員が担い，SSWによる支援につなぐために福祉事務所から学校と教員にコーディネート機能が要請されている点が特徴として示された。高橋報告では，K県における高校のSSWの取り組み例から，SSWの専門職としての外部性や学校との距離感の重要性が示された。また，その外部性をもつ

SSW との連携に向けて教員に"福祉マインド"が求められるとの提起も行われた。

## 2　SSW の機能的特徴から浮かび上がる「教育の専門性」の再検討課題

　討論では，各事例の比較を通して浮かび上がる SSW の機能的特徴と「教育の専門性」との関連が問われることとなった。その発端は，第一に，「教育の専門性」と表されるものの不明確さであった。「それは専門性というより特殊性という言葉がより適格ではないか」「教育の専門性の問題とはむしろ教員が従来の学校に存在しない技量を受け入れ，相互交流を図り，自治的で創造的に考察していく過程に存在しうるのでは」との意見は，子どもを丸ごと抱えて全人格的発達を支えるべく教育を実現させようした学校と教師による複雑な営みの中にその意をとろうとしたものであり，概念の再吟味のために有益な提起となった。第二に，上記の提起に対する報告者の応答から，各事例におけるSSW の機能的特徴と教育経営の過程との関係に対する追究が行われた。結城市では，福祉専門職が学校において「内部化」し学校との協働性を高めた背景に，義務教育段階ゆえの共通目標の設定と受容の容易さが関連した可能性が示され，福祉事務所が主導する尼崎市では，学校における共通土台の形成がどのように図られているのか，またそれは福祉職の外部性の保持との関係でいかなる状況なのかが問われた。第三に，多様な専門職との協働に際して教師の自律性の保持に関わる問題が再確認された。学校で働く SSW には外部性が必要であるとの立場から，その立場同士の協働関係では教師個人もまた同様に「自立」した存在である必要が提起された。この議論は，古くからある教師の専門職性の実現問題であると共に，昨年度から問題とされた日本社会全休の「働き方改革」とも関係する提起である。また，教師の専門性と専門職性との関連で見れば，教授や生活指導等の教師が担ってきた職務とそれに基づく専門性に対し，何が SSW の機能との関係で問われるか，改めて対象の厳密化，限定化が求められることが確認された。

　今期の研究推進委員会による課題研究は本年度で幕を閉じるが，変化の激しい教育経営の現実を前に課題は継続していく。今後とも他職種との関係性と機能分担の有り様が注目され，日本型教育経営システムの望ましい未来が，会員の英知の結集の中で追究されることを期待したい。

# 海外の教育経営事情

　今期国際交流委員会では，アメリカ，イギリス，オーストラリア，ニュージーランドを中心に「新時代における学校管理職と教育経営改革の国際比較研究」をテーマに研究を進める。学校経営，教育政策，教育改革をめぐる様々な潮流と最新の展開を視野に入れた上で，校長の専門性と育成システム，学校組織運営の事例，新時代の教育経営システムについて論究する。

　紀要第61号では，ニュージーランドを事例として，教育経営改革のうち学校間連携の動向を取り上げる。ニュージーランドでは，1980年代後半の教育改革以降，自律的な学校経営が導入・推進されてきたが，近年，その方針の見直しが看取される。各学校の連携を強化し，ネットワーク化を図る取組について検討する。

● ―― 海外の教育経営事情 ――

# ニュージーランドにおける
# 学校間連携政策の展開

群馬大学 高 橋　望

## 1　はじめに

　本稿の目的は，ニュージーランドにおける学校間連携政策（Communities of Learning：COL）に着目し，その特質を整理することである。

　教育政策におけるグローバル化の影響が指摘される中，とりわけ，ニュージーランドは，1980年代に主流となったニュー・パブリック・マネジメント理論に基づく大規模な教育改革を断行した国として認識される。同改革は，中央・地方教育行政の役割機能を縮小し，各学校の自主性・自律性を重視することに特徴がある。各学校に主に保護者や地域住民から成る学校理事会（Board of Trustees：BOT）を設置することで学校経営にかかる大幅な権限を付与し，意思決定を学校段階で行うようになった。

　しかし，自律的な学校経営は，学校同士の競争関係を生み，学校間の競争環境は学校の孤立化を導くとの指摘もされている[1]。基本的に，児童・生徒数が予算等の資源配分に反映されるため，児童・生徒の獲得競争が助長されることとなる。こうした中，近年学校間連携を構築・強化する取組が看取される[2]。背景には，単位学校では限られる人的，物的な教育資源を複数校で共有し，効果的かつ効率的な学校経営を実現することで教育の質の向上を図る目的があると言える。COL は，新しいリーダーシップの役割を導入するなど，学校経営上興味深い取組として挙げられる。本稿では，COL の導入経緯や概要を示した後，具体的な事例を挙げながら，COL の特質を整理する。

## 2　COL の導入経緯

　COL は，2014年に「教育的成功のための投資（Investing in Educational Success：IES）」政策の一環として導入されたのが始まりである[3]。IES は，教育

的成功，すなわち児童・生徒の学習達成度の向上のための予算の重点的投資であり，①革新を導く教授方法の開発（Teacher-led Innovation Fund）[4]，②革新的校長の養成と採用（Principal Recruitment Allowance）[5]，そして③ COL から成る。背景には，児童・生徒の学習達成度に格差が生じているという危機感があった。PISA 等の国際学力調査においては比較的よい結果を収めている一方で，学習達成度の低い児童・生徒が多いこと，また，5 人に 1 人の割合で学校教育において十分な知識・技能を習得することができず，無資格で学校を離れている現状が報告されている[6]。ヨーロッパ系と比較すると，先住民族マオリ系や太平洋島嶼民系児童・生徒の学習達成度の低いことが，同国の長年の課題としても挙げられていた。IES は，こうした教育課題克服策として位置付けられる。

COL は，学校間の連携を強化することで，教育水準の向上を図り，児童・生徒の学習達成度の向上を図ることが主眼とされる。そのために，先の 4 年間は年間約360万 NZD を，その後は年間約150万 NZD を継続的に投資することが計画されている。1980年代後半の教育改革以降，BOT 制度を前提とした諸々の教育施策が展開されてきた。そのため，単位学校での取組が重視され，学校間の連携や協働という観点を含むものは少なかった。しかし，各学校が有する教育資源を共有することによって，単位学校では困難な取組，実践を可能にし，優れた実践等の他校への波及も期待されるようになった。これまでも，学校間連携を指向する施策が展開されなかったわけではないが[7]，COL は，学校群を構成することに加え，財政的なインセンティブを付与し，また後述するように，COL 内に新たな職を導入することに特徴があると言える。

## 3　COL の概要と特質

COL は現在，全国に214設置されており，1,761校が参加している[8]。BOT から COL の設置申請があった場合，教育省は以下の要件を確認したうえで承認を行う。COL の設置・運営に関して，疑問や困難を持つ BOT に対しては，全国学校理事会協会（New Zealand School Trustees Association：NZSTA）が支援を提供している[9]。

### (1)　COL の設置要件

COL を設置するためには，以下の要件を満たすことが求められる[10]。

第一に，COL に初等学校と中等学校を必ず含めることである。その理由は，児童・生徒の学びに一貫性を持たせること，切れ目のない円滑な指導を可能にするためである。初等学校と中等学校の連携を促進・強化することにより，教員同士の交流はもちろんのこと，カリキュラム上の連続性も持たせることができ，一貫した初等中等教育の実現が期待される。COL によっては，就学前機関や高等教育機関を含んでいるものもある[11]。教育省は，8〜12校で構成することを奨励しているが，数に制限は設けられていない。

　第二に，統括校長（lead principal）を置くことである。COL には，COL 全体の運営をつかさどる組織として，各 BOT 委員及び各校長から成る COL 理事会（stewardship group）が設置される[12]。その責任者として位置付けられるのが統括校長である。統括校長は，COL 理事会内に設置される選考委員会によって，国が示す基準（national criteria）[13]と専門職スタンダードに照らして，COL 内の学校長の中から選出・任命される[14]。COL 理事会は，COL の運営主体ではあるものの法的根拠のある組織ではないため，各学校はそれぞれ BOT を存置している。校長を含めた教職員の雇用者は BOT であり，統括校長の任命も所属する BOT が選考委員会の推薦を受けて行うこととなる。

　統括校長の所属 BOT に対しては，COL の業務にかかる統括校長の出張旅費と学校を不在にする際の補充人材を雇用する費用，COL 運営のための年間1,000NZD が付与される。また統括校長本人には年間25,000NZD の手当が付与される。任期は2年間であり，再任可である。

　第三に，COL の達成目標（Achievement Challenge：AC）を設定することである。COL 理事会は，各学校の実情を踏まえ，AC を設定することが求められる。AC は，COL の活動指針であり，活動計画として位置付けられるものである。教育省は AC を踏まえて COL 設置の承認を行う。換言すれば，各学校は共通の AC のもとに COL を構築し，ともに協働しながら AC の達成を目指すのである。AC は「achievement」という言葉の通り，児童・生徒の学習達成度に焦点を当てたものが想定されている。ニュージーランドはカリキュラムに連動したナショナル・スタンダードが導入されており，それは，1〜8年生（初等教育）を対象に，算数（mathematics），読み（reading），書き（writing）の3分野から構成され，各学年で児童・生徒が身に付けるべき，達成すべき事項を示したものとして位置付けられている。そして，児童・生徒の学習達成度を「above（超えている）」，「at（同程度）」，「below（下回っている）」，「well

below（かなり下回っている）」の4段階で評価することを課している。COL
理事会は，COL内の児童・生徒の実態を踏まえ，ナショナル・スタンダード
に照らした形でACを設定することが求められるのである。

　一方，各BOTは，保護者や地域住民の意向や地域性等を踏まえ，学校経営
の指針としてチャーター（charter）を作成することが義務付けられている[15]。
それは，BOTがどのような学校づくりを行うか，いかなる教育を児童・生徒
に提供していくかを明示したものであり，学校経営の礎となるものである。す
なわち，ACは，COL内の各学校のチャーターを反映した形で設定され，COL
内の各BOTは，チャーターの達成を目指しながらも，同時に統括校長を中心
にしながら，AC達成のための手立てや計画をそれぞれに作成・実践していく
のである。各COLのACはウェブページ上で公開されており[16]，各COLが
どのような児童・生徒像を描き，いかなる達成目標を掲げ教育活動を行ってい
るのか，確認することができるようになっている。また，COL理事会はCOL
内の各BOTに対してACの達成状況等の報告義務が課せられる。

　整理すれば，COLによって地域の初等中等学校の縦と横のつながりが構築
され，共通目標（AC）に基づきともに協働していく環境が構築されたと言える。

## ⑵　新たな職の導入

　COLにおいて最も特徴的なのは，統括校長のほか，2つの新たな職が導入
されたことである[17]。

　一つは，学校間教員（across schools teacher）である。同教員は，COL内の
全学校に勤務することが可能であり，優れた実践や教授方法等を他校に波及さ
せる役割を担う教員である。COL内のファシリテーターとなることで，AC達
成に寄与する。学校間教員の所属BOTに対しては，出張旅費や同教員が不在
の場合の補充教員を雇用する費用，COL運営のための年間750NZDが付与され
る。教員本人には年間16,000NZDの手当が付与される。任期は2年間であり，
再任可である。

　もう一つは，学校内教員（within school teacher）である。同教員は，所属学
校内において学校経営上の中心的な役割を果たしながら，学校間教員との連
絡・調整を担う教員である。所属BOTに対してCOL運営のために年間
400NZDが付与され，教員本人には年間8,000NZDの手当が付与される。学期
ごとに任命することも，任期なしの職として任命することも，COL理事会が

自由に決定することができる。

　これらの教員は，COL理事会によって選定され，当該教員が所属するBOTによって任命される。COL内の教員の中から，統括校長と同じく，国が示す基準と専門職スタンダードに照らして適当な教員が選ばれる[18]。任命できる人数はCOL内の児童・生徒数に基づき教育省によって決定されるが，COL理事会の判断によって，学校間教員の代わりに学校内教員を複数任命するなど，自由度が高い。統括校長のもと，学校内教員によって学校内の調整が行われ，学校間教員によってCOL全体の調整が行われることに鑑みると，COLにおけるリーダー的教員として認識され，新しいリーダーシップの役割が導入されたと認識することができる。統括校長は，両教員を活用しながらACの達成とCOL運営を行うのである。また，両教員が団体協約に明記されたことは，教員のキャリアパスの観点からも意義のあることとして捉えられる。

　一方，自律的な学校経営のもとでは，校長を始めとする管理職のリーダーシップ，マネジメント力が重要となるが，校長のなり手不足という問題も同国においては指摘され続けている。校長候補の養成もまた，喫緊の課題と言えるが，これら教員の設定が管理職養成と結びついている点も着目される。同国においては，『校長リーダーシップのための枠組み』のもとに管理職養成・研修システムが整備されつつあるが[19]，COLにおいて，学校経営の円滑化とともに，学校段階で適当な教員に対して新たな役割を与えることで管理職候補としてのスキルと自覚の醸成を促していることが指摘できる。

### ⑶　COL への支援

　教育省は，COL充実のための支援体制も整備している。NZSTAがきめ細かな支援を提供するだけではなく，教育省地方教育事務所に複数のアドバイザーを配置し，各アドバイザーがいくつかのCOLを専属的に担当しながら，適宜助言等を行う体制を整えている。また，民間を含む外部機関と支援契約を結ぶことにより，地方のCOLであっても専門的な支援を受けられるような工夫がなされている（「外部専門パートナー（expert partners）」）[20]。外部専門パートナーは，退職校長が務めていることが多く，COLと「批判的友人関係（critical friends）」を持ちながら，定期的にCOLを訪問し，継続的に支援を行う。各COLは，名簿が掲載されている専用ウェブページから適当な外部専門パートナーを選択し，契約を結ぶことで無料で支援を受けることができる。

## 4 COL の実際

では，COL は具体的にどのように展開されているのか。ここでは，事例を考察することでその特質を明確にしたい[21]。

南島ダニーデンの COL は，初等学校9校，中等学校1校で構成される。ダニーデン中心部から車で20分ほどの地域に全ての学校がある。同 COL の統括校長は初等学校の女性校長であり，4名の学校間教員，5名の学校内教員が任命されている。AC 達成に資するべく，これらの教員の任命の際に期待する職務等を明確にし（job description），役割を自覚させる工夫をしている。

AC は，COL 内の児童・生徒の実態分析から，「算数」「書き」のナショナル・スタンダードに照らし，「2年以内に"at""above"の割合を4％上昇させる」ことを掲げている。加えて，学習達成度に焦点付けた AC の他，「協働的探究心」「コミュニケーション力」「リーダーシップ力」「イノベーション力」を AC に掲げている。こうした力をこの COL 全体で児童・生徒に身に付けさせる必要があると考えているためである。学習達成度に基づく AC の他，学校教育を通じて児童・生徒にどのような力を身に付けてほしいのか，学校関係者だけではなく，保護者や地域住民とともに検討し，児童・生徒の実態や地域課題を反映させた形で AC に位置付けている。そしてまた，こうした AC に掲げた力をどのように児童・生徒に身に付けさせるのか，その達成のための計画と手立ても明記されている。

一方，北島オークランドの COL は，初等学校11校，中等学校1校，就学前教育機関1校で構成される。オークランド中心部から車で10分ほどの地域に全ての学校等がある。同 COL は規模が大きいこともあり，26名の学校間教員，16名の学校内教員が任命されている。特徴的と考えられるのは，その半数近くの教員キャリアがそれほど長くはない若手であるということである。中堅教員とともに若手教員を学校内教員として任命し，中堅教員の助言を受けながら若手教員が校内研修等を運営する機会を設定することで OJT の要素を強めている。また中堅教員が管理職に代わってマネジメント業務に携わる機会を多く設定しており，リーダーシップを身に付ける機会としていると言う。「"書き"において"at""above"の達成率を現状の78％から3年後までに90％にする」「"読み"において"at""above"の達成率を現状の86％から3年後までに95％にする」というナショナル・スタンダードに照らした AC に加え，中等教育修了試験に

対する AC も掲げられている[22]。

当初「Communities of Schools」とされていた同施策が，途中「Communities of Learning」と変更されたことに鑑みると，学校間のつながりだけでなく，児童・生徒の学びの軌跡を重視する姿勢，地域全体で子どもの学びや育ちを支援し，将来の当該地域を担う子どもたちを地域全体で育てていこうとする姿勢を読み取ることができ，また，子どもたちだけでなく，教員も COL を通じて学び続けることが求められていると考えられる[23]。

## 5　おわりに

COL は，児童・生徒の学びの一貫性を担保し円滑化すること，複数校の教育資源を共有し有効活用することによって学校経営の質の向上，教育の質の向上を図ること，そして新たな職を導入することで教員の職能成長の機会を提供すること等の特質が挙げられた。考えうる課題について以下に整理することで，まとめとしたい。

第一に，COL の設置に伴う予算措置である。既述の通り，COL を設置することで，教育省から追加的予算が付与される。また，統括校長らには手当が付与される。これらの予算は，COL を運営していく上では不可欠と考えられる。しかし，COL の設置や参加が任意であることに鑑みると，追加的予算を示すことで，COL の設置を促進させている面も指摘できよう。学校の必要感や自発性に基づく学校間連携ではなく，強制された連携関係がどれほど学校経営に有効かについては検討する必要があると考える。

第二に，COL の構築方法である。現状の COL を概観すると，その多くが，地理的状況を考慮し，近隣諸学校において COL を設置していることが多い。ニュージーランドでは，どの学校に就学するかは基本的に子ども・保護者が選択権を有する。COL は初等学校と中等学校の両校種を含めることが義務化されているが，とりわけ中等学校にとって，近隣初等学校の児童が自校に進学してくるとは限らないため，近隣初等学校との連携が学びの一貫性に資するものになるかどうかは不透明である。また，同国は，ディサイル（decile）を導入しているが[24]，異なるディサイル校によって COL が設置された場合，学校経営の在り方，教育内容についても相違が生じることが予想される。例えば，COL 内の多様性から自校の不足点を補ったり，一つの学校経営の優良校が他校を支援し牽引したりする等の意義も指摘しうるが，連携することによるコス

トをどれほど調整できるのか検討が必要であろう。

第三に，AC の在り方である。COL が掲げる AC は，各 BOT のチャーターを踏まえ，COL 理事会によって設定される。しかし，上述の 2 点目とも関連するが，自律的に学校経営を行う異校種によって COL が組織されるため，各 BOT が掲げる方針，抱える課題等が COL 内の全ての学校に合致するとは限らないことが予想され，AC が総花的にならざるを得ない面が指摘できる。加えて，学習達成度に特化された AC においても，各教員の自律性が尊重されていることもあり，学校ごとに教育評価の捉え方や方法も異なっている。同じ AC を掲げているとはいえ，COL 内の学校においても児童・生徒の学習達成度の見取り方が異なる状況が指摘でき，AC の達成状況の確認が曖昧になる可能性も考えられる。COL の AC と各 BOT のチャーターや重点の関係性，整合性について検討が求められるだろう。

ニュージーランドの教育経営学者であるワイリー（Wylie, C.）は，1980年代後半の教育改革の影響を総括する中で[25]，自律的な学校経営によってもたらされた自由と選択の次のステップとして，そして自律的な学校経営の質的向上のため，学校間連携，学校同士の助け合いが不可欠であることを指摘している。それは，約30年の同国の経験から導かれた一つの答えとしても理解できる。2014年の導入以降，COL の数，参加学校ともに確実に増加している。同国において，学校間連携は，自律的な学校経営の充実のための重要な手段として位置付けられつつあると考えられる。COL が今後いかなる成果を上げていくのか，注視していく必要がある。

[注]

(1) Fiske, E. & Ladd, H., *When Schools Compete: A Cautionary Tale,* Brookings Institution Press, 2000.

(2) ニュージーランドと同様に学校理事会の仕組みを有し，自律的な学校経営を推進するイギリス（イングランド）においても，学校間連携の在り方が模索・展開されている。例えば植田は，学校間連携の形態として Federation を取り上げるとともに，スクールリーダーの重要性について言及している（植田みどり「学校間連携とスクールリーダーの役割―イギリスでの取り組みを中心に―」『国立教育政策研究所紀要』第141集，2012年）。

(3) Ministry of Education, *Community of Learning: Guide for Schools and Kura,* 2016a, pp.2-4.

⑷　児童・生徒の学習達成度の向上を導くための革新的な教授方法や教材を開発することを目的として設定された予算である。

⑸　効果的な学校経営を導くため，優秀なスクールリーダーを養成・採用するために設定された予算である。

⑹　Ministry of Education, *National Standards Information for Schools,* 2009.

⑺　例えば，ICT 教育推進のための ICT クラスター（cluster），2011年に発生したクライストチャーチ大震災の後，学校復興のために導入された学校群（learning communities clusters）等が挙げられる。

⑻　2018年3月現在，ニュージーランド国内の3分の2の学校が参加していることになる。その他，495就学前教育機関，11高等教育機関も参加している。教育省 HP（https://www.education.govt.nz/communities-of-learning/evidence-and-data/ 2019年2月9日確認）

⑼　NZSTA は，BOT の活動を支援する全国組織であり，ほとんどの BOT が加盟している。

⑽　Ministry of Education, 2016a, *op. cit.,* pp.6-17. 及び Ministry of education, NZEI, *Primary Principals' Collective Agreement: 9 June 2016– 8 June 2018.*

⑾　現在，就学前教育機関と高等教育機関を COL に含むことは，任意である。

⑿　各 BOT から選出される委員数は，学校規模に準じて決定される。

⒀　Ministry of Education, *Community of Learning: Role Selection and Appointment Information,* 2016b, pp.6-9.

⒁　専門職スタンダードとは，組合と教育省によって締結される団体協約の中に示されているものであり，校長キャリアに基づき4段階（①新人校長【3年以内】，②発展的校長【最低3年以上】，③熟練校長【最低6年以上】，④先導的校長【最低9年以上】）に区分されている。該当スタンダードは毎年の校長評価により決定される。統括校長に任命されるためには，熟練校長のキャリア以上でなければならない。

⒂　The Education Act 1989, 61: Charters. チャーターは，児童・生徒の実態や学校の地域性を考慮し，保護者や地域住民の意向を反映する形で作成しなければならない。BOT は，チャーターに基づき，それを達成するための手立てや計画を作成し，日々の教育活動を展開していくこととなる。

⒃　https://www.educationcounts.govt.nz/know-your-col（2019年2月9日確認）

⒄　Ministry of Education, 2016a, *op. cit.,* pp.12-17. 及び Ministry of education, NZEI, *Primary Teachers' Collective Agreement: 9 June 2016– 8 June 2018.*

⒅　Ministry of Education, 2016b, *op. cit.,* pp.9-13.

⒆　Ministry of Education, *Kiwi Leadership for Principals,* 2008.

⒇　教 育 省 HP（https://www.education.govt.nz/communities-of-learning/teaching-andlearning/expert-partners/ 2019年 2 月 9 日確認）

⑵　ここでの記述は，事例に挙げた COL の AC や関連資料，及び同 COL 統括校長に対する聞き取り（2017年 3 月10日実施，2018年 9 月11日実施）に基づく。

⑿　中等教育修了試験として，11～13年生を対象に National Certificate of Educational Achievement が実施されている。

⒀　COL 導入時，当初は単位学校を基盤としながら学校同士のつながりを構築していくことが目指されたが，後に学校だけでなく地域全体という視点を持ち，子どもの「学び」，教員の「学び」に焦点を当てた連携関係を構築することが重視されるようになったという経緯がある（Julien Le Sueur, Ministry of Education, Manager Education, Sector Enablement and Support への聞き取りより。2017年11月24日実施）。

⒁　ディサイルは，国勢調査をもとに主に学校周辺地域の社会経済的環境等を考慮して決定されるものであり，全ての公立初等中等学校に付されている。10％ずつ，10段階に区分され（ディサイル 1 ～10），低ディサイルほど配分される学校予算が多い（一般的に，低ディサイルの学校ほど保護者や地域からの協力を得にくく，学校運営に困難を持つことが多いと考えられているため，予算上のインセンティブが付与されるようになっている。先住民族マオリ等が多く居住する地域などは，総じて低ディサイルであることが多く，児童・生徒の学習達成度も低いことが多い）。主に学校予算を配分する際，あるいは教育省が学校支援等の政策を展開する際の目安として利用されている。各学校のディサイルはウェブページ等で公表されている。

⒂　Wylie, C., *Vital Connections : why we need more than self-managing schools,* NZCER, 2012.

# 実践研究フォーラム

　第4期実践推進委員会は，「学会としての教育経営の実践者あるいはその専門団体との組織的なパートナーシップの推進による研究と実践の相互交流的発展を図る」ことに取り組んで来た。

　1年目は，実践研究フォーラムを「学校からの相互交流の場づくりの提案（キックオフ）」として位置づけ，全国公立学校教頭会会長をお招きし，「スクールリーダー・専門職団体とのパートナーシップの推進」と題してその可能性を議論した。

　2年目は，「多様な出会いの場づくりへの挑戦」をテーマに，(ｱ)研究者と学校との連携（教頭によるコーディネート）による学校改善の実践報告と，(ｲ)研究者と学校管理職が自主的に集い，ざっくばらんな話し合い・情報交流としての「管理職サロン」を実践し，休験した。

　まとめの年となる今年度は，「研究者・学会と実践者・専門団体とのパートナーシップの構築」をテーマに，まず，九州教育経営学会における研究者・学会と実践者・専門団体との組織的なパートナーシップによる研究と実践の相互交流的発展実践報告をいただき，さらにそれを素材として今後の本学会の取り組むべき事柄についてパネルディスカッションを行った。

　実践報告は，「九州教育経営学会における研究者・学会と実践者・専門団体とのパートナーシップの構築」として，大竹会員（福岡教育大学），入江会員（福岡県小学校長会前会長），相良会員（福岡市教育センター元所長），花田氏（教職大学院修了生），露口会員（九州教育経営学会会長）から報告をいただいた。

　その報告を素材としたパネルディスカッションは，「研究者・学会と実践者・専門団体とのパートナーシップの構築」をテーマに，入江会員，浜田会長，元兼会員（第3期実践推進委員会委員長），藤原会員（第4期実践推進委員会委員長）に登壇いただき，大竹会員のコーディネートで議論を深めた。当日の議論を振り返ってみたい。

―――● 実践研究フォーラム

# 研究者・学会と校長会との
# パートナーシップ
## ―研究者・学会と実践者・専門団体との
## パートナーシップの構築―

鳴門教育大学教職大学院 久 我 直 人

## 1　課題設定の趣旨とフォーラムの展開

　教育経営学の知見の実践への役立ちを考えた場合，研究者・学会と実践者・専門団体との相互交流や，研究と実践の関係の再構築が不可欠である。

　第4期の実践推進委員会は，このような課題を踏まえて「学会としての教育経営の実践者あるいはその専門団体との組織的なパートナーシップの推進による研究と実践の相互交流的発展を図る」ことに取り組んできた。

　1年目は，「学会からの相互交流の場づくりの提案（キックオフ）」をテーマに，「副校長・教頭の職務状況に関する調査研究報告」をもとにして，スクールリーダーとしての活躍を期待される教頭の役割や課題意識，そして育成システム等に関して，研究者，教頭の相互の立場から「スクールリーダー・専門職団体とのパートナーシップの推進」と題してフォーラムを行った（マクロ・プロセスの相互交流）。

　2年目は，「多様な出会いの場づくりへの挑戦」をテーマに，(ｱ)研究者と学校との連携（教頭によるコーディネート）による学校改善の実践報告と，(ｲ)研究者と学校管理職が自主的に集い，ざっくばらんな話し合い・情報交流としての「管理職サロン」を実践し，体験した（ミクロ・プロセスの相互交流）。

　本フォーラムでは，本実践推進委員会のこれまでの3年間の取り組みの総括を試み，その際，下記の2つの課題に沿って議論を進めた。

　1つ目は，研究者・学会と実践者・専門団体の信頼に基づく相互交流的な関係や連携・協働できる体制のつくり方とはどのようなものか，学会としてどう推進していくかという課題である。

実践研究フォーラム

　2つ目は，研究者・学会と実践者・専門団体の双方に新たな研究知と新たな実践知を生み出していく望ましい関係の在り方はどのようなものか，学会として望ましい関係をどのようにして広げていくかという課題である。

　3年目を迎える本実践推進委員会では，これら課題を踏まえながら，「研究者・学会と実践者・専門団体とのパートナーシップの構築」をテーマに，フォーラムを設定した。そして，その中で，九州教育経営学会における研究者・学会と実践者・専門団体との組織的なパートナーシップによる研究と実践の相互交流的発展の事例を素材として今後の本学会の取り組むべき事柄についての議論を行うことを構想した（日常的で組織的なメゾ・プロセスの相互交流）。

　九州教育経営学会においては，研究者と実践者との間で相互交流的な関係が形成されており，連携・協働できる体制が整備されている。具体的には，①福岡県小学校長会会長や福岡市教育センター所長等も学会の役員として運営に関わっていること，②学会の開催案内の配布などに福岡市の校長会や教育委員会が協力していること，③学会大会が教育センターや学校を会場とする等，両者の協力の下で開催されていること，さらに④教育改善のための研究的・実践的な著書等の成果物が産出されていること，等である。現在，持続的な協働体制の整備という課題に直面している点も含め，本学会における実践者・専門団体とのパートナーシップの構築の在り方と望ましい関係の在り方を検討する上で重要な知見が得られると考えた。

　そこで，本フォーラムでは，まず，九州教育経営学会を中心的に支えられている研究者と実践者に登壇いただき，九州教育経営学会における研究者・学会と実践者・専門団体とのパートナーシップ構築の促進要件や課題について報告をいただいた。

　次に，それを素材として本学会における実践者・専門団体との組織的なパートナーシップの推進による研究と実践の相互交流的発展に向けた展望についてパネルディスカッションを設定，検討することを構想した。パネルディスカッションでは，九州教育経営学会を代表して入江福岡県小学校校長会前会長，浜田日本教育経営学会会長，藤原第4期実践推進委員長，元兼第3期実践推進委員長に登壇いただき，大竹会員のコーディネートで進行した。その中でこれまでの学会として，また，実践推進委員会として取り組んできた実践者・専門団体との連携の取り組みを振り返りながら，さらに九州教育経営学会の組織的な連携の在り方を踏まえての議論が展開された。

―― 実践研究フォーラム ――

# 学会と外部団体との連携構築について
## ―九州教育経営学会の事例を通じて―

福岡教育大学 　大 竹 晋 吾

元・福岡市教育センター長／福岡市立福岡西陵高等学校校長 　相 良 誠 司

元・北九州市教育委員会指導主事／北九州市立日明小学校教頭 　花 田 佳 子

愛媛大学／九州教育経営学会会長 　露 口 健 司

## 1　はじめに

　今回の実践研究フォーラムにおいて，「学会」と外部団体や組織体との連携体制のパートナーシップという議題に対し，一つの具体事例を題材として議論することになった。この件について，地方学会の事例として「九州教育経営学会」の活動を報告し，それらを議論することを通じて，学会と外部団体とのパートナーシップの在り方を議論した。

　地方学会としての「九州教育経営学会」について述べ，その上で学会と外部団体との連携を担っているキー・アクターの先生方に報告してもらった。報告したのは大竹晋吾（福岡教育大学），入江誠剛（前・福岡県小学校校長会会長（2017年度／現・福岡教育大学教職大学院特任教授）），相良誠司（元・福岡市教育センター長／現・福岡市立福岡西陵高等学校校長），花田佳子（元・北九州市教育委員会指導主事／現・北九州市立日明小学校教頭），露口健司（九州教育経営学会会長／愛媛大学）の5名である。

## 2　九州経営学会の概要と外部団体

　まず大竹が九州教育経営学会の概要・経緯について述べた。同学会開設は1979（昭和54）年，初代会長：高野桂一（1979〜1992）（元・日本教育経営学会会長）は，同学会の設立時，九州大学の教育経営学研究室の教授であった。その後，二代会長：中留武昭（1993〜2006）（元・日本教育経営学会会長），三代会長：八尾坂修（2007〜2015），四代会長：露口健司（2017〜現在）と続く。

会員数は149名（2018年 3 月31日）である。

「九州教育経営学会規約」は同会の設立目的の中でも，学校や教育委員会（教育センター等）との連携を前提として，教育経営学の発展を研究することを目的としている[1]。そのため学会理事構成員も教育経営学を領域とする大学研究者（教員）だけでなく，教育委員会の行政職員，学校管理職等から構成されている。

学会発展の経緯について，特に述べておきたいのは大学院の役割についてである。1979年開設時点での会員数は資料として確認できないが，学会発足 8 年後の1988年においては80名前後の会員数が存在している（高野 1988, 1989）。その後，1990年 3 月に高野桂一会長が九州大学を退官となり，早稲田大学に転出後の1990年〜1992年では学会が開催されていない（秦 1990, 1991, 1992）。1993年に中留武昭が九州大学教育経営学研究室の後任教授として異動と同時に，同学会二代会長に就任することで学会が再開することになる。

学会再開以降，会員数が増加していく。その要因となったのは，九州大学の夜間大学院の開設である。会員となった約 3 分の 1 が「九州大学の社会人大学院（人間環境学・学校改善コースを中心）の院生・修了生」である。当時の会員の多くは「教諭」の職位であったが，その後に各地域の指導主事や管理職に昇進している。

九州大学の社会人大学院の設置・修了者数と，同学会のその後の会員拡大とは時期を同一にしている。この点，中留（1998）は，夜間社会人大学院の開設について「この設置は将来の人間環境学研究科への再編を見通しての大学院重点化のための学生定員増の要請という現実的な面ばかりからでは決してない」と述べている。また，「そもそも研究者養成を専らその任務としてきたこれまでの本学大学院の使命に加えて，…（中略）…それも単なる専門者ではなく，専門者を指導することのできる独創性に富んだより高度な専門的な学校指導者（学校改善コースの場合）の養成を目的にした市民に『開かれた大学院』としての性格をも合わせもつことを視野に入れた社会人大学院」を目的とした点で符合する。換言すれば，大学院における教育学系修士課程・博士課程での学校指導者（管理職）に対し，学会参加や研究発表を通じて研究能力を高めることが，教育経営学に対する興味・関心，教育経営学の調査研究方法の活用の方途を学校指導者側が模索するという活動につながっていった。このような展開は，社会人大学院を当時開講し始めた研究者養成の大学院にも同質的な部分があっ

たのではないだろうか。

　大学院はあくまで研究能力を向上させるために存在しており，学校現場の「実務能力」を高める側面を直接的に有しているとは言い難い。学校教員として夜間大学院（修士課程）や博士課程に進学し，研究を進めながら学位取得につなげることで，「研究」と「実践」を「研究活動」で連携することのできる「キー・アクター」の存在を育成していたのではないだろうか。それが夜間大学院の役割であり，その一部分が九州教育経営学会という役割であったと思う。

## 3　九州教育経営学会と外部団体との連携

　前述の報告を受けて，同学会と様々な外部との接点を「キー・アクター」にそれぞれの立場で報告してもらった。福岡県小学校長会の会長の立場から入江誠剛が述べた。入江は当人の執筆があるので後述を精読いただきたい。

　次に，学会の外部団体の連携ということで，研修機関である教育センターとの連携の立場として，元・福岡市教育センター所長の相良誠司が述べた。相良は，九州大学の夜間大学院の修了生である。同じ夜間大学院修了生である伊藤文一（福岡女学院大学教授）との連携（伊藤が勤務する大学の隣接校区の小学校校長として赴任，大学生の学校・学生ボランティア活動の支援を得る）を通じて，大学・大学院への関心を持ち，九州大学へ入学する。大学院入学時に福岡市教育センター研修課長として異動することになった。その後，教育センター所長として昇任し，学会活動運営に学会理事として協力をしていく。伊藤が学会事務局長になったことも契機となり，福岡市教育センターでの学会活動が展開していった。相良は，学会と連携して福岡市内外の教員の研究交流活動を展開する重要性を述べている。

　花田佳子は，福岡教育大学の教職大学院修了生（平成25年度修了）である。教職大学院在籍時に同学会で自由研究発表を行っており，修了後も個人研究を継続し学会発表を行っている。教職大学院修了後，北九州市内の中学校主幹教諭（教務）を経て，北九州市教育委員会指導主事として異動することになり，指導主事として幅広い教育行政・教育経営に関する知見を求められるようになった。これらの知見を得るため，学会に定期的に参加している。北九州市教育委員会の指導主事として求められる課題の多様性，それらに対して指導主事として解決策を提案，教育政策を単に見聞するだけでなく，大学教員の政策に対する理解・解釈，他自治体の先駆的な実践を見聞することで，学会参加を有意

義に位置づけることができると述べている。

これらを受けて，露口健司が学会の状況，今後の取り組みについての展望を述べた。地方学会ではあるが，学術研究を単に大学の研究者養成として閉じるのではなく，教育委員会，教育センター，校長会，学校といった多様なフィールドと共同研究を進め，学術研究の発展を通じて貢献できる学会の役割を主張している。今後においても更なる学会の役割を再構成しつつ，学会発展に結び付けたいとまとめている。

## 4 終わりに

学会と外部団体の連携構築の共通点は，露口が述べるように「学術研究の発展」を通じて，関係者の相互利益を追求することに他ならない。この「学術研究の発展」には，いくつかのプロセスが存在する。特に，同学会における学術研究の発展は，大学研究者の所与の専有物とする視点ではなく，学校管理職，教諭，教育行政職等の主要なアクター間で共有されているからこそ，発展することができるという前提である。今回，登壇した学会活動を継続的に行っている会員は，自らが勤務を抱えながらも，所属する組織（学校）課題を解決するために，学会を通じて大学研究者と相互に関係性を維持しつつ，「学術研究の発展」を模索するアクターである。

付言すれば，教育委員会や学校現場で働く学校管理職等のアクターが，学術研究における調査分析手法について，専門性を有すると断言するとまではいかないが，積極的に理解し，常態的に興味関心を持つ素地を有しているのかによって，その関係性は大きく変容してくる。根源にあるのは，「学術研究」を通じて，学術研究と教育員会・学校を結節する機会が「学会」ではないだろうか。社会からの有用性を求められない「学会」の社会的存在意義は何をもって示すことができるのか，「学会」の活動を振り返り，その意義と役割について再認識する機会となった。

### ［註］

(1) 九州教育経営学会規約の情報は，下記 HP を参照。九州教育経営学会規約：http://kaseaedu.blogspot.com/p/blog-page_5.html（Date：2019/01/31）

[参考・引用文献]

・高野桂一「福岡地区：『九州教育経営学会』について（地区研究情報）」『日本教育経営学会紀要』第30号，1988年，194-195頁。
・高野桂一「福岡地区：『九州教育経営学会』の近況（地区研究情報）」『日本教育経営学会紀要』第31号，1989年，158-159頁。
・中留武昭「私の教育経営学講義：その位置づけと特色（教育経営ノート）」『日本教育経営学会紀要』第40号，1998年，145-148頁。
・秦政春「九州地区：『九州教育経営学会』の活動（地区研究情報）」『日本教育経営学会紀要』第32号，1990年，150-151頁。
・秦政春「九州地区：『九州教育経営学会』会員の活動（地区研究情報）」『日本教育経営学会紀要』第33号，1991年，155-156頁。
・秦政春「九州地区：『九州教育経営学会』会員の活動（地区研究情報）」『日本教育経営学会紀要』第34号，1992年，143-144頁。
・秦政春「九州地区：『九州教育経営学会』会員の活動（地区研究情報）」『日本教育経営学会紀要』第35号，1993年，156-157頁。
・九州教育経営学会編『九州教育経営学会紀要』第3号，1997年。

―― 実践研究フォーラム ――

# 九州教育経営学会と学校現場をつなぎ続けて

前福岡県小学校長会会長／福岡教育大学 入 江 誠 剛

## 1 九州教育経営学会と学校現場の接点：学会参加者を得るために

　平成16年1月，福岡県教育センター長期研修員の私に定例研究会での発表要請があり，臨時会員として「学校改善を目指す学校評価の研究」について発表したのが，九州教育経営学会との出会いである。その後，正式に会員となり，発表を重ねるうちに会計監査に指名され，さらに理事に選任されるという経過をたどりながら現在に至っている。

　本稿では，理事就任後に推進してきた学校現場での定例研究会開催や校長会

実践研究フォーラム

との協力関係づくりなど，学会と学校現場をつなぐ取組について述べる。

小中学校等の教員にとって「敷居が高い」学会をより多くの方に体験してもらうために，平成25年10月の理事会において第88回定例研究会（平成26年1月）を福岡市立東月隈小学校で開催する提案を行い了承された。おそらく本学会において初めて公立学校を施設利用した学会であった。

研究会当日，東月隈小学校は市街地から離れ，交通の便が悪い条件であったにもかかわらず，自由研究発表（3分科会）と講演（福岡県小学校長会会長）に，通常の2倍を超える84名の参加があり，研究者と現場教員との交流が行われる機会になり得たと感じている。この活動を契機に，その後，平成26年10月には，福岡市教育センターでの開催も実現し，これ以降，以下のように学校現場や教育センターでの学会開催が定着していく。

・福岡市立舞鶴小中学校　　（平成27年1月第91回）
・福岡市立堅粕小学校　　　（平成27年10月第93回，平成29年10月第99回）
・福岡市立東吉塚小学校　　（平成28年11月第96回）
・福岡市教育センター　　　（平成29年1月第97回）
・福岡市立東光中学校　　　（平成30年12月第101回）

## 2　学会と校長会との協力関係づくり

第88回定例研究会の講師に福岡県小学校長会の会長を招聘して以来，本学会と校長会との間には，以下に述べるような協力関係が築かれてきた。

まず，(1)講師や発表者の相互派遣が行われていく。特に，学会所属の研究者が，福岡県小学校長会の研究大会や二年次校長研修会の講師を務め，校長会の会員が，学会の要請を受けて定例研究会特別分科会で実践発表を行うなど，人材の相互派遣が行われてきた。次に，(2)研究紀要等への寄稿として，学会所属の研究者が，福岡県小学校長会発刊書籍の理論編に寄稿し，定例研究会特別分科会の実践発表者が，学会紀要の特集に寄稿するなど，研究推進面での協力関係も進みつつある。更に，(3)定例研究会の後援という形で，第97回定例研究会（平成29年1月）以来，福岡県小学校長会が名義後援をしている。これにより，福岡市教育委員会の広報を通じて学会案内状の配布が円滑に行えるようになり，参加者の増加や新会員の加入につながっている。

## 3 まとめに代えて：今後の活動の発展に向けて

　ここまで，学会での活動経緯を踏まえて自らの実践と学会との関係を述べてきたが，課題が多く存在していることも認識している。学会運営や協力関係の実現に私自身が関わることになったのは，学会理事と校長会役員を同時期に務めていたという偶然がもたらしたものともいえるため，組織的・計画的に進められてきたとはいえない実態があることを付言しておきたい。引き続き相互関係が持続し，可能であれば共通課題に基づく連携が実現するように，以下の取組を進めていきたい。

　まず，学会運営に関する外部団体との「協議の場の設定」についてである。学会の役員（担当理事）等と校長会役員が恒常的に双方の教育課題や連携の在り方について意見交換を行う場が必要である。そのうえで，「共通課題に基づく調査・研究」活動を実施し，学会の研究推進委員会との連携を図り，一方でそれらが校長会の活動に連携する内容の調査・研究活動を考える。調査・研究を通して得られた知見については，広くその成果を学校現場への還元を通じて，学会の社会貢献（校長会の活性化，学校改善支援）活動を校長会の発展へと関係づける。

　小学校長会の現状は，教育政策の対応の一方で，同一県ではあるが学校状況は多様であり，必ずしも一つの解決策を用いて課題が改善するということはない。だからこそ，学力向上や防災教育，人材育成など，学校現場は多くの課題に対して多様な解決策を求めている。研究者・学会と学校現場がつながることで解決への道筋が見えてくると考えている。

―― 実践研究フォーラム ――

# 全国公立学校教頭会の立場からの提言

全国公立学校教頭会会長 杉 江 淳 一

## 1　はじめに：全国公立学校教頭会の活動の概要

　全国公立学校教頭会は，全国約2万8千人の会員が「政策提言能力を備えた職能研修団体」として，副校長・教頭の社会的地位や専門性の向上をめざして活動している。また，全国の各教頭・副校長会との連携を図り，研修活動や要請活動等の充実を図るために，様々な活動を進めている。今回，日本教育経営学会の実践研究フォーラムに招待される機会を得て，同学会と全国公立学校教頭会の連携について，考える機会を得た。この点，同会会長の立場として意見を述べることにする。全国公立学校教頭会の主な活動は，(1)研修活動の充実，(2)要請活動の充実，(3)組織の発展・強化，(4)被災地への支援，以上の4点である。

## (1)　研修・研究活動について

　全国公立学校教頭会では，副校長・教頭の職能向上を図るために，全国研究部長会，全国要請推進部長会，全国研究大会と7つのブロック大会，中央研修大会等を実施する。中でも，研修・研究推進の中核となる第60回全国公立学校教頭会研究大会札幌大会を，第11期全国統一研究主題「豊かな人間性と創造性を育み未来を拓く学校教育（2年次）」を掲げ，「豊かな人間性とたくましく生きる力を育む活力ある学校づくりの推進」をサブテーマとして8月1日～3日に開催した。6つの全国共通研究課題と2つの特別研究課題による分科会では，全国からの提言に活気ある論議が行われた。職能向上のための研修・研究活動の推進は，まさに全国公立学校教頭会の「命」といえるものである。

## ⑵　要請活動について

　職能研修団体としての全国公立学校教頭会において，教育水準の維持・向上に必要な教育諸条件の整備・充実のために重要なのが要請活動である（立法機関や教育行政等への教育政策提言）。定期総会で承認された「文教施策・文教関連立法並びに予算措置に関わる要請・要請事項」に基づいて毎年様々な要請活動を行っている。今年度も7月12日・13日に全国要請推進部長会を開催し，13日の午後には各都道府県国会議員等への要請活動を実施した。また，文部科学省の本会へのヒアリングにおける要請活動，教育関連諸団体との連携による文部科学省への予算要望説明会の参加，子供たち一人一人に対するきめ細かな教育の実現と学校における働き方改革のための指導・運営体制の構築を求める全国集会への参加も計画している。本会は，毎年6月に「全国公立学校教頭会の調査」を実施している（全国の小・中学校副校長・教頭の全数を対象とした学校教育の実態・意識等の調査）。昨年度から調査のweb化を推進し，東京大学大学院教育学研究科教授　勝野正章氏の指導の下，SPSSによる分析を行い，学校における働き方改革や新学習指導要領への対応等の教育課題解決に向けた要請活動へのエビデンスとして有効活用を図っている。

## ⑶　組織の強化活動について

　これまで全国公立学校教頭会では，「全公教はひとつ」を合言葉として，副校長・教頭の職能研修団体の全国組織として，日本全国の児童・生徒の健やかな成長を願って組織活動に取り組んできている。全国の副校長・教頭が一堂に会する機会を通して，都道府県等各地区の教育の現状と課題を捉え，よりよい教育活動の実現を目指している。平成30年度は，会則の一部を改正して長野県の教頭先生方が個人加入できるようにし，10~11月に実施される「信濃教育会全県研究大会」に本会から役員を派遣して交流を図ることを考えている。

## ⑷　震災等の被災地支援活動について

　東日本大震災から8年が経過した。平成30年は日本各地で自然災害が多く発生した（6月：大阪北部地震，7月：西日本大豪雨，8月：北海道胆振東部地震等々）。全国公立学校教頭会としては，災害を受けた地域への復興教育支援事業の取り組みを進めている。自然災害により甚大な被害を受けた岡山県，愛媛県，広島県，北海道にお見舞い金を送らせていただいた。また，11月に福島

実践研究フォーラム

県浪江町，12月には熊本県益城町へ被災地の視察を実施するとともに研究大会・研修大会等での募金活動を継続的に行い，被災地の学校や子どもたちへの支援に努めている。

## 2 全国公立学校教頭会が日本教育経営学会との連携で目指すことについて

以下に，全国公立学校教頭会の立場から，今後の日本教育経営学会の連携の在り方について，私見ではあるが今後の展望を述べてみたい。

まず，「これからの学校教育の方向性」という未来志向を前提に意見を述べる。世の中の動きが非常に速い。「人工知能が進化して，人間が活躍できる職業はなくなるのではないか」「今学校で教えていることは，時代が変化したら通用しなくなるのではないか」という背景から，子供たちに情報化やグローバル化など急激な社会的変化の中でも，未来の創り手となるために必要な資質・能力を確実に備えることのできる学校教育を実現していかなければならない。

そのためには，「教員に求められる資質・能力」も変化してくる。変化の激しい社会を生き抜いていける人材を育成していくためには，教員自身が時代や社会，環境の変化を的確につかみ取り，その時々の状況に応じた適切な学びを提供していくことが求められることから，教員は，常に探究心や学び続ける意識を持つとともに，情報を適切に収集し，選択し，活用する能力や深く知識を構造化する力を身につけることが求められる。

これらを克服するためには，個々の教員の資質・能力という観点だけでなく，「チーム学校の在り方」についても取り組まなければならない。学校は，「チーム学校」の考え方の下，学校現場以外での様々な専門性を持つ地域の人材と効果的に連携しつつ，教員とこれらの者がチームを組んで組織的に諸課題に対応するとともに，保護者や地域の力を学校運営に生かしていくことが必要である。

このような変化の時代を生き抜くためには，新たに「社会に開かれた教育課程の編成・実施」が重要となってくる。もちろんこれを担う教員は，学校教育の中核となる教育課程（社会に開かれた教育課程）について，学校の教育目標を学校と社会とが共有し，必要な教育内容をどのように学び，どのような資質・能力を身につけられるようにするのかを明確にしながら，社会との連携・協働によりその実現を図っていかなければならない。

このような活動を実現するためには，教員の職務についての再検討が喫緊の

課題である。「学校における働き方改革」が求められている現状は，教員が心身の健康を損なうことのないよう業務の質的転換を図り，限られた時間の中で児童・生徒に接する時間を十分に確保し，児童・生徒に真に必要な総合的な指導を持続的に行うことのできる状況を作り出すことを目指している。

　全国公立学校教頭会は，日本教育経営学会に3年続けて参加している。日本教育経営学会会長の浜田博文様，鳴門教育大学の佐古秀一様，国立教育政策研究所の藤原文雄様に感謝申し上げる次第である。日本教育経営学会は，「教育経営に関する諸般の研究を促進し，研究の連絡，情報の交換を図ること」を目的に，幅広い分野の会員同士が，教育経営に関する研究と実践に取り組み，その成果を持ち寄り研鑽に励む場である。大会のプログラムは，研究発表と交流の場である自由研究発表に加え，公開シンポジウム，課題研究，実践研究フォーラム等々充実した内容であった。全国公立学校教頭会の4つの主要な活動に大いに役立つ研究大会に参加できたことに喜びを感じる。今後も全国公立学校教頭会としての取り組みにご指導いただきたい。

---

**── 実践研究フォーラム**

# 第3期実践推進委員長として

九州大学 元 兼 正 浩

---

## 1　学会，団体との互恵関係，持続的な関係構築の重要性について

　連携関係の重要性はいうまでもないが，学会と専門職団体との「パートナーシップ」（すなわち対等な主体間関係）を構築できるかというと些か心もとない。パートナーシップ（組織間連携）の概念を「異なる組織が所有する人的・物的・財政的資源を交換し協同することを通して互恵的関係を築く活動」[1]と捉えるならば，互恵的すなわちwin-winとなるかどうかは別としても資源の相互依存関係がそもそもどのように成立しうるのかがイメージしづらい。

　会員600人余りの本学会は人的・物的・財政的資源はもちろん十分ではない。

ただ，それを2万6000人ほどの会員を擁する教頭会や校長会と繋がり，不足する資源を調達できるかといえば，それも考えにくい。せいぜいこうしたパネルディスカッションに無償で人材を提供してもらう程度ではないだろうか。

他方，「ネットワーク・パースペクティブ」(2)は組織の枠を超えた現象を捉えようとするものであり，フォーマルを構成する組織や個人の間の関係に焦点をあてるネットワークに注目した場合，九州教育経営学会の状況も理解できる。

すなわち，実際には九州教育経営学会と福岡県校長会や福岡市教育センターが繋がっているわけではなく，入江会員や相良会員という個人の繋がりの方が大きい。したがって，お二人が校長会や教育センターにいらっしゃらなくなった現在も組織として密接に繋がっているかというとかなり怪しい状況である。

しかもこのネットワークには「第三変数」としての九州大学の夜間大学院（社会人特別選抜）が介在する。入江会員や相良会員が，この社会人大学院に通う中で事務局をこなしていた昼間の院生や九州大学教員との結びつきも深まり，九州大学の学位記という象徴も機能し，九州教育経営学会との紐帯を強固にしている。最近は「学校管理職短期マネジメント研修」という夏の大学公開講座の受講がきっかけとなって入学してくることも多く，こうした大学とのトライアングル関係をみないと実際には理解が難しい。今期より九州教育経営学会の事務局が福岡教育大学に移り，そこには教職大学院もあり，多くの関係者もいるため「ハブ機能」としてさらに強みを発揮するものと期待される。そのように考えると，日本教育経営学会と全国校長会・教頭会を「橋渡し」するような機関が存在するかどうかが検討課題の一つとなる。

## 2　共通テーマ，研究課題の設定と効果

以上みてきたように，資源の相互依存の不可避性が前提となっておらず，資源の不足を訴えながらも戦略的に無理をしてまで繋がるインセンティブは実は弱い。また，研究者と実践者との間の規範や文化や価値に違いが大きい。ただ，戦略的に協働する接点はやはり「研究」しかない。実践の学としての教育経営学にとってはもちろんだが，校長会や教頭会にとっても専門性を追究していくためには学問的な裏打ちが不可欠だからである。資源の相互依存の観点からみても，この一点がもっともニーズが重なりあい，効果も期待できよう。

ただ，「具体的に何を」というテーマ設定より，矛盾するようだが，連携協定書（覚書）といった「紙きれ」一枚をとり交わす方が先決である。繋がり方

を模索するより，まず形式的に繋がってみることにより，時々のニーズにあわせたテーマ設定が可能となる。権威主義的ではあるが，学会，専門職団体の双方にとって互いに繋がっているという制度的な形式が実は最大のメリットを生み出し，第三者に対するアピールを可能とし，新たな資源を獲得する手立てともなりうる。また，実務担当者が交替してもこうした協定書さえあれば引継ぎが行われ，持続性も担保される可能性は高い。

## 3　社会的有用性を高める活動

　最後に社会的有用性を高める方向としては，本学会が学校現場にどのように関与できるかだと考える。研究コミュニティの相手先として，養成・研修現場と学校現場があり，前者の養成・研修現場とを繋ぐアリーナで行われるのがスクールリーダー教育であるのに対し，研究コミュニティと学校現場を結ぶ双方向のベクトルにおいて実施されるのが，学校経営コンサルテーションという位置づけとして考える[3]ならば，この実践推進委員会の活動が当初2本柱で進んだものの，専門職基準づくりとその活用である前者のスクールリーダー教育に重心がかかりすぎた。専門職団体としての校長会，教頭会だけでなく，全国にいる校長職，教頭職に本学会の存在と価値を認知，理解してもらうことが重要ではないだろうか。その意味でも実際に学校現場に入っていくコンサルテーションを進めていくことが社会的有用性の鍵になると考えている。

［注］
(1)　大脇康弘「大学と教育委員会のパートナーシップ－SLP の実践を中心に－」『学校教育論集2008』大阪教育大学・教育経営学研究会，2009年，1頁。
(2)　稲生信男『協働の行政学－公共領域の組織過程論－』勁草書房，2010年。
(3)　浜田博文「『臨床的アプローチ』の成果と課題－研究知の算出を中心に」『日本教育経営学会紀要』第51号，2009年，110頁。

---実践研究フォーラム---

# 日本教育経営学会会長として
## ―専門職団体との連携に向けて―

日本教育経営学会会長／筑波大学　浜　田　博　文

## 1　学会と専門職団体との連携の意味

　本学会の実践推進委員会は，2009年に「校長の専門職基準」を策定し，さらにそれを2012年に一部改訂するという地道な作業に取り組んできた。2012年〜2015年には，それを広く周知して様々なかたちで活用していただくための内容解説や研修教材の開発等にも取り組んだ。そして，2015年6月〜2018年6月の3年間，実践推進委員会には，教育経営の実践に携わる学校管理職の専門職団体との組織的・継続的な連携・協力関係を構築するという課題に取り組んでいただいた。

　「校長の専門職基準」の作成過程は，本学会で長年取り組まれてきた研究の成果を，学校経営の実践者に理解しやすい形式で表現するプロセスだったといえる。その作成過程で全連小と全日中の方から意見をいただく機会をもつことができたのは，それまでの本学会の歴史を踏まえると画期的なことだった。しかし，残念ながら両団体との間で継続的に意見・情報を相互交流するような関係を構築することは未だにできていない。

　ここで，研究者を中心とした学術団体である本学会が，なぜ学校管理職の専門職団体と継続的な連携・協力関係を構築する必要があるのか，という疑問を抱く向きもあるだろう。さらに，相手方の団体にとって，本学会とのつながりをもつ必然性がどこにあるのか，研究者による一方的な押しつけではないか，という疑問も予想される。

　有り体に言えば，それは教育学研究（者）と教育実践（者）の関係の乖離という古くて新しい問題を解消する（最近はやりの表現では「理論と実践との往還」の実現）ためである。だが，それならば何も，専門職団体との関係に固執する必要はない。本学会の会員の多くはすでに，学校現場や教育実践者との

様々な交流回路をもっているのだから。

　にもかかわらず敢えて筆者が学校管理職の団体と学会との関係づくりにこだわるのは，学校管理職を「教育専門職」の系統に位置づけて，その土台となるべき専門性の内実を保障すべきだと考えるからである。専門職の成立にとって必要な条件はいくつかあるが，最も重要なのは「自律性」である。職の自律性は，当該職の専門性を自己統制するための何らかの装置を必要とする。このことを当事者が理解し自覚していなければ，専門職たり得ないといってよいだろう。

　学校の自律性の確立は，教育実践の当事者である教職員とその組織運営をリードすべき学校管理職の，「職」としての自律性の確立を不可欠とする。ところが，行政主導での「教職課程コア・カリキュラム」の策定や学校管理職の安易な「脱教職化」を導くような近年の教育政策は，そうした見識を欠いており，むしろ「教職の劣位化」さえ招きつつある[1]。

　学校経営の研究に取り組む専門学会である本学会はこのことを強く意識すべきであるし，学校組織をリードすべき学校管理職の専門職団体は，学会以上に強く，「職」の自律性確立の重要性を自覚する必要がある。

## 2　「専門家」同士の知の交流へ

　「教師＝専門職」論は様々な立場から長い間議論されてきたが，医師等と比べて教職は「専門職（profession）」としての要件を備えていないことも明白にされてきた。けれども，じつは医師においても根幹をなすべき「自律性」は普遍的ではなく，したがって専門性を自己規制によって担保する自覚的な努力が不可欠であると論じられている[2]。教職及びそれに連なる学校管理職の専門職としての成立要件を捉える上で，このことは重要である。

　教職がその専門職性を医師や法曹との比較で検討されてきたのは，大学の学問をベースに養成される「学識ある専門職（learned profession）」だと考えられるからである。このことは，専門性の内実が学問的な研究的知見と密接な関係性をもつことを意味する。もとより，教職と，その系統に連なる学校管理職の専門性の内実が教育学の一専門分野の研究知見のみで成り立つと考えるのは早計である。すでに語り尽くされたように，学校における教育行為には不確実性がつきまとい，学校組織にはルースな要素が多い。したがって学校管理職をはじめとするスクールリーダーがとるべき判断や行動は，学問に基づく研究的

実践研究フォーラム

知見のみで考えられるものではない。

　他方で，自らの専門性を体系的に構築して自己規制することは，個人の姿勢や努力でできることではない。それを担うべきアクターこそが「専門職団体」である。ただし，専門職団体が専門性の自己規制に対する姿勢と自覚をもったとしても，専門性を堅固なものにするための知識基盤を生成する仕組みがなければ画餅に陥る。考えるに，その知識基盤を生成する仕組みにあたるのが，専門職団体と学術団体との連携である。

　学校経営を対象とする諸研究は，「学校の組織と経営はどうなっているか？」という問いに学術的な方法をもって答えることを通じて「学校経営はどうあるべきか？」という問いについて考察してきた。本学会はその問いを志向する研究者の専門学会として，学術雑誌及び年次大会の場で各会員の研究成果を発表しあい，意見や情報を交換しあいながら，学会内で承認された研究的知見を蓄積してきたといえよう。前掲の「校長の専門職基準」はそれを広く一般の学校管理職や教育委員会及び政策関係者等に向けて発信したものである。

　だが，そもそも学校現場で実践に携わる教育専門職が「専門職基準」なるものを必要としないのであれば，単なる学会の独善にすぎないことになる。じつは，筆者が実践推進委員の末席で基準策定作業に取り組んだり，公表後に外部の方に修正意見を求めたりしながらスッキリしなかったのはその点であった。

　教職も学校管理職も，学校現場の様々な職務を通じて，「どうすべきか？」の実践知を無数に蓄積してきた。おそらくそれらは，学会で蓄積されてきた研究的知見とは性質の異なる「実践の理論」として受け入れられていると考えられる。そのような実践知に照らして学会の研究的知見をみようとすると「役に立たない」「実践性がない」とみなされがちである。逆に実践知を研究的知見から眺めると，文脈依存的で個別性が高く，普遍化できないという受け止め方になってしまう。

　しかし，実践知と研究的知見は，その生成手順からみても性質の異なる知識なのであり，その生成プロセスの違いまで含めて，研究者サイドと実践者サイドが共通理解を深めたうえで，知の交流関係を創ることが必要なのではないか。その際，研究者は「教育学研究の専門家」，実践者は「教育実践の専門家」という位置にあると想定される。その両者の専門家コミュニティとしての学会と専門職団体とが手を携えることによって，「校長の専門職基準」のような知識群は個人の次元を超えて有効性をもちうるのではないか。まったくの仮説的な

発想にすぎないかもしれないが，筆者はそのように考えるようになった[3]。

# 3　知の生成と交流を見据えた実践者との連携へ

　第56回大会（2016年6月）の実践研究フォーラムで筆者は，「アメリカにおけるスクールリーダーとその専門職団体について」と題する報告を行った[4]。そこでは，学校管理職の力量基準を策定する過程で学校管理職団体と教育経営学研究者の学術団体が互いに共同する関係が形成されていったことを紹介した。

　今期の実践推進委員会が推進してきた全国公立学校教頭会と本学会との連携は，今後とも息長く継続し，お互いの知の生成とその相互交流へと発展させていければと願っている。そして，第58回大会（2018年6月）の実践研究フォーラムで紹介していただいた九州教育経営学会と福岡県小学校長会，同県教育委員会，福岡市教育委員会等との連携・協力関係は，研究者と実践者との関係づくりに多くの示唆をもたらしてくれた。おそらく本学会の会員の多くは，各地方の教育委員会や校長会・教頭会等との関係をそれなりにもっているであろう。だが，そのような経験のある者であればあるほど，長期間にわたって学会組織と行政機関，研修機関，学校管理職専門職団体とが相互関係を深めることの難しさを実感しているはずである。その意味で，入江誠剛氏，相良誠司氏，花田佳子氏の各先生方のお話はそれぞれに印象的であった。

　中でもとくに筆者が強い感銘を受けたのは，入江氏が大学（研究者）を「資源」の一つとして位置づけ，「校長会の研究機能」を意識されていたことである。おそらくこうした認識は，ご自身が九州大学大学院修士課程で研究に従事され，そうした経験を通じて研究の手続きとそこから生成される知識の性質を理解し，それらと，ご自身が蓄積されていた実践知や実践プロセスを，ともに相対化して把握しておられるからなのだろうと推察する。

　すべての方が入江氏のような立ち位置に到達することは困難であるとしても，知の生成と交流を見据えた関係づくりに取り組むことによって，学会と専門職団体との新しい関係を拓くことができるのではないかと考える。

　これからも，会員の一人として，その取り組みに少しでも貢献できるよう精進していきたい。

［註］
（1）浜田博文「公教育の変貌に応えうる学校組織論の再構成へ―『教職の専門性』の

揺らぎに着目して―」『日本教育経営学会紀要』第58号，2016年，36-47頁。

⑵　進藤雄三「医療専門職とコントロール―『自律性』の社会的基底の考察に向けて」宝月誠・進藤雄三編著『社会的コントロールの現在―新たな社会的世界の構築をめざして』世界思想社，2005年，23-41頁。

⑶　未だその確証はないが，筆者自身の思考の過程の一端は，浜田博文「ガバナンス改革における教職の位置と『教員育成指標』をめぐる問題」『日本教師教育学会年報』第26号，2017年，46-55頁を参照。

⑷　浜田博文「アメリカにおけるスクールリーダーとその専門職団体について」『日本教育経営学会紀要』第59号，2017年，139-143頁。

---

**━━ 実践研究フォーラム ━━**

# 第4期実践推進委員会活動の総括

国立教育政策研究所　藤　原　文　雄

## 1　第4期実践推進委員会の活動

　実践推進委員会の任務は「教育経営の実践を推進する」（会則第20条，2006年改正）ことである。第4期実践推進委員会は，これまでの実践推進委員会が取り組んできた「校長の専門職基準」作成という取組が一定の成果を収めつつも，その普及・活用という点で課題を残したことから，「学会として，教育経営の実践者あるいはその専門団体との組織的なパートナーシップの推進による研究と実践の相互交流的発展を図る」ことを任務として定義し活動した。

　既に，教職大学院の設置等を一つの契機として研究者と実践者（教育行政も含めて）との組織的なパートナーシップは量的には拡大している。他方，組織的なパートナーシップから疎外されている研究者や実践者も存在する。学会と専門団体との組織的なパートナーシップについては，その入り口にも達していない。そこで，「学会として」教育経営の実践者あるいはその専門団体との組織的なパートナーシップの推進による研究と実践の相互交流的発展を図るためにはどのような活動をすべきか，第4期実践推進委員会は向き合うこととした。

具体的には，①学会と専門団体の一つである全国公立学校教頭会との組織的なパートナーシップに向けた取組の推進，②研究者と実践者・教育委員会との組織的なパートナーシップによる研究と実践の相互交流的発展の多様なモデルの提案，③学会大会における研究者と実践者のアクティブな学びの場づくり，④地域学会における研究者・学会と実践者・専門団体との組織的なパートナーシップによる研究と実践の相互交流的発展の事例を素材とした今後の本学会の取り込むべき事柄についての議論などを行った。

　第4期実践推進委員会は，委員長を務めた藤原文雄（国立教育政策研究所）のほか，北神正行（国士舘大学），諏訪英広（兵庫教育大学），安藤知子（上越教育大学），浅野良一（兵庫教育大学），久我直人（鳴門教育大学），大竹晋吾（福岡教育大学），元兼正浩（九州大学），露口健司（愛媛大学）など，研究者と実践者・教育委員会との組織的なパートナーシップを推進してきた豊かな経験を持つ研究者によって構成された。

## 2　第4期実践推進委員会の成果と残された課題

　第4期実践推進委員会の成果と残された課題を以下に示す。

### (1)　学会と専門団体との組織的なパートナーシップの推進

　学会員や学会の研究成果を生かすとともに，専門団体の活動を支援する上で学会と専門団体との組織的なパートナーシップは不可欠である。そこで，一年目に専門団体に対し組織的なパートナーシップの申入れを行った。専門団体のうち，全国公立学校教頭会については，2016年3月の全国理事会で時間を頂き，学会長名で①役員間の継続的・組織的交流の推進，②全国公立学校教頭会研究大会や調査研究のサポートや協働，③全国公立学校教頭会会長の本学会大会への御臨席の三点について申入れを行った。その後，歴代会長，事務局長等の御尽力により，全国公立学校教頭会との間で継続的に交流を重ねることができた。

　その一方で，校長会などほかの専門団体とのパートナーシップの推進を図るという課題や学会と専門団体との組織的なパートナーシップの具体的な在り方について更に検討を深めるという課題が残された。今後，多様な専門団体とのより深い組織的パートナーシップへと進化していくことを期待したい。

実践研究フォーラム

## ⑵　研究者と教育経営の実践者との組織的なパートナーシップの推進

　研究者と教育経営の実践者との組織的なパートナーシップは，学会と専門団体との組織的なパートナーシップの基盤である。この基盤が確立していなければ，学会と専門団体との組織的なパートナーシップは政治的な関わりになってしまう。そこで，研究者と教育経営の実践者との組織的なパートナーシップについて，多様なモデルを提案するとともに，学会大会における研究者と実践者のアクティブな学びの場づくりを行った。学会大会が多様なキャリアを持つ学会員や参加者にとって新たな知識・スキルやネットワーク及び意欲を得られる刺激的な場，比喩的に言えばパーティ会場のような刺激的な場になる必要があるという考えからである。今後は，こうした取り組みを更に広げ，多様な会員間のパートナーシップ構築を支援することが望まれる。

（謝辞）全国公立学校教頭会を始め，専門団体の皆様や実践研究フォーラムに参加してくださった教育経営の実践者の皆様に心より感謝申し上げる。

# 書　評

日本教育経営学会編『講座　現代の教育経営1
　現代教育改革と教育経営』　　　　　　　　　　小松　郁夫

日本教育経営学会編『講座　現代の教育経営2
　現代の教育課題と教育経営』　　　　　　　　　小島　弘道

日本教育経営学会編『講座　現代の教育経営3
　教育経営学の研究動向』　　　　　　　　　　　河野　和清

日本教育経営学会編『講座　現代の教育経営4
　教育経営における研究と実践』　　　　　　　　小野田正利

日本教育経営学会編『講座　現代の教育経営5
　教育経営ハンドブック』　　　　　　　　　　　大脇　康弘

■**書評**■

日本教育経営学会編

# 『講座　現代の教育経営1
## 現代教育改革と教育経営』

（学文社　2018年）

京都大学　**小　松　郁　夫**

## 1　第1巻に課せられた意義と課題

　本講座は全5巻で編集されている。評者は「現代の教育経営」というテーマをどのように5冊に分化し，構成しようとしたかに興味・関心を抱いた。

　視点は2つある。一つは，教育経営学を学会創立60周年の時点で，教育学研究の広範な分野の中で，どのように位置づけ，どのように到達点や課題などを解明しえているかである。もう一つは，「現代の」と冠をつけている以上，60年間の研究の総括とこの時代の特徴を明示できているかである。

　関心事への回答は，第1巻のタイトル「現代教育改革と教育経営」に示されており，そこにまず編集者たちの意図や意欲を感じる。第1巻緒言にいきなり「現代における教育経営のあり様を捉えようとするとき，その前提条件として，政治・経済の動向や国際的な情勢など，現代社会を成り立たせているさまざまな状況を十分にふまえる必要がある」と書き出している。評者の興味・関心に，「どうだ，答えてやろうじゃないか」，という直球を投げ込まれたような意気込みを感じつつ，冷静に，真摯に編集に取り組んでいる様子が呑み込めた。

　しかも，現代の状況を把握し，読み込むには，国際的動向の分析が必要不可欠であり，現代の教育経営研究の要諦でもあると表現している。微力ながら，そのような認識で海外の教育経営研究を追いかけてきた評者自身も，その一人であったと自覚している。現代の教育経営研究は，その基礎であり，プラットフォームである現代社会論を抜きに語ることはできない。本巻の編集がそれ自身難解な様々な社会背景を考察することによって，現代日本の教育政策の展開と教育制度の変容を考察しようとした強い意思の下に企画されたことを実感できた。その点をまず評価したい。

## 2 第1部「現代教育改革の背景と特徴」の読み方

　しかし，全体で60頁ほどの第1部全5章で，複雑多岐にわたる現代社会論と教育を語るには，あまりにも紙幅が不足しており，読後感としては，物足りなさと消化不良の感を免れ得ない。第1章「社会変化のなかの教育経営」では，最近の動向を簡潔にまとめ，本学会の特徴でもある「地域教育経営論」や「ガバナンス論」を取り出して，研究上の変化や深化をまとめている。そこでは，国家論や国家主義を基礎とした近代公教育論や国民国家論からの脱却を経て，地域教育経営論や非「管理」，非「行政」，非「権力行為」的な概念としての「ガバナンス」論によって，法制度論だけでなく，機能論としても新しい地平を開拓しつつあるように読めるが，政治的側面と経営的側面に傾注した考察にとどまっており，それらのシステムが機能した時に醸成される文化や風土にまで目が行き届いているとは言えないように感じる。

　物足りないのは何か。それこそ，現代から逆照射して過去を考察してみるとよい。第2章「教育政策の構造転換」は，旧システムという指標を設定し，経済や経営，生活の様相の変貌を的確に素描して，現代社会がどのような位置にあるかを示してくれている。さらに現代日本を特徴づける政治主導に着目し，なぜ時代がグローバル化に逆行するかのように孤立や自国中心主義へと世界が逆噴射しつつあるのかの理由を知るヒントを提供している。教育改革に関しても，おそらくは筆者が身近に体感したところの，強化された政治主導が巧みに官僚制をコントロールしつつ，リーダーの主導を基軸にしながら進行している現状把握が見えてきた。しかし，私が期待したいのは，矢継ぎ早の教育改革の先に，多少なりとも光明が見えるのか，それとも望まざる方向へと進行しているのではないかという，一抹の不安との相克に対する回答である。そろそろ明暗の決着をつけなければならない時が来ているのではなかろうか。

　第3章「教育行政における地方分権・規制改革の展開と課題」では，国―地方―現場，というレベルでの論点整理と同時に，なぜ，何を改革するのかという中身の吟味が重要視されるであろう。同様に第4章「現代の教育財政改革」の財政改革や第5章「グローバル化のなかの学力向上政策」の学力論にかかわる改革の分析も，すべては，教育の経営という動態性を持った，プロセスを重視し，結果や成果に着目すべき教育経営学の主たる役割に答えられているかにかかっている。紙幅の関係で，厳しい制限があったであろうと同情できるが，ち密性や淡々とした事実の積み重ねを基礎とした，掘り下げた考察をもう少し

期待したかったと願うのは，ないものねだりであろうか。幸いどの著者も研究の成果や意義を確認しつつ，今後の課題を明確に提起している。次の10年に向けて，学会としての宿題を提示していただいた。さて，どのような発展を本学会は開拓できるのであろうか。

## 3　第2部「教育制度改革の具体的展開」の読み方

ここでは，具体的な教育制度改革を7点に絞って，その内容，意義，課題などを考察している。第6章「教育委員会制度の改革」，第7章「学校の自律性確立を標榜する制度改革」，第8章「学校・家庭・地域の関係構造改革」，第9章「学校制度に関する諸改革」，第10章「高等教育に関する制度改革」，第11章「教員の免許・養成・研修制度改革の進展」，第12章「生涯学習振興政策の展開」である。基本的には，教育経営における制度，枠組みの改革の動向や課題，今後の展開などに触れたもので，この7点がすべてではないにしても，制度論としては，最近の動向がほぼ網羅されているといえる。

どの論者も，本学会の紀要や発表などの会員の成果を踏まえ，学会としての研究の到達点をレビューしていると評価できる。今後は，ここで示された水準を具体的にどのように乗り越えられるかを目標としなければならない。

## 4　第3部「諸外国における教育改革と教育経営の動向」の読み方

学会創設時の頃の会員の外国研究が，文献を精読しての研究であったり，留学などの貴重な体験を基礎として行われていた時代と比較すると，インターネットでの情報収集の日常化，容易になった現地調査などもあって，アメリカ，イギリス，ドイツ，フランス，中国，ロシア連邦，ニュージーランド，オーストラリアの8か国に関する研究と紹介は，格段に正確さと詳細を極めている。また，各章のタイトルに示されるように，各国の特徴が簡潔な表現で示されており，著者たちがいかにそれぞれの国の事情に精通しているかがよくわかる。さらに，日本への示唆なども意識された論述となっており，諸外国の動向が日本での教育経営改革と気脈を通じるものであることも理解できる。こうした研究が単なる外国紹介に終わることなく，独自の考察を展開し，当該国の研究者などとの国際交流を通じて，比較教育経営研究が深化されることを期待したい。

終わりに，評者の力不足で，各著者の力作を個別に十分に論評できなかったことに悔いが残るが，今後の学会での交流を通じて，著者と読者の間での活発な論議を経て，次の10年に向けて，一層水準を向上させた研究が積み重ねられることを祈念したい。

## ■書評■

日本教育経営学会編

# 『講座　現代の教育経営 2
# 　現代の教育課題と教育経営』

（学文社　2018年）

筑波大学名誉教授　小　島　弘　道

　本書『現代の教育課題と教育経営』は，日本教育経営学会編『講座　現代の教育経営』の第2巻として編まれたものである。評者は，同学会編『日本の教育経営』（全10巻，1987年）と『シリーズ　教育の経営』（全6巻，2000年）の編集を経験した。ここでの経験を思い起こしながら評の旅に出かけることにする。

　まず全5巻刊行の思い，趣旨，構想を背負いながら本書に期待された課題，役割を明らかにすることからはじまる。しかし講座の「刊行にあたって」にはこのことがないので，本書の「第2巻緒言」からはじめることにする。「緒言」には「現代の教育課題に迫る教育経営の研究と実践について，その在り方を明らかにすることをめざした。教育課題に教育経営のテーマは宿るとの認識のもと，教育経営をめぐる研究と実践の発展をはかる立場から，現代の教育課題にアプローチした論稿の集成をはかった」とある。「現代の教育課題」に宿る教育経営の構造を明らかにすることで教育経営学と教育経営実践の課題を解明する，そのことで教育経営の研究と実践のパースペクティブを描くことだという思いが伝わってくる。①現代の教育課題，②そこに宿る教育経営の課題，③そのために必要な教育経営の研究と実践の在り方，ということを解明することを使命とすると受け止めた。こうした使命を達成するために本書は「自律的学校のマネジメントをめぐる問題」（第1部），「地域創生と地域教育経営の課題」（第2部），「学校改善とスクールリーダーの育成」（第3部）のテーマを三つ設定し，それにアプローチする構成となっている。

　第1部「自律的学校のマネジメントをめぐる問題」では，現代の教育課題に迫る多様な方法論が必要であり，この多様性こそが活力源となり教育経営学の

発展に欠かせないものだとする。これを政治と教育，子どもの多様化と支援，教育課程と学力，組織の健康，学校のガバナンスというテーマを通して語られる。評者は教育経営研究として解明しなければならない「教育課題」の妥当性を満たすものか（「教育課題」の妥当性），さらにそこで取り上げる各教育課題をめぐる教育経営の研究と実践の論点，争点，論争など学問的議論が整理されているか（研究方法の妥当性），それが教育経営研究の質にいかなる貢献をしているか（学術性の担保と教育経営研究の意義）という観点を用意してみた。

　限られた紙面で詳細に述べることはできないが，とりあえず次のことは言えるのではないか。すなわち現代の「教育課題」はこれだけかということである。教育経営というのは，「教育が行われるすべての場，機会における教育とその実施運営にかかわる経営だ」とする評者の認識からすれば，当然に学校教育に限られるものではない。またその社会，時代の問題や課題，そしてそれを解明，解決する教育の使命，役割，課題，それら人間の育成，形成を目指した社会的，文化的，文明論的視野から見た教育課題がある。これがどうも見えてこない。例えば生涯学習社会，高等教育・大学経営，格差問題，グローバル化，地球温暖化・エネルギー問題などを教育経営研究としてどう取り込むか。また「学力」についても，この先30年，50年，100年を視野にAIなど人間社会にもたらす構造的変化における人間の生き方や社会の在り方，人間の資質能力の姿・かたちについて全体的，構造的，戦略的な視野を基盤とした教育課題の研究という視野が必要とされるのではないか。そのために「教育課題」を整理してその全体像を明らかにし，その課題の構造について丁寧に論じてほしかった（「教育課題」のマッピング）。執筆者各位はそれぞれの「教育課題」についてこれまでの教育経営研究と実践の知見を踏まえた論を展開し，一定の知見や実践提言をしているものの，評者には先に述べたような引っ掛かりは最後まで払拭することができなかったのである。

　これとかかわって「自律的学校のマネジメント」が見えなかったことも率直な感想である。評者はこれを自律的「学校経営」として受け止めたが，そういう議論につながっているのか，「マネジメント」にとどまっていいのか，もの足りなさを禁じ得ない。「公教育経営論」を提唱してきた堀内氏はこれを教育政策の転換，教育行政改革の視点から論じている。氏の公教育経営への，そして公教育経営研究への熱い思いと語りがずっしり詰まった議論を展開している。これは本来，第2部をリードする期待を帯びたものだったに違いない。しかし

ながら，これにつなげるものはここにはない。ならば「序文」などとして現代の教育課題の全体像を社会の変化との関連で明らかにし，そこでの教育経営の使命，役割，課題，実践化の方法として設定しながら「教育課題と教育経営」の意味づけをしていくことが必要ではなかったか。もしかすると堀内氏の論考は第1巻ならば落ち着いたかもしれないと思った。落ち着くためにはその上で「自律的学校のマネジメント」などの本書の三つの課題を意味づけ，論じてほしかった。

　第2部「地域創生と地域教育経営の課題」は，教育経営（論）が地域教育経営（論）として語られ，展開される必要性を訴え，地域教育経営の研究と実践の展望を描く。これをコミュニティ・スクール，学校の適正規模・適正配置，地方創生，学校間ネットワーク，開かれた教育経営，近隣住民とのトラブルのテーマを通して語られる。ここでのキーワードは「地域教育経営」である。

　佐藤氏は学校改革と地域改革の観点から学校と地域との関係を論じ，さらに地域教育経営の可能性と視野を論じている。それぞれについて論点，争点，課題を丁寧に整理し水準の高い議論を展開していると受け止めた。

　しかし佐藤氏を含め執筆者各位の論調として，かつての地域教育経営論がスルーされ，現在の政権政策の「地域創生」という次元での議論に終わってしまっている。時代状況的に興味ある，しかも学問的に意義のある発想，議論を期待したが，地域教育経営について真正面から議論が展開されていない。岸本幸次郎，河野重男，永岡順，新井郁男など先達の研究を踏まえ，それを超える知見を生み出すべきだったのではなかったか。思い切った言い方をすれば，そこでの地域教育経営論は多くの限界を持ち，それ以降の研究につながっていかなかったという意味で「失敗」したからである。そうした認識は制度においても日本の土壌に馴染まなかったのである。これについての突っ込んだ，掘り下げた議論を通して，またその経験を踏まえて現代の地域教育経営（論）の可能性について議論してほしかった。

　こうしたところに思いを致せば，歴史的，理論的な吟味を踏まえた丁寧な地域教育経営論を論じるべきではなかったか。単位学校経営論の限界として語られている地域教育経営論についてもしかりである。それは結局，「学校経営の主体は教育委員会，行政だ」ということになってしまい，教育委員会は本社で学校は工場だとする工場的学校観に立つ行政主導の学校経営（学校経営の「56年体制」）となってしまうからである。とはいえ，こうした認識が執筆者各位

にあったかどうかは別として，現代の教育経営学の論点，課題であることは間違いない。地域教育経営論は教育経営，教育経営学の興味ある，論争的なテーマであるがゆえに更なる学問的探究が求められている。

第3部「学校改善とスクールリーダーの育成」は，学校改善支援の国際比較研究，学校改善の検討と実践の展望，学校改善における支援，学校改善の推進事例，スクールリーダーの質保証，スクールリーダー教育をテーマに「学校改善やスクールリーダー」に関する研究と実践の新たな地平を切り拓くことを目指すものだとしている。サブタイトルに「『学校改善の支援に関する国際比較研究』の成果から」としているのは，日本教育経営学会国際交流委員会の研究「学校改善の支援に関する国際比較研究」（2012-2015年，委員長・南部初世，報告書は同名2015年）の成果を基盤としている。評者も研究会に数回参加した。

これら学校改善に関する内外の研究と実践の動向を検証することを通して，これからの学校改善の課題を探った研究である。研究会で評者は「『学校改善』という日常的で一種軽い響きがあるがゆえに，その後の学校改善研究を停滞させ，魅力を失ってきたのではないか。その理由として，School Improvement というのは，本来総合的で構造化された教育改革論，学校改革論であったことが忘れ去られ，テーマが個別化され，つまみ食い的な研究に陥ったからではないか」と発言したことに注目していただいている（注1，204頁）。「学校改善」を被せた議論や実践の多くは今なおこうした状況にあるのではないか。学校改善研究が提起した議論，論点を今日の教育課題に重ねつつ教育経営の研究と実践の行く末を案じつつ（？），新たな展望を模索した南部氏の思いが伝わってくる。執筆者各位はテーマに沿って論じ相応の成果を導いている。なお教職大学院でのスクールリーダー育成については本学会の主たる関心事であり，あるべきだとすることからすれば緊張感ある議論がほしかった。

最後に。教育経営の研究は教育経営実践において生まれる問題や課題の解明，解決に必要な知と，教育経営実践を支え，構成している知を「教育経営」の思い，精神，そして知をコアに解明，解決，また創造する営為である。評者の学校経営研究では，「教育経営」を学校教育において守るべき価値，実現すべき価値，高めるべき価値，さらに創るべき価値を視野に「子どもたちの人生と未来に責任をもつ」学校が教育の価値判断の主体としてそれらの価値を問い，教育経営の思いと意思を実現する行為であるとしてきた。こうした認識，成果を本書，さらには本講座につないでほしかったという思いを強くした。

## ■書評■

日本教育経営学会編

# 『講座　現代の教育経営3　教育経営学の研究動向』

（学文社　2018年）

京都光華女子大学　河　野　和　清

　教育経営学の研究は，学会創設以来，社会の変化とそれに付随する教育課題に対応して活発に展開されてきた。今般出版された『講座　現代の教育経営』（2018年，全5巻）の第3巻『教育経営学の研究動向』は，1987年の「講座日本の教育経営」（全10巻）の第9巻『教育経営研究の軌跡と展望』や2000年の「シリーズ　教育の経営」（全6巻）の第5巻『教育経営研究の理論と軌跡』を引き継ぐ形で公刊されたもので，過去約20年間の教育経営学の研究動向を跡づけ，学術的発展の到達点（成果）や教育経営実践への貢献について整理するとともに，今後の課題や研究の方向性を展望しようとして企画された。本書は3部16章で構成され，巻末に資料（『日本教育経営学会紀要』にみる研究動向）が添えられ，本学会のこれまでの研究活動が通覧できるように配慮されている。

　第1部「学校の組織と経営」では，「学校組織マネジメント研究」「リーダーシップ研究」「カリキュラム・マネジメント研究」「教職員の人事と職能成長研究」「学校組織開発研究」「組織文化研究」「学校財務研究」の7つのトピックが，第2部「社会と教育経営」では，「地方教育行政における教育改革」「学校経営参加」「地域コミュニティと学校」「ソーシャル・キャピタル」「少子化社会」の5つのトピックが，そして第3部「教育経営学のパラダイム」では，「教育経営学における教育経営実践への視線」「教育経営学における時間的，空間的視座」「教育経営学における人間への視線」「教育経営学研究の組織と経営」の4つのトピックが取り上げられ，過去約20年間の教育経営学の研究動向が16人の気鋭の会員によって丁寧に分析され，今後の課題や方向性が的確に示されている。ただ評者の希望を言えば，今日大きな注目を浴びている学校の危機管理に関する研究や，学校の組織や経営をどう捉えるか，教育経営学の本質

論等の議論について本書で真っ向から検討してほしかった気もする。

　紙面の制約上，個々の論文についてコメントはできないが，本書から今後の研究課題として何が読み取れるか，評者の関心に沿って簡単に述べてみたい。

　第一に，今後，「超スマート社会（Society5.0）」・「少子高齢化社会」の進展を迎える中で，教育の制度を効果的に運用できる人材育成をいかに行うかが，学校の経営や教育の質を左右するという意味で，教育経営学上極めて重要になってくる。その場合，教職員の人材育成を採用，配置，研修，報酬，人事考課，労働環境等の多様な観点から，しかも，これらを人的資源管理として統合的に捉えて（第4章38頁），教職員のモティベーションや制度の両面から検討していく必要があろう。

　第二に，学校の組織や経営事象をどう捉えるかに関して統一した理論枠組の構築が求められる。これまで学校経営の諸事象ないし諸問題を捉えるのに，校長等のリーダーシップ（第2章），組織文化（第6章），モラール，学校環境，モティベーション，学校目標，学校規模，PDCA，などの諸概念を使って，分析したり，説明してきたが，改めて学校経営の諸事象を説明する有効なモデル（理論枠組）の構築を行い，会員間で共有することが急がれる。その場合，リーダーシップ，組織文化，ソーシャル・キャピタルなどの，諸概念の整理と選択を今一度行うことが大切である。

　第三に，研究者や研究者グループが，学校組織マネジメントや学校改善のために独自の理論とコンサルテーション技法をもって学校に入って実践活動し，既にその成果もかなり蓄積していると指摘されており（第1章4-8頁，第5章55-56頁），今後も学校改善をめざしてより良い組織開発実践を行うためには，研究者間の相互交流や意見交換を促し，各アプローチの特長を共有化するとともに，組織開発の理論やコンサルテーション技法を体系化していく試みも必要になってこよう。理論と実践を結ぶ手段として組織開発論の考え方は極めて有効であり，学会としても，今後，学校改善のための介入（intervention）方法の体系化が望まれる。

　第四に，第16章で，大学院の多様化とその接続関係の複雑化等により，アカデミック研究のたこつぼ化や実践的研究・マニュアル的研究の学問的基盤の脆弱化，あるいは実践的研究とアカデミック研究の遊離といった事態が生じる危険性（187頁）が指摘されていることは，学会として真摯に受け止める必要がある。この問題を解決するためには，教育経営研究の諸組織をつなぐネットワ

ークの構築とともに，学部・大学院での教員・研究者養成段階での研究方法論の教育の充実を図っていくことが重要であり，また，学会としても定期的に方法論に関する研究を推進し，さらには，統計学など方法論の専門家を論文査読に加える等の配慮も必要であろう。

　第五に，教育経営学の概念の検討も定期的に行うことが必要に思われる。本巻の諸論文を概観しても，実に，問題関心も研究対象も研究方法も拡大，多様化してきていることがうかがえる。例えば，「政治の視点抜きに経営の研究は成り立たない」（第8章90頁）との指摘もある。教育経営学とは何かを直截に明らかにすることは難しいが，教育経営学の更なる発展のためには，教育行政学など，近接の学問領域との違いを意識しながら，そのアイデンティティーを明確化する努力も怠ってはならない。なお，第3部では「教育経営学のパラダイム」が多様な視点から論じられているが，パラダイム論からいえば，これまで教育経営学におけるパラダイムの議論（論争）がどのように展開されてきたかを，歴史的文脈，組織観，人間観，あるいは認識論を含む方法論の問題にまで踏み込んで検証してみることも重要であろう。教育経営学の研究は，歴史的・社会的に制約された，研究者の一定の認識関心に導かれた行為であり，何が教育経営学の問題であり，いかなる方法で探求されるべきかは，一つの時代の研究者共同体の合意によって成立していると考えられるからである。

　第六に，第3章で，文部科学省の所有する全国学力・学習状況調査のビッグデータを活用して，子どもの学力等の成果要因と授業実践間の関係性の分析が必要であるとの指摘があったが（32頁），今後は，「超スマート社会」・「人生100年時代」・「少子高齢化社会」の進展に備えるため，学会として，文部科学省や都道府県教育委員会所管の教育・行政関連のビッグデータやAIを活用した，教育研究や政策研究等の推進や，各年齢期の学習者の教育や僻地の子どもたちの教育を保障するため，ICTなどを活用して，高度情報化社会に対応した教育をどのように整備していくかの研究（第12章136頁）も必要となろう。加えて，国際環境等の激変により，不確実性の時代を迎えている中で，子どもが安心・安全な環境の下で学習ができるよう，学校の危機管理の在り方を問う研究も強力に進めてほしいものである。

　本書は，過去20年間の教育経営学研究の動向を整理し，今後の方向性を示した好著であり，本学会員が共有財産として活用し，それぞれの立場から教育経営研究をさらに発展されることを願う。

## ■書評■

日本教育経営学会編

# 『講座　現代の教育経営 4
## 教育経営における研究と実践』

（学文社　2018年）

大阪大学　小野田正利

　どんな学問領域にも，その研究対象とする「ある事象」があり，それに大なり小なり取り組む多くの関係当事者（アクター）による行為によって「何が」「どうなったか」および「その意味するものは何か」を検討することが重用視される。とはいえ「こんなことをしました」という実践そのものでも「こんな状態です」といった実情を示すものではなく，データに基づく省察を加えた評価がなければ「実践に関する研究」とはいえない。但し研究する者の立ち位置は，その実践を外部から観察しようが，内部から考察しようが，客観的に突き放してとらえる視点を揺らさない限り妥当なもの，と私は考える。隣接学問である心理学では，各種の実験や調査をおこなって統計データを解析する研究が依然として主流を占めているが，教育学は主として子ども－教師関係，社会装置としての学校という存在があるゆえに，教育実践に多くの注目が寄せられ，また教育実践研究を原著論文として評価する傾向を高めてきた。

　日本教育経営学会においても「学術研究賞」とは別に「優れた教育経営の実践を行い，それを著作物によって発表した者に授与」する「実践研究賞」を2003年から定めたし，2000年から学会紀要には「教育経営の実践事例」が査読付き論文として掲載されている。それらは本学会が「実践研究」を大事にし，かつそれを学問として評価しようとする姿勢として評価されるべきである。

　本書は，学会発足60周年を記念して刊行された全5巻の『講座　現代の教育経営』の第4巻として編まれたものである。その緒言には「1990年代以降，教育経営の変容のもとで，教育経営学の研究と実践の関係がたびたび学会で問われてきたことをふまえて，これまでの研究と実践の関係にどのような問題状況があったのか，それを克服するための研究方法や関係づくりはどうあるべきか

などを論じる」とされている。そして「第1部　教育経営学における実践と研究」として5編が，「第2部　教育経営実践と教育経営研究」として7編，「第3部　教師教育・スクールリーダー教育と教育経営研究」として6編の，計18本の論文で構成されている。

　いずれも中堅からベテランの執筆陣容であり，その構成には非の打ち所がないが，第3部はかなり教職大学院に焦点をあてすぎで重複の感があった。限られた枚数での苦労もあるだろうが，論理展開と叙述の仕方が平板との印象を感じたことと，いくつかの論稿においては執筆者の自己の研究に引き付ける傾向が高いとの印象を持った。加えて，実践が仮に学校を舞台としているのであれば，その当事者である教職員にとっても分かりやすい叙述の工夫が必要ではないかと思う。他の巻はともかく，本巻は少なくとも学校関係者にとって，ともに改善に向けての歩みを進（奨）めるために，説得可能な内容の提示と研究に向けての誘いの視点があればと感じた。

　本書に関する以下の辛口の批評は，もう定年を迎える齢を重ね，かつ学会の常にアウトサイダーとして在籍してきた者の戯れ言ないし諫言として受け止めてもらえたらと思う。通読から精読をしながら，もやもや感がぬぐい去れなかった。それぞれ18本の論稿はこじんまりとまとまっているがゆえに，ダイナミズムが見えないのである。教育経営学会に身を置く研究者として，その対象とする「実践」の本質をどう見て，論としての研究を「新しく建てる」というギラギラとしたものが薄いのである。

　30年近くの長きにわたって公教育制度あるいは学校が大きく揺さぶられている現状の中では，学問の自由が保障されている研究者にしかできないこと，切実に求められていることがある。あれこれと矢継ぎ早に打ち出される教育政策の受け売りではなく，学問はもっと対象に寄り添い，困難に陥っている実態を実証的に考察しつつ，支えとなる視点と装置を創り出す野心を持って欲しいと思う。それが実践と研究の関係性の持ち方ではないだろうか。その点では「第12章　学校制度の〈ゆらぎ〉と教育経営研究」（菊地栄治）はビッグマップを与えてくれるし，教職大学院における理論と実践の往還を扱った安藤知子や，「知と実践のインターラクション」の重要性を説いた小島弘道の論稿はハッと目を見開かせるものではあった。

　評者は，最初の20年間をフランス学校経営の実情に関する理論的研究に費やし，一転して40代以後は，異常なほど学校現場に接近し「片小ナビ〜保護者の

ための片山小学校ガイドブック」づくりの理論と実践，さらには学校における
保護者とのトラブル（イチャモン研究あるいは保護者対応）という破天荒とも
いえる喫緊の実践的課題に取り組んできた。その間，2004年から3年間は研究
推進委員会・委員長として「『教育改革』に揺れる学校現場」をテーマにして，
多方面に物議をかもしながら，大胆な切り口で攻め込んでいった。1年目は
「学校は今どうなっているのか？　そして教育経営学研究は何を期待されてい
るのか？」を，2年目は「私たちはどのように関わりつつ，どのように現状を
認識しているか」について，3年目は「揺れる学校現場への処方箋」でまとめた。
　それゆえ「研究と実践」をテーマとした本書を，わくわくしながら見開いた
のである。確かに興味ある論文もいくつかあるが，総体としては，行間から浮
かび上がってくる実践の展開と考察がどうしても平板に映ってしまった。
　この第4巻をダイナミックにまとめるための「後づけの提言」にしかならな
いが，そもそも，いま教育経営学にとって「実践学とは何か」についての本質，
あるいは各種の実践と理論の相互関係ないし往還の現状と課題についての，基
本軸となる論考が欲しかったと痛切に思う。あれこれ個別の領域の実践と理論
の問題ではなく，一種の羅針盤のような，今後の研究者たちが目指すべき方向
と手段を展望して欲しかった。それは牛渡淳・佐古秀一・曽余田浩史の3名の
編者の「鼎談録」のようなものでいいのだ。悩みながら，そして嬉々として取
り組んできた3名の研究視点と方向について，それぞれの相違点と一致点を鮮
明にすることで明らかになるものがたくさんあると思うからである。
　3名ともに長く本学会の動向を見て，「学校現場」に対する鋭いまなざしを
注いできた人たちだからこそ言えるものがあるはずで，それらを哲学や教訓と
して活かす必要がある。こういった原理的な意味づけがなければ，研究する者
がそれぞれ勝手に「研究と実践」あるいは「実践研究」を名乗ってしまう。そ
れ自体によって確かに量産体制を作ることにはなるが，学術としての体系化を
より困難にさせることになってしまうことを，私は危惧している。
　評者の目に映る学校は，この10年間特に「スタンダード化」「数値目標管理」
「ゼロトレランス」といった言葉で形容される実態が深く浸透しつつあり，主
体である子どもも教師も保護者も，互いが鬱屈した息苦しさを抱えているよう
に思える。むろんこの現象の問題や価値を問う立場は様々であってよいと思う
が，実践から学ぶ研究にせよ実践に活かす研究にせよ，知的財産の拡大が図ら
れることに学問の意義がある。

■書評■

日本教育経営学会編

# 『講座　現代の教育経営5
# 教育経営ハンドブック』

（学文社　2018年）

関西福祉科学大学　大 脇 康 弘

## 1　編集方針と内容構成

　本書は『講座　現代の教育経営』第5巻として，「教育経営の研究と実践にかかわる基本的な用語」を体系的に取り上げて，簡潔に整理したものである。全82項目について各2頁ずつで，本文の総頁数は164頁に収まっている。日本教育経営学会の会員80名が執筆に当たっており，現時点における学会の研究水準と研究課題を表すものとなっている。コンパクトでありながら厚みのある内容で，教育経営研究者が手元に置いて使用すべきものに仕上がっている。今後，教育経営の研究と実践の基礎となり参照文献となることは間違いない。

　各執筆者の努力はもちろん，編者の北神正行，元兼正浩，本図愛実の3氏と編集幹事の照屋翔太，朝倉雅史の2氏，そして学文社の編集部が連携協力して，内容構成，執筆者の選定，原稿の内容確認と分量調整，校訂といった編集作業を重ねて完成に至った。日本教育経営学会の総力を挙げた営為に感謝し，その完成を喜びたい。

　まず内容構成をみると，次のようになっている（一部は簡略化して補足）。

第1章　教育経営学の理論と方法―学会の研究動向を知る―

　・教育経営研究について，1.基本概念，2.対象領域，3.方法

第2章　教育の構造改革と教育経営―教育政策の動向を知る―

　・改革動向について，1.学校経営，2.教育委員会制度，3.教育制度，4.教員制度

第3章　現代的教育課題と教育経営―教育経営をめぐる実践的課題を知る―

　・教育経営における，1.子ども，2.学校，3.教育課程，4.教員，5.地域

第4章　学校マネジメントの仕組みと方法―学校力を高める方法を知る―

・マネジメント領域別に，1.組織マネジメント，2.カリキュラム・マネジメント，3.スタッフ・マネジメント，4.リスク（クライシス）・マネジメント，5.スクールリーダー教育（校長の専門職基準）

　各章，各節，各項目は体系的に厳選されており，必要かつ最小限なものに絞り込まれている。各項目の記述は，①用語の定義・概要，②研究および実践上の課題，③学会としての取組み状況，④今後の課題という4領域の柱立てで統一されている。対象とする期間はこの20年間で，教育改革，学校経営改革が矢継ぎ早に取り組まれた時期で，教育経営研究の質量が増大した時期である。対象とする資料は，学会紀要論文，研究動向レビュー，学会の課題研究，共同研究であり，学会としての研究動向を振り返り，研究と実践上の課題を明らかにすることとしている。項目の末には，ワード解説をつけ，文献・参考資料を掲載している，さらに，『講座　現代の教育経営』第1巻～第4巻の中で，関係する章・節を掲げて，参照文献を明記するなど，工夫をこらしている。目次を手がかりに領域ごとに読み進めることもできるし，索引から関係する項目を調べる事典としても活用できる。こうして出来上がった本書は，「教育経営研究者が読む事典」となっている。

　なお，本書に先行し，継承するものとして挙げられているのが，『教育経営ハンドブック』（ぎょうせい，1986年，全484頁）である。日本教育経営学会は30周年記念として『講座　日本の教育経営』全10巻を刊行したが，その第10巻として編集されたものである。同書は教育経営，教育制度，教育行政に関する主要な項目を選定し，50音順に配列し，索引から検索する事典のスタイルを取っている。各項目の記述は，①用語の定義・概要，②実践上の課題，③研究上の成果と今後の課題という3領域の柱立てとなっている。つまり，形式・内容ともに「教育経営に関する総合事典」といえる。本書は先行書との整合性を持ちつつも，「教育経営研究のハンドブック」として生み出されたのである。

## 2　若干の考察と問題提起

　本書は4章・17節で構成され，82項目が取り上げられている。各項目は制約された紙面で，先の4領域構成の執筆方針で記述されている。各々の項目で適切に整理されているが，特に，協働，組織開発，ミドル・アップダウン・マネジメントの項目は工夫を凝らしている。章や節を順に読むだけでなく，項目を相互に関連づけて読むと，執筆者の考察の視点・枠組，記述の軽重，研究と実践の連関などの差異やずれが見えて，参考となる。評者が関心を持った関連項

目を例示すると，協働と組織開発，ミドルリーダーとミドル・アップダウン・マネジメント，カリキュラム開発とカリキュラム・マネジメント，教職大学院とスクールリーダー，コミュニティ・スクールと学校支援地域本部・地域学校協働本部などである。

書評として各項目の内容について触れることは控えるが，全体を通して次の三つを問題提起しておきたい。

第一に，近年取り組まれている学校経営改革の理念・枠組・内容を総合的に把握し考察することが必要ではないか。教育経営の研究と実践の両者に目配りされているが，教育政策・行政が先導する改革の内容に引き寄せられて，学校経営改革をトータルに対象化し，その意味を考察する理論研究が弱い。

評者は，学校経営改革の肝は「教員集団協議型」から「リーダー企画展開型」への転換にあると認識している。これは，学校の評価システム，学校組織の階層化，学校経営計画（PDCA）の三角形で具体化されている。この改革を支える政策理念は，新自由主義，NPMに基づく学校経営の「標準化・システム化」である。ここでは，学校の自律性は集権化による「自発的従属」に絶えず回収されてしまう。

第二に，教育経営学・学校経営学を構築する理論研究への取組みを大事にしたい。教育経営学は諸外国の新しい理論・実践を導入し適用しようとする流れがある一方で，学校経営理論を構築する動きがみられた。学校経営の民主化・合理化論争，学校の重層構造・単層構造論争，単位学校経営論争などである。学校経営改革が進展する中で，学校の自律性を支える条件・方法が施策化される一方で，理論研究の取組みは後退している。

第三に，学校づくり・学校経営の実践についての問題関心がみられない。学校づくりの実践記録は，斎藤喜博の島小学校，東井義雄の八鹿小学校をはじめ長い歴史を持っている。中留武昭編著『学校文化を創る校長のリーダーシップ』（エイデル研究所，1998年）では，実践記録を対象とする研究も着手されている。また，教職大学院では，スクールリーダーが実践研究報告（名称は多様）の作成に取り組んでいる。さらに，日本教育経営学会として，紀要に「教育経営の実践事例」の欄を設けており，「実践研究賞」を授与している。このことを踏まえると，学校づくり実践の分析，実践研究のあり様が取り上げられるべきである。「教育経営研究のハンドブック」の完成に刺激されて三つの課題を述べたが，今後の研究の広がりと深まりを期待したい。

# 教育経営学研究動向レビュー

教育経営実践研究の動向と教育経営研究の課題　　　木村　栞太
　　　　　　　　　　　　　　　　　　　　　　　　臼井　智美

# 教育経営実践研究の動向と
# 教育経営研究の課題

九州大学大学院・院生 木 村 栞 太

大阪教育大学 臼 井 智 美

## はじめに

　日本教育経営学会はこれまでに，教育経営の実務を担う者（とりわけ，学校で教育経営に携わる者）に対して有用な知をいかにして生産するかという問題と向き合ってきたといえる。この問いの背景には，「学校の現実や実践から乖離した規範論（べき論）に終始」してきたことへの課題意識があり，「学校現場に参入し（中略）相手とのかかわりの中で，学校をよりよくするための支援的な実践を行いながら（中略）教育経営実践にとって有意味な知識を創造しようとする研究の方法論」（臨床的アプローチ）の提唱など，有用な知を生産する方法についての議論が展開されてきた（曽余田 2018）。

　しかし，上記の課題に対して，学会としての明瞭な回答を打ち出すまでには至っていないのが現状である。というのも，知の生産活動として，その有用性を追求する中で，実践の捉えなおしが一つの研究の潮流として推進されてきたものの，学問の対象である教育経営の「実践を推進」「する主語は誰のことで，実践フィールドは小・中学校の現場以外にどこまで広げて捉えるべきなのか」を「改めて考えていかなければならない」（元兼 2018：4 頁）との主張に象徴されるように，対象とされてきた教育経営の実践とは何であるのかに加え，そもそも「実践」概念の定義さえ明確になってはいないからである。

　有用な知を生産するという目的のもとに対象化されてきた教育経営実践に着目する研究とは，どのような研究と定義されうるのか。またそうした研究が，これまでどのような問題と向き合ってきたのか／向き合ってこなかったのか。現状では，これらは必ずしも明瞭なものとなっていない。本論の問題意識はこ

こにある。つまり，教育経営学がいかにして有用な知を生産しようとしてきたのかを，これまでの研究蓄積から再考する必要が生じていると考えられる。

　以上の問題意識に基づき，本論では教育経営の実践に着目する研究（以下，教育経営実践研究）とはどのようなものかを検討した上で，そうした研究群がこれまでに何を問い，どのようにその問題群にアプローチし，その結果何を明らかにしてきたのかを再整理する。そして今後教育経営研究が何を問題とし，その問題にどうアプローチしていけるかを検討することを目的とする。

　以下では，1990年以降に『日本教育経営学会紀要』に掲載された「研究論文」を対象に，教育経営実践研究の動向を検討する。なお当該紀要には，研究論文の他に「教育経営の実践事例」という区分の論文がある。その執筆資格等として「当該実践事例の企画立案または実施に関与した本学会の会員」と規定されているように，ここでの「実践」は執筆者自身が関与したという行為面から定義付けられている。本稿では「実践研究」を，そうした行為面において執筆者の関与が明白なものを想定するのではなく，執筆者と事例との関係性も含め，そもそも「実践研究」と括られる研究にいかなる特徴を見出すことができるのか，あるいは，どのような特徴をもつ研究を「実践研究」と括ることができるかという，教育経営の「実践研究」自体の捉えを検討の対象とすることから，「教育経営の実践事例」のように当該論文での「実践」の（狭義での）定義付けがすでに行われているものは検討の対象から予め除外した。

　検討に先立ち，レビュー対象の選別基準をあらかじめ確認しておく。実務家に対して有用な知を生産するという明確な目的をもって教育経営の実践に着目する研究は，そこで定立される問いの中に，実践の改善という志向性を有していると考えられる。そうした改善への志向性は，研究方法が量的な分析を行うものであるか質的な分析を行うものであるか，あるいは，事例を取り上げることで実証的に考察を行うか否か，といった表面的に看取される基準では捉えることができない。なぜなら，そうした志向性は，大なり小なりどのような研究にも潜在的に内包されているからである。このことが，実践に着目する研究とは何を指すのかという捉えを困難なものにしてきた原因の一つと言える。しかし，その志向性を分析の俎上に載せることこそが，上述した「実践に着目する」とはどういう意味かを検討することにつながるといえる。

　そこで本論ではまず，大脇（2018）による「実践研究」概念の定義を参照し，「教育経営実践研究」の暫定的な定義付けを行うこととしたい。大脇（2018）

は，「実践研究」を「実践をテーマ化し，その内容，組織・過程を記述し，実践の課題解決と意味を明らかにすること」と定義している。この定義の特徴は，対象とする実践の「過程」を「事実」として記述したうえで実践の意味の考察に取り組んでいるか否かを，実践に着目しているかどうかの判断基準として打ち立てている点である。なお本論では，「教育経営」概念の定義については辻村（2017）に依拠し，「確保した資源を，関係者それぞれにとっての利益として再分配するために，教育という活動を通じて，教育的価値のあるものへ転換して還元する一連のプロセス」と考える（165頁）。

　上記に従い，本論では「教育経営実践研究」を，「諸資源を教育的価値のあるものに変換する過程（＝教育経営実践）を『事実』として記述している論文」と操作的に定義することで，教育経営実践を対象としている論文か否かの基準としたい。

　以下では，上記の基準から選定された論文において教育経営の「過程」がどう記述されているかを分析することで教育経営実践研究の特質を明らかにするとともに，今後の教育経営研究の課題について論じたい。

# 1　教育経営実践研究における「事実」はどう描かれてきたか

　上述した作業課題に取り組んだ結果，13編の論文が該当した。教育経営研究を試みる学者が対象を選定し調査を行った際に，そのフィールドにおいて資源の教育的価値への変換という現象を必ずしも観測できない場合が少なからず発生すると考えられる。例えば，学校財務に関して先進的と評される事例を分析対象として取り上げていても，その実践の成果が教育的価値への変換には至っておらず，事務作業の効率化等にとどまっていることだけが観測される場合，調査者は事実から離れた現象の意味付けを行うわけにはいかない。それゆえ，教育経営実践としていかなる教育的価値が生成されたかにアプローチしたくても，調査結果からそれを語ることができない場合がある。このことが教育経営実践研究の論文数の少なさという現象につながるのではないかと考えられる。

　さて，これらの論文を諸資源の教育的価値への一連の変換「過程」がどう記述されたかに大別すると，①論者が設定した観点から「特徴」として「過程」を記述する論文，②理論として構築されつつある既存の観点から「特徴」として「過程」を記述する論文，③分析手法として確立された手続きに従い「過

程」を記述する論文に類別された。以下，分類ごとにその特質を検討する。

## （1）　論者が設定した観点から「特徴」として「過程」を記述する論文

　まず論者が設定した観点から「特徴」として「過程」を記述する論文である。この類型に該当する論文は，13編中9編であった。「特徴」として記述するといってもその方法は様々だが，典型例として「実践が導入されるまでの経緯」「具体的な実践の内容」「実践に伴う変容や実践の意味」を記述した赤星（1996），佐藤（1996），湯藤（1999），髙野（2018）が挙げられる。

　例えば，赤星（1996）ではフィラデルフィア市におけるカリキュラム開発とその研修開発を目的とした学区・企業・財団・大学の連合組織によるパートナーシップが対象化されている。まず国家財政の赤字や学校教育の荒廃，学力低下等の問題が顕在化する中で当該実践が導入された経緯が記述される。また組織の構成，運営方式，研修プログラムの内容など具体的な実践の概略に加え，その実践の結果，教師が生徒による活動を積極的にとり入れた教授法を採用し，学習への動機，参加意欲，自信と誇りを高める援助を行うようになったことなどがパートナーシップの「過程」として記述されている。

　また「行政側と学校側の双方の代表が評価主体となり，5年に1度公立学校の評価を行う」教育経営としての学校評価が対象化された佐藤（1996）や学校での臨床経験と大学での科目履修を相互連関させる施策の事例として「アメリカの『社会正義』を志向する新たな教員養成プログラムの展開と実態及び課題」を検討した髙野（2018）でも，同様に「過程」が記述されている。

　このように上述した3つの観点から「特徴」として教育経営実践の「過程」が記述される点は，以下で紹介する論文でも同様であり，教育経営実践研究の特質の一つと言えるが，例えば，赤星（1996）で紹介されたパートナーシップに関しては，その実践主体や主体間の関係性，連合組織の運営方式などが詳細に記述されるのに対して，佐藤（1996）で取り扱われた学校評価においては，評価領域についての説明が詳述されている。このように，当然のことながら研究対象に応じて記述される内容も大幅に異なるため，何を「特徴」として「過程」を捉えるかについての判断は論者に依拠せざるを得ない。

　学校選択と学校参加の両立という視点から，父母の学校参加を教育目標とするチャータースクール（以下，CS）における教育経営実践を検討した湯藤（1999）も同様であるが，「実践に伴う変容」に関して，「父母は教師による教

授活動の補助的役割を果たして」いると考えられたことなどを参与観察の結果に基づいて記述するなど，上記 2 編の論文とは異なる実践へのアプローチ方法が採用されており，考察の説得性を高める一要素となっている部分もある。

また，同様の観点から「過程」を記述しながらも，事例を複数化することより蓋然性の高い「特徴」を記述していく方向性も確認された。

進学に伴う教育の「接続性」や「継続性」を問題に，先進事例である宮崎県の中高一貫教育と高知県の中高連携教育を対象とした梶間（1998）では，それぞれの取り組みにおいて「効果的な学校」研究における11項目の指標に基づく成果が認められたことなどが確認されている。さらに鞍馬（2003）では，5 年制に移行した 3 大学での教員養成プログラムの事例比較から，プログラム導入以前の変化やプログラムの共通点，相違点を描写している。

このように複数の事例を選定し対象を比較する手法を用いることで，実践に伴う変化が偶発的に発生しているのか，必然性の高い現象であるかを判断し，現象を捉える「特徴」をより客観的に析出する方法を採用する論文が存在する。事例を複数化することは，より一般化に開かれた知見を析出する上で効果的であると考えられるが，視点がマクロになるか，収集しなければならない情報が膨大になり，「過程」を記述する上での視点の恣意性とは別の困難が生じることになる。

そこで，事例を複数化させるアプローチと対置される手法を採用した論文として小島（2004），畑中（2018）が挙げられる。小島は，韓国の学校運営委員会がどう機能しているかを考察するために，会議の観察，関係者への聞き取り，関連の調査報告書類の活用など複数の調査方法を組み合わせることで，教科書制定に関する具体的な審議過程を記述している。

また高校の学校改革におけるミドル・アップダウン・マネジメントを対象に，教頭も他の教職員との相互作用を通じて「ミドル」としての立ち位置を取りうることを明らかにした畑中（2018）でも同様に，校長の教育観を把握すべく，校長のライフヒストリーを作成し，3 年間にわたる継続した聞き取り調査および校内研修等の参与観察を通じて，学校改革の過程を「ビジョン形成」「時程変更」「『学びの共同体』の導入」「『学びの共同体』の定着」「文化祭の改革」の視点から教職員の語りを効果的に提示しつつ詳細に記述している。

最後に，これまでに取り上げたものとは異なる立場から，「過程」を記述するのが佐古ら（2005）である。本論文では，学校組織の変革を実現するための

一連の手続き（学校組織開発プログラム）を構築し，実際に学校に導入することで，その効果を検証する。対象とする教育経営実践の現象に意図的に関与することで，「学校の組織動態の理解を深化させようとする」点は他の論考と異なる事例への関わり方である。

以上，論者が設定した観点から「特徴」として「過程」を記述する論文を整理してみると，その「特徴」を記述する際の大まかな視点として「実践が導入されるまでの経緯」「具体的な実践の内容」「実践に伴う変容や実践の意味」が記述される傾向がある一方で，より詳細な「過程」を描くために選択される視点の恣意性を課題として，事例の数や実践を捉える視点を複合化するなどの工夫が施されていることが確認された。

## (2) 理論として構築されつつある既存の観点から「特徴」として「過程」を記述する論文

次に，理論として構築されつつある既存の観点から「特徴」として「過程」を記述する論文3編を取り上げる。前項では，様々な方法によって事例に関わる（その関わりは当然，偶発的な要素も多分に含まれる）論者がその過程で内面化される観点に基づき実践の「過程」を描いた。それに対し，この類型に該当した論文では，これまでに生産されている知識を用いることで，対象を捉える際の視点（いわゆる分析枠組み）を構築し，その上で「過程」を記述する。つまり，当該論文では，先行する理論をもとに，予め何が記述されるべきかが検討されるため，その視点はより恣意性が除去されたものといえる。

地域教育経営を対象とした石井（2010）では，内外事項区分論を理論的根拠に，外的事項に該当する領域（人事・予算）が単位学校の運営において検討されているか否かが観点として設定されている。また柏木（2002）も，パートナーシップ論とコミュニティ形成論を手がかりに，連携が「結合」から「協力」，そして「協働」へとその形態が段階的に発展することと，「地域」構築を促す要因として「地域社会感情」の形成に着目し，17か月にわたる綿密な調査を通じて学校と保護者・地域の連携「過程」を描き出す試みであった。

このように，一定の地域において観測される現象を対象化するにあたっては，その現象を捉えるための視点を同じテーマに取り組む研究者との「対話」から構築するアプローチ方法がその一つとして採用されている。

最後に，他者にどう影響を及ぼすことが「成果」につながるのかを問題とし

た露口（2000）では，リーダーシップ論における諸類型に基づき管理的要求と自律性要求の交換関係を形成する「交換的」および，ビジョンに沿った自発的革新の実現化を目指す「変革的」リーダーシップを戦略とした校長が，学校に成果をもたらしているという「事実」を定量的な分析手法によって証明した上で，その実践を校長と教職員との関係形成の「過程」として記述している。

　ここからは「過程」を記述するための視点を析出する際に，調査事例が有する条件を理論と接合させるための手続きがなされているといえる。既存の観点から「特徴」として「過程」を記述するアプローチでは，視点の析出において，恣意性がより除去されている点にその特質を見出すことができることは，上述の通りであるが，それに加え当該論文は得られた結果が理論の確からしさを証明する意味ももっている。逆に言えば，理論から逸脱した現象が観察された際に，その現象をどう意味付けるかは問われないため，分析の手続きに不透明性が残される点は課題となる。

### ⑶　分析手法として確立された手続きに従い「過程」を記述する論文

　最後に，分析手法として確立された手続きに従い「過程」を記述する論文である。この類型に該当する論文は，13編中１編であった。

　畑中（2012）では，看護学などにおいて既に確立されつつある分析手法（M-GTA）に従い，教育経営の下位概念としてミドル・アップダウン・マネジメントの「過程」を記述する方法が採用されている。具体的には，ミドル教員から得たインタビューデータを「類似・対極二方向から」比較することで「周囲からの肯定的評価」などの教職員間の相互作用を説明する概念生成を行う。それを「理論的飽和化」に至るまで繰り返し行うことで，アイディアの実現過程を記述するというものである。このように確立された手続きに従って「過程」を記述する視点を析出する方法も確認された。その手続きも論文に記述されているため，他の研究者が同じ手続きに従って分析を行った際も同様の結果が得られるという意味で反証可能性に開かれた「過程」の記述方法であるといえる。

　しかし留意しておく必要があるのは，観点の析出における恣意性や分析手続きの不透明性が取り除かれていることと実践の「過程」に肉薄していくこととは，別の次元に存在する問題であるということである。というのも，研究の科学化を志向することと，実務家にとって有用な知識の生産を志向することとは，別の問題であるからだ。重要なことは，いかに実践の「過程」に迫り，説得的

に知識を生産するかということであり，その方法論の在り方として，科学化を志向する方向性もあれば，研究の過程で論者に内面化された知識の言語化を志向する方向性もあり，それらは必ずしも二者択一ではないということである。

## 2　今後の教育経営研究の課題

　以上13編の論文の分析から，どう有用な知識を生産するかという問題と向き合う中で行われた試行錯誤を整理する形で，その傾向を論じた。その特徴を挙げるなら，教育経営実践に着目するという営みは，従来の量か質かといった単純な見た目の「二分法」では捉えられない取り組みであるという点である。

　また学校で行われる営みに直接的に行為者として関わる者への働きかけ，あるいは直接的な行為者を介した営みへの間接的関わりを意図した研究である点で，研究者自身の関わり方が従来のコンサルモデルが描いてきたような「現場－研究者」の関係に必ずしも当てはまらないこと，すなわち研究者の関わり方の多様性が挙げられる。その理由としてまず教育経営実践にアプローチするためのフィールドの確定（どういった組織や領域で営まれ観測されるのか）や対象事例の位置付け（先進事例とするのか典型事例として扱うのか，あるいは複数の事例を比較するか）など大枠の選択肢が既に多岐に渡っている。

　次に，それ以上に難しいのは，フィールドで作成されている資料を収集し，そこに表されたテキストを分析する方法一つを取り上げても，その先には，論者が「事実」を記述する上で有用だと感じる資料が存在しているか否か，たとえ現存していたとしてもその情報の秘匿性の高低や調査協力者とのラポールの形成状況によって入手可能か否かといった調査を実施する上での条件が対象事例によって大きく異なり，分析方法を手続きとして一般化することが不可能な場合も多々あり，記述することのできる「事実」は，観測可能であった「事実」という偶然性を多分に有したものであることが挙げられる。

　最後に観測された「事実」をどう現象の「特徴」として整序し，記述するかという問題が挙げられる。実践が導入された経緯やその目的は最低限記述するとしても，取り組みに伴って観測される現象の変容やその意味付けに至っては，論者が研究対象にどれだけ密接に関わってきたかに大きく影響される。そうした論者の事例への関わりの度合いは，論者の問題意識や調査に割くことのできる時間のみならず，文章表現能力といった要素にも大きく影響される。

　以上を踏まえ浮かび上がるのは，教育経営実践研究を選定することの難しさ

である。本論では，便宜的に諸資源を教育的価値のあるものに変換する過程を記述する論文を選定の基準としたが，教育経営実践が展開される場が広域であるほど，記述しうる「過程」はマクロな視点に依拠せざるを得なくなる。学校での教育経営実践は，主体もある程度明確であり，その取り組みによる影響が比較的明瞭かつその影響による変容が短い期間で観測されるのに対し，地域におけるそれは，まず「制度」なるものが構築される背景やその理念および内容に集約される。また，構築された制度に沿って，その影響下にある主体の認識や相互作用の在り方がどう変容したかを記述することは，実践の「過程」を記述するというよりも現象を記述するという表現が適している場合もある。実践が行為を含意している以上，構築された制度の影響を静態的に記述するだけでなく，制度下における主体間の相互作用を「過程」として捉えて初めて実践に着目していると言えるかもしれない。そのような方法論をどう確立していくかが問われているのが教育経営学の現状といえるのではないだろうか。

[参考文献]

・赤星晋作「アメリカにおける学校と地域のパートナーシップ：PATHS/PRISM：The Philadelphia Partnership for education を中心に」『日本教育経営学会紀要』第38号，1996年，100-112頁。

・石井拓児「地域教育経営における教育課程の位置と構造―内外事項区分論の教育経営論的発想―」『日本教育経営学会紀要』第52号，2010年，65-79頁。

・大脇康弘「第3章　教育経営研究における理論知と実践知」日本教育経営学会『講座　現代の教育経営4　教育経営における研究と実践』学文社，2018年，26-38頁。

・柏木智子「学校と家庭・地域の連携に関する一考察―子どもへの効果に着目して―」『日本教育経営学会紀要』第44号，2002年，95-107頁。

・梶間みどり「中等教育改革における『中高一貫教育』と『中高連携教育』の意義と課題：『特色ある学校』づくりと『効果的な学校』の視点」『日本教育経営学会紀要』第40号，1998年，109-121頁。

・鞍馬裕美「米国における教員養成プログラム改革に関する研究―実践経験の拡充強化と養成年限の延長の改革動向に着目して―」『日本教育経営学会紀要』第45号，2003年，78-92頁。

・小島優生「韓国における学校運営委員会の組織と機能―教科書選定過程に着目して―」『日本教育経営学会紀要』第46号，2004年，65-77頁。

・佐古秀一・中川桂子「教育課題の生成と共有を支援する学校組織開発プログラムの構築とその効果に関する研究―小規模小学校を対象として―」『日本教育経営学会紀

要』第47号，2005年，96-111頁。

・佐藤博志「オーストラリア首都直轄区の学校評価に関する考察：自律的学校経営における学校評価の役割に着目して」『日本教育経営学会紀要』第38号，1996年，88-99頁。

・曽余田浩史「第2章　教育経営研究における臨床的アプローチの展開と今後の課題」日本教育経営学会『講座　現代の教育経営4　教育経営における研究と実践』学文社，2018年，14-25頁。

・髙野貴大「アメリカにおける『社会正義』を志向する新たな教員養成プログラム―シアトル教員レジデンシーの事例分析―」『日本教育経営学会紀要』第60号，2018年，112-127頁。

・武井敦史「教育経営研究における事例調査研究の動向と課題」『日本教育経営学会紀要』第50号，2008年，234-244頁。

・辻村貴洋「教育経営と地域行政―地域社会の問題とその解決・主権―」末松裕基編著『教育経営論』学文社，2017年，154-171頁。

・露口健司「校長のリーダーシップと学校成果（School Effectiveness）の関係：リーダーシップの量的・質的分析―」『日本教育経営学会紀要』第42号，2000年，64-78頁。

・畑中大路「M-GTAを用いた学校経営分析の可能性―ミドル・アップダウン・マネジメントを分析事例として」『日本教育経営学会紀要』第54号，2012年，76-91頁。

・畑中大路「ミドル・アップダウン・マネジメントにおける教頭の位置―高等学校における3年間の実践を分析事例として―」『日本教育経営学会紀要』第60号，2018年，128-142頁。

・元兼正浩「第1章　教育経営学における実践と研究の関係」日本教育経営学会『講座　現代の教育経営4　教育経営における研究と実践』学文社，2018年，2-13頁。

・湯藤定宗「チャータースクールにおける父母の学校参加に関する一考察―PACTチャータースクールを事例として―」『日本教育経営学会紀要』第41号，1999年，56-68頁。

# 日本教育経営学会第58回大会報告

　日本教育経営学会第58回大会を，2018年6月8日から10日の間，鳴門教育大学において開催した。大会参加者（当日会員を含む会員）は251名であった。

　今回の大会における自由研究発表は，個人研究及び共同研究あわせて40件であった。10の会場で，実践事例から理論的考察に及ぶ幅広い研究が報告され，活発な議論がなされた。

　若手研究者のためのラウンドテーブルでは，「転換期における新しい教育経営学を探究する─若手研究者が考える新たな研究テーマと課題─」と題して，研究方法を創造する試みや教育経営研究における理論研究の意義について，鋭い問題提起がなされた。

　また，研究推進委員会による課題研究では，「日本型教育経営システムの有効性に関する研究：新たな学校像における教育の専門性(3)─『チームとしての学校』をめぐる改革事例に着目して」と題して，SSWの活用事例を取り上げながら，福祉専門家と教職員の協働の実態，課題，今後の展望について議論が展開された。

　実践推進委員会による実践研究フォーラムでは，「研究者・学会と実践者・専門団体とのパートナーシップの構築」というテーマのもと，九州教育経営学会における研究者・学会と実践者・専門団体ならびに教育委員会とのパートナーシップ構築の継続的な取り組みを取り上げ，それぞれの立場からのパートナーシップ構築の意義と課題について意見交換がなされた。

　大会実行委員会が設定した公開シンポジウムでは，「学校における働き方改革と教育経営学の課題」のテーマのもと，小川正人会員から中教審特別部会の議論の動向と今後の展望，竹内敏徳島県教育委員会次長からは徳島県における取り組み実態，里浦小学校東條光洋教諭からは教員の勤務実態と働き方改革の課題，東川勝哉日本PTA全国協議会会長からは学校における働き方改革に対する保護者・親の意識実態と課題などがそれぞれ報告された。それらをふまえて水本徳明会員から働き方改革に対する教育経営学的視点の在り方について問題提起がなされ，フロアを交えての活発な議論が交わされた。このシンポジウムには，会員の他にも徳島県下の教育委員会・学校関係者も多数出席した。

日本教育経営学会第 58 回大会報告

　以上のように今回の大会は，会員の皆様のご協力により盛会のうちに終えることができました。実行委員会一同，心より御礼を申し上げます。

（第58回大会実行委員長　佐古秀一）

# 会　務　報　告

**第1回常任理事会**　2018年4月8日(日)13：30〜17：00　筑波大学東京キャンパス文京校
舎431会議室
出席者：浜田博文（会長），北神正行，竺沙知章，南部初世，高妻紳二郎，藤原文雄，貞
広斎子，佐藤博志（事務局長），加藤崇英（事務局次長）（以上，常任理事），湯
藤定宗（選挙管理委員長，選挙関連議事のみに出席），末松裕基（事務局次長），
吉田尚史，張信愛（以上，事務局幹事）


〈報告事項〉
1．会務報告
(1)　会員の現況・寄贈図書

　佐藤事務局長より，資料に基づき，2018年4月7日現在の会員総数629名，2017年度第
3回常任理事会以降の新入会員19名，2017年度末退会者13名，物故者1名，除籍候補者13
名，寄贈図書について報告された。

(2)　事務連絡

　佐藤事務局長より，常任理事の旅費，大会準備金，紀要第60号についての第一法規との
連絡状況，日本教育学会『教育学研究』寄稿（第57回大会報告，第58回大会日程等予告）
について報告された。

2．各種委員会の活動状況
(1)　紀要編集委員会

　竺沙委員長より，委員長作成資料に基づき，紀要第60号の編集が順調に進んでいること，
また研究倫理に関する規定について論点の整理を行っていること，三年間の活動の総括並
びに会計が報告された。なお，研究倫理に関する規定については，紀要編集委員会ではな
く学会として検討することが必要な時期になっていることから，次期役員で継続審議をし
てもらうことを確認した。

(2)　研究推進委員会

　南部委員長より，委員長作成資料に基づき，2017年度の活動状況並びに3年間の会計に
ついて報告がなされた。2018年度の委員会活動計画については，第58回大会では課題研究
「日本型教育経営システムの有効性に関する研究：新たな学校像における教育の専門性(3)
―「チームとしての学校」をめぐる改革事例に着目して―」を予定していることが報告さ
れた。

(3)　国際交流委員会

　高妻委員長より，委員長作成資料に基づき，2017年度の活動状況並びに3年間の会計に
ついて報告がなされた。2018年度の委員会活動計画については，2018年5月20日に国際交
流研究フォーラムを開催予定であること，第58回大会の自由研究発表を予定していること
が報告された。

(4)　実践推進委員会

藤原委員長長より，委員長作成資料に基づき，2017年度の活動状況並びに三年間の会計について報告がなされた。また2018年度の委員会活動計画について，第58回大会の実践研究フォーラムでは，一年目の「相互交流の場づくりの提案」，二年目の「多様な出会いの場づくりへの挑戦」の実績を生かし，「研究者・学会と実践者・専門団体とのパートナーシップの構築」を予定していることが報告された。

３．役員選挙

湯藤選挙管理委員長より，委員長作成資料に基づき，理事選挙実施要綱，選挙関係スケジュールについて報告がされた。また，2018年4月5日に選挙人名簿を確定したことも確認された。

４．第58回大会準備報告

佐藤事務局長より，第58回大会の準備状況について，佐古大会実行委員長作成資料に基づき，代読による説明がなされた。主に大会プログラムのあり方について意見が交換された。事務局から大会校に意見交換の結果を伝えることが確認された。

５．学会創設60周年記念出版について

浜田会長より，学会創設60周年記念出版について，編集が順調に進んでおり，今後，会員限定の特価販売を会員に案内予定であることが報告された。また，会計報告がなされ，予算残額は学会に返納する予定であることが確認された。

６．その他

⑴　教育学関連学会連絡協議会

貞広担当理事より，資料に基づき，教育学関連学会連絡協議会の活動状況と，2019年8月の日本教育学会第78回大会と世界教育学会（WERA）が同時開催されることが報告された。

⑵　若手ラウンドテーブル

末松事務局次長より，若手ラウンドテーブルについて，第58回大会では「転換期における新しい教育経営学を探究する―若手研究者が考える新たな研究テーマと課題」と題した三年目の企画として，榎景子，織田泰幸両会員を話題提供者として予定している旨が報告された。また，三年間の活動の振り返りの経過報告がなされ，今後2018年6月までに到達点や課題をまとめていくことも確認された。


〈審議事項〉

１．理事定数

湯藤選挙管理委員長より，委員長作成資料に基づき，理事定数について提案があり，了承された。

２．学会ホームページの管理体制について

加藤事務局次長より，ホームページの運用方針案が提示され，今後も継続審議していくことが確認された。

３．2017年度決算

佐藤事務局長より，2017年度決算案が示され，了承された。

４．2018年度予算案

佐藤事務局長より，2018年度予算案が示され，了承された。
5．学会褒賞について
(1) 功労賞
　佐藤事務局長より，候補者選定資料に基づき，2名の候補者の案が示され，了承された。
(2) 学術研究賞，研究奨励賞，実践研究賞
　佐藤事務局長より，学術研究賞，実践研究賞，研究奨励賞は該当者なしということが確認され，了承された。
6．2018年度全国理事会・総会次第
　佐藤事務局長より，資料に基づき提案され，了承された。
7．第59回大会校の依頼状況
　浜田会長より，2019年度第59回大会の開催校について名古屋大学に依頼し，快諾を得たことが報告され，同校での開催案が了承された。

**全国理事会**　2018年6月8日(金)15：20〜17：20　鳴門教育大学 人文棟6階A3会議室
出席者：浜田博文（会長），天笠茂，安藤知子，植田健男，牛渡淳，大脇康弘，木岡一明，北神正行，榊原禎宏，佐古秀一，高妻紳二郎，小松郁夫，貞広斎子，佐藤晴雄，曽余田浩史，武井敦史，玉井康之，竺沙知章，露口健司，南部初世，林孝，藤原文雄，元兼正浩，佐藤博志（事務局長），加藤崇英（事務局次長）（以上，理事），栗原幸正（会計監査），末松裕基（事務局次長），髙野貴大，張信愛（以上，事務局幹事）
新理事候補オブザーバー出席者：植田みどり，諏訪英広，福本昌之，八尾坂修，湯藤定宗

1　会長挨拶（浜田会長）
2　第58回大会実行委員長挨拶（佐古委員長）
3　議事
〈報告事項〉
(1) 2018年度会務報告
　佐藤事務局長より，資料に基づき，2018年5月31日現在の会員総数638名，2017年度大会以降の新入会員44名，退会者15名，会費未納者10名，寄贈図書等について報告された。
(2) 各種委員会・担当理事報告
①紀要編集委員会
　竺沙委員長より，委員長作成資料に基づき，紀要第60号の構成並びに投稿・審査状況について説明された。また三年間の活動について，委員会開催状況，特集テーマ，投稿状況，編集委員会申し合わせの見直し，投稿要領の改訂，会計が報告された。なお，紀要の印刷方法等については，次期役員体制で継続審議することが確認された。
②研究推進委員会
　南部委員長より，委員長作成資料に基づき，三年間の活動について，委員会開催状況，大会における課題研究，紀要の「研究動向レビュー」，学術研究賞選考（候補者推薦なし），公開研究会，科研費研究の推進，会計が報告された。

③国際交流委員会

高妻委員長より，委員長作成資料に基づき，三年間の活動について，委員会の開催状況，紀要における「海外の教育経営事情」，学会ニュースにおける「海外調査報告」「海外ニュース」，海外との交流活動・学会参加，学会発表，国際交流研究フォーラム，報告書刊行，会計が報告された。

④実践推進委員会

藤原委員長より，委員長作成資料に基づき，三年間の活動について，活動方針並びに各年度の取り組み（一年目「相互交流の場づくりの提案」，二年目「多様な出会いの場づくりへの挑戦」，三年目「研究者・学会と実践者・専門団体とのパートナーシップの構築」），成果と課題（「学会と専門団体との組織的なパートナーシップの推進」「研究者と教育経営の実践者との組織的なパートナーシップの推進」），会計が報告された。

⑤学会褒賞について

佐藤事務局長より，学術研究賞，実践研究賞，研究奨励賞は該当者なしとの確認がなされ，功労賞候補者2名について審議経過が報告された。北神褒賞担当理事より，選考結果の説明がなされた。

⑥教育学関連学会連絡協議会

貞広担当理事より，資料に基づき，教育学関連学会連絡協議会の活動状況について，役員選挙，2019年8月の日本教育学会第78回大会と世界教育学会（WERA）の同時開催とその概要が報告された。

(3)　学会創立60周年記念出版企画

浜田会長より，資料に基づき，学会創立60周年記念出版編集委員会の三年間の活動，会計について報告がなされ，また，販売促進・PRの協力の依頼がなされた。

(4)　選挙管理委員会報告／理事・会長選挙

湯藤選挙管理委員長より，委員長作成資料に基づき，理事・会長選挙の実施経過・結果について報告がなされた。また，再選挙について，その経緯等が説明された。その他，選挙人名簿の確定時期や会長選挙の手順などについての意見交換がなされた。

(5)　ホームページの管理体制について

加藤事務局次長より，資料に基づき，ホームページの運用方針について報告がなされた。

(6)　若手ラウンドテーブルについて

末松事務局次長より，資料に基づき，三年間の活動について，基本方針，活動状況，成果と課題が報告された。なお，運営のあり方について，次期役員体制で継続審議することが確認された。


〈審議事項〉

(1)　2017年度決算案・会計監査報告

佐藤事務局長より，2017年度決算案の説明がなされた。また，栗原会計監査より監査報告がなされた。以上を踏まえて，決算案が了承された。

(2)　2018年度予算案

佐藤事務局長より，2018年度予算案が示され，了承された。

(3)　学会褒賞について

　佐藤事務局長より，功労賞 2 名の候補者案（小野田正利会員，植田健男会員）が示され，了承された。

(4)　2018年度総会次第

　佐藤事務局長より，2018年度総会次第案が示され，了承された。

(5)　第59回大会（2019年度）開催校

　浜田会長より，2019年第59回大会の開催校について名古屋大学に依頼し，快諾を得たことが報告され，同校での開催案が了承された。また，植田健男次期大会実行委員長より挨拶がなされた。

(6)　その他

　第60回大会を記念大会として開催するなら準備期間が必要である旨の意見が出され，次期役員体制で継続審議することが了承された。

　以上の議事終了後，佐古新会長候補より挨拶がなされた。また，浜田会長より三年間のお礼が述べられた。

**第58回大会総会**　2018年 6 月 9 日（土）16：10〜17：10　鳴門教育大学講義棟 1 階 B 101教室

1．会長挨拶（浜田会長）
2．大会実行委員長挨拶（佐古委員長）
3．議長団選出

　大竹晋吾会員，藤村祐子会員が議長団として選出された。

　議事に先立ち定足数の確認が行われ，会員数640名のため定足数214名であるところ，出席者95名，委任状150通，計245名のため総会は成立することが議長団より報告された。

4．議事

〈報告事項〉

(1)　2018年度会務報告

　佐藤事務局長より，資料に基づき，2018年 5 月31日現在の会員総数638名，2017年度大会以降の新入会員44名，退会者15名，会費未納者，寄贈図書等について報告された。

(2)　紀要編集委員会報告

　竺沙委員長より，委員作成資料に基づき，紀要第60号の構成並びに投稿・審査状況について説明された。また三年間の活動について，委員会開催状況，特集テーマ，投稿状況，編集委員会申し合わせの見直し，投稿要領の改訂，会計が報告された。

(3)　研究推進委員会報告

　南部委員長より，委員作成資料に基づき，三年間の活動について，委員会開催状況，大会における課題研究，紀要の「研究動向レビュー」，学術研究賞選考（候補者推薦なし），公開研究会，科研費研究の推進，会計が報告された。

(4)　国際交流委員会報告

　高妻委員長より，委員作成資料に基づき，三年間の活動について，委員会の開催状況，

紀要における「海外の教育経営事情」，学会ニュースにおける「海外調査報告」「海外ニュース」，海外との交流活動・学会参加，学会発表，国際交流研究フォーラム，報告書刊行，会計が報告された。

⑸　実践推進委員会報告

　藤原委員長より，委員長作成資料に基づき，三年間の活動について，活動方針並びに各年度の取り組み（一年目「相互交流の場づくりの提案」，二年目「多様な出会いの場づくりへの挑戦」，三年目「研究者・学会と実践者・専門団体とのパートナーシップの構築」），成果と課題（「学会と専門団体との組織的なパートナーシップの推進」「研究者と教育経営の実践者との組織的なパートナーシップの推進」），会計が報告された。

⑹　褒賞担当理事報告

　北神褒賞担当理事より，功労賞候補者 2 名（小野田正利会員，植田健男会員）の受賞予定者について報告された。また，学術研究賞，実践研究賞，研究奨励賞は該当者なしとの確認がなされた。

⑺　学会創立60周年記念出版企画報告

　浜田会長より，資料に基づき，学会創立60周年記念出版編集委員会の三年間の活動，会計について報告がなされ，また，販売促進・PR の協力の依頼がなされた。

⑻　教育学関連学会連絡協議会担当理事報告

　貞広担当理事より，資料に基づき，教育学関連学会連絡協議会の活動状況について，役員選挙，2019年 8 月の日本教育学会第78回大会と世界教育学会（WERA）の同時開催とその概要が報告された。

⑼　その他

・若手ラウンドテーブルについて

　末松事務局次長より，三年間の活動状況，成果と課題が報告された。


〈審議事項〉

⑴　2017年度決算案・会計監査報告

　佐藤事務局長より，2017年度決算案の説明がなされた。また，栗原会計監査より監査報告がなされた。以上を踏まえて，決算案が了承された。

⑵　2018年度予算案

　佐藤事務局長より，2018年度予算案が示され，了承された。

⑶　理事及び会長選出

　湯藤選挙管理委員長より，委員長作成資料に基づき，理事・会長選挙の実施経過・結果について報告がなされ，了承された。その後，佐古新会長より就任の挨拶がなされた。

⑷　会計監査選出

　佐古新会長より，会計監査として西川潔会員，長井勘治会員の選出が提案され，了承された。

⑸　第59回大会（2019年度）開催校

　浜田会長より，2019年第59回大会の開催校について名古屋大学に依頼し，快諾を得たことが報告され，同校での開催案が了承された。また，植田健男次期大会実行委員長より挨

挨がなされた。

＊総会終了後に，功労賞の授与式が行われた。

〈役員選挙の経過及び結果〉

１．選挙管理委員会の構成

　湯藤正宗（委員長），町支大祐，内山絵美子

２．役員選挙の実施経過

　2018年４月８日　第１回選挙管理委員会（於：筑波大学東京キャンパス）

　委員長の選任

　選挙日程の決定

　選挙人名簿の確定

　理事定数の確定

　2018年４月10日　理事選挙投票用紙発送

　2018年４月20日　理事再選挙投票用紙発送

　2018年５月１日　理事再選挙投票締め切り（事務局必着）

　2018年５月２日　第２回選挙管理委員会（於：筑波大学つくばキャンパス）

　　(1)　理事選挙開票

　　(2)　会長選挙の決定

　2018年５月２〜６日　電話・メール連絡での理事の内諾確認

　2018年５月７日　会長選挙投票用紙発送・理事就任承諾書発送

　2018年５月18日　会長選挙投票・理事就任承諾書締め切り（事務局必着）

　2018年５月20日　第３回選挙管理委員会（於：立教大学池袋キャンパス）

　　(1)　会長選挙開票

　　(2)　会長選挙決選投票の日程の決定

　2018年５月21日　会長選挙決選投票用紙発送

　2018年５月31日　会長選挙決選投票締め切り（事務局必着）

　2018年６月２日　第４回選挙管理委員会（於：玉川大学）

　　(1)　会長選挙決選開票

　2018年６月４日　会長選挙決選投票結果報告発送（新理事候補者に郵送にて）

３．新理事候補者（地区別五十音順）

　有権者数628名，投票者数226名（投票率36.0％）

（有効投票数：226票）

※投票者１名につき６票投票する方式である。

（敬称略・五十音順）

【東北・北海道】（3名）

　青木栄一，牛渡淳，玉井康之（次点：本図愛実，次々点：篠原岳司）

【関東】（11名）

　天笠茂，植田みどり，勝野正章，加藤崇英，北神正行，貞広斎子，佐藤晴雄，佐藤博志，浜田博文，八尾坂修，湯藤定宗（次点：小島弘道，次々点：千々布敏弥）

会務報告

【中部】（6名）
　安藤知子，石井拓児，植田健男，木岡一明，武井敦史，南部初世（次点：矢藤誠慈郎，次々点：堀井啓幸）
【近畿】（6名）
　大野裕己，榊原禎宏，諏訪英広，竺沙知章，水本徳明，山下晃一（次点：大脇康弘※，次々点：浅野良一）
【中国・四国】（4名）
　佐古秀一，曽余田浩史，露口健司，林孝（次点：柳澤良明，次々点：古賀一博）
【九州】（3名）
　高妻紳二郎，福本昌之，元兼正浩（次点：大竹晋吾，次々点：雪丸武彦）
※は選挙管理委員の抽選による結果。

４．会長選挙の結果
　有権者数33名，投票者数30名（投票率90.9％），有効投票数30票の開票の結果，「有効投票数の過半数を獲得した者」がいないことから，決選投票を実施することになった。

５．会長選挙決選投票の結果
　有権者数33名，投票者数30名，有効投票数29票（有効投票率87.9％）の開票の結果，新会長候補として佐古秀一会員が選出された。


2017年度決算

（単位：円）

| 収入項目 | 2017年度予算 | 2017年度決算 | 備考 |
|---|---|---|---|
| 過年度学会費 | 240,000 | 240,000 | *1 |
| 本年度学会費 | 4,136,000 | 4,664,000 | 納入率を85%に設定*2 |
| 前年度操越金 | 2,753,657 | 2,753,657 | |
| 紀要販売代金 | 15,000 | 22,000 | |
| その他収入 | 237,864 | 237,864 | 電子ジャーナル |
| 合計 | 7,382,521 | 7,917,521 | |

| 支出項目 | 2017年度予算 | 2017年度決算 | 備考 |
|---|---|---|---|
| 紀要代金 | 1,620,000 | 1,570,000 | |
| 紀要編集委員会費 | 300,000 | 300,000 | |
| 研究推進委員会費 | 250,000 | 250,000 | |
| 国際交流委員会費 | 250,000 | 250,000 | |
| 実践推進委員会費 | 250,000 | 250,000 | |

| | | | |
|---|---|---|---|
| 記念出版委員会費 | 250,000 | 250,000 | |
| 褒賞関係費 | 20,000 | 2,721 | |
| 印刷費 | 150,000 | 189,949 | *3 |
| 大会準備金 | 600,000 | 600,000 | |
| 人件費 | 360,000 | 360,000 | |
| 通信費 | 350,000 | 320,436 | *4 |
| 事務局運営費 | 100,000 | 57,811 | |
| 理事会運営費 | 400,000 | 305,745 | *5 |
| HP 管理費 | 90,000 | 86,400 | |
| J-Stage アップロード関係費 | 130,000 | 109,080 | |
| 選学管理事務費 | 0 | 0 | |
| 事務局移転費 | 0 | 0 | |
| 予備費 | 2,262,521 | 0 | |
| 次年度繰越金 | | 3,015,379 | |
| 合計 | 7,382,521 | 7,917,521 | |

＊1　30件（2016年度分26件，2015年度分4件）

＊2　583名支払い（納付率90％）　会員数643名（2018年3月31日現在）

＊3　学会ニュース，封筒

＊4　会費請求，紀要，学会ニュース発送

＊5　部屋代，茶菓子代，理事会交通費

2018年度予算

（単位：円）

| 収入項目 | 2018年度予算 | 2017年度予算 | 備考 |
|---|---|---|---|
| 過年度学会費 | 240,000 | 240,000 | *1 |
| 本年度学会費 | 4,376,000 | 4,136,000 | 納入率を85％に設定*2 |
| 前年度繰越金 | 3,015,379 | 2,753,657 | |
| 紀要販売代金 | 15,000 | 15,000 | |
| その他収入 | 0 | 237,864 | 電子ジャーナル収入なし |
| 合計 | 7,646,379 | 7,382,521 | |

会務報告

| 支出項目 | 2018年度予算 | 2017年度予算 | 備考 |
|---|---|---|---|
| 紀要代金 | 1,736,800 | 1,620,000 | 650部（データ含む）＊3 |
| 紀要編集委員会費 | 300,000 | 300,000 | |
| 研究推進委員会費 | 250,000 | 250,000 | |
| 国際交流委員会費 | 250,000 | 250,000 | |
| 実践推進委員会費 | 250,000 | 250,000 | |
| 記念出版委員会費 | | 250,000 | |
| 褒賞関係費 | 20,000 | 20,000 | |
| 印刷費 | 300,000 | 150,000 | |
| 大会準備金 | 600,000 | 600,000 | |
| 人件費 | 360,000 | 360,000 | |
| 通信費 | 350,000 | 350,000 | |
| 事務局運営費 | 100,000 | 100,000 | |
| 理事会運営費 | 400,000 | 400,000 | |
| HP 管理費 | 90,000 | 90,000 | |
| J-Stage アップロード関係費 | 130,000 | 130,000 | |
| 選挙管理事務費 | 350,000 | 0 | |
| 事務局移転費 | 150,000 | 0 | |
| 予備費 | 2,009,579 | 2,262,521 | |
| 合計 | 7,646,379 | 7,382,521 | |

＊1　昨年度の実績をもとに算出

＊2　会員数643名（2018年3月31日現在）　納入率85%（547名）に設定

＊3　紀要第60号の頁数増加のため

**第2回常任理事会**　2018年9月9日（日）13：30〜17：45　京都教育大学1号館B棟B6講義室

出席者：佐古秀一（会長），貞広斎子，佐藤博志，諏訪英広，曽余田浩史，竺沙知章，南部初世，元兼正浩，水本徳明（事務局長）（以上，常任理事），芝山明義，大林正史，内田沙希（以上，事務局幹事）

〈報告事項〉

1．会務報告

⑴　新事務局体制について

佐古会長より，水本事務局長の統括の下，学会庶務を内田，大林，芝山の3名の幹事が担当することが報告された。

⑵　会員の現況について

　水本事務局長より2018年9月8日現在の会員総数は632名，4月8日からの新入会員は13名であることが報告された。

⑶　事務連絡

　水本事務局長より，各種委員会の委員，事務局の引き継ぎ，常任理事会の旅費，紀要に関する第一法規との契約，J-Stage の分野変更（人文・社会科学から心理学・教育学へ）の申請，について報告が行われた。

　2．その他

⑴　日本社会教育学会からの協力要請について

　佐古会長より，日本社会教育学会からの協力要請について，新体制発足直後で理事会で検討することができないため，意見提出をしない旨を回答したことが報告された。

⑵　前大会校会計報告

　芝山前大会実行委員会委員より，第58回大会校（鳴門教育大学）の会計について報告が行われた。


〈審議事項〉

　1．三年間の活動方針について

　佐古会長から，三年間の活動方針について，「我々が教育経営の実践にどう向き合っていくのか，を考えたい。ここで言う実践の捉え方について，学校経営を中心とする教育経営の現実の姿を捉える側面と，教育経営教育において知識を加工しながら世の中に伝える側面がある。これらのことを含めて，どうしていくのかを考えていきたい」という趣旨の発言があり，この方針に基づいて，各委員長，担当理事への期待が述べられた。また，笹沙常任理事に研究倫理担当及び会長代行を依頼することが提案され，了承された。

　2．2018年度の活動計画について

⑴　常任理事会の日程等について

　水本事務局長からの提案に基づき審議の結果，2018年度第三回常任理事会は，1月13日（日）に，2019年度第一回常任理事会は，4月7日（日）に行われることになった。

⑵　学会ニュースの編集・発行について

　水本事務局長より従来通りの編集・発行の日程，内容が提案され，承認された。

　3．各種委員会活動計画について

⑴　紀要編集委員会

　曽余田委員長から，課題となっている紀要掲載論文数の増加のため，「実践事例」論文の位置づけを，紀要第42号から第55号までに実施されていた「実践事例」に戻すこと（学術研究としての性格よりも，実践記述の性格を強めること）が提案された。審議の結果，紀要第61号については，従来通りの位置づけとすることとし，本件については，第62号に向けて，長期的に検討されることになった。

⑵　研究推進委員会

元兼委員長より，一年目については，会長より提示された「実践の学としての教育経営学の『固有性』を追求する」をテーマに科研費の申請を通して研究を進めていくことが提案された。また，研究動向レビューのテーマを課題研究のテーマと連動させていくことが提案され，了承された。

(3) 国際交流委員会

佐藤委員長より，一年目については，会長の意向を踏まえ，「スクールリーダー育成プログラムの国際比較－大学院を中心に（Ed.D を含む）」（仮）をテーマに活動していくことが提案され，了承された。また，「海外の教育経営事情」を，査読付きの「報告」とすることが提案された。審議の結果，本件については，紀要編集委員会での検討や，研究推進委員会における研究動向レビューの位置づけの検討なども要するため，紀要第61号については，従来通りの位置づけとし，紀要第62号に向けて，各種委員会及び常任理事会で継続して検討していくこととされた。

(4) 実践推進委員会

諏訪委員長より，「教職大学院におけるスクールリーダー教育に関する構成原理の検討とプログラム開発」をテーマとして，活動を進めていくことが提案され，了承された。「専門職基準をどう生かすか」や，「ゴールイメージの明確さ」等について質問がだされ，これらについても，今後の実践推進委員会で検討していくことになった。

4．担当理事活動方針について

(1) 褒賞担当

竺沙担当理事より，次回の常任理事会にて，功労賞の候補を提案する予定であることが報告された。

(2) 教育学関連学会連絡協議会担当

貞広担当理事より，WERA への参加については，会員に積極的に参加を促していく旨の提案があった。教育学関連学会連絡協議会については，日本学術会議における教育経営学をはじめとした教育学のプレゼンスを高めるために，何ができるかを検討していく旨の提案があり，了承された。

(3) 外部機関連携担当

南部担当理事より，日本PTA全国協議会及び教頭会と，どのような形での連携が可能なのか，また必要なのかを探っていくことが提案された。審議の結果，外部団体との連携の原則や，連携の際の学会のスタンスなどについて，方針を検討していくことになった。

(4) ラウンドテーブル担当

水本事務局長より，欠席の露口担当理事から提出された資料が紹介された。若手ラウンドテーブルの「若手」を削除することについて，もともと若手ラウンドテーブルが，日本学術会議の若手ネットワークとの連携を背景とした活動であったことが指摘された。審議の結果，ラウンドテーブルの位置づけについて，次回の常任理事会で再検討することになった。

5．大会開催校について

佐古会長より，2020年度の大会について，関東地区の大学に開催を依頼する方向で調整していくことが提案され，了承された。

６．情報関係について

　水本事務局長より，学会ホームページの管理を曽余田順子会員に依頼することが提案され，了承された。

７．その他

⑴　次期大会について

　南部常任理事より，名古屋大学での2019年６月７日(金)〜９日(日)の開催日程及び準備スケジュールについて提案があり，了承された。

⑵　紀要印刷について

　佐古会長より，これまでの経緯を踏まえ，従来通り，第一法規に紀要印刷を依頼することが提案され，了承された。

⑶　会費，会員管理の業者委託について

　水本事務局長より，学会事務の負担の軽減と予算の有効活用のため，ICT を活用した会費・会員管理を業者に委託することを検討していくことが提案され，了承された。

⑷　年度末（２月，３月）入会者の扱いについて

　年度末（２月，３月）入会者の扱いについては，前事務局の運用を踏襲し，当該年度入会希望か，次年度入会希望かをメール等で入会者に問い合わせることが提案され，了承された。


**第３回常任理事会**　2019年１月13日(日)13：30〜17：25　京都教育大学１号館Ｂ棟Ｂ６
　　　　　　　　　　講義室

出席者：佐古秀一（会長），貞広斎子，佐藤博志，諏訪英広，竺沙知章，露口健司，南部
　　　　初世，元兼正浩，水本徳明（事務局長）（以上，常任理事），大林正史，内田沙希
　　　　（以上，事務局幹事）


〈報告事項〉

１．会務報告

⑴　会員の現況・寄贈図書について

　水本事務局長より2019年１月12日現在の会員総数は635名，９月９日からの新入会員は４名，今年度第１回常任理事会で未報告の2017年度末の退会者が１名，2018年度末の退会予定者が２名であることが報告された。

⑵　事務連絡

　水本事務局長より，国立大学教育研究評価委員会専門委員等の候補者推薦，日本学術会議協力学術研究団体実態調査，国立国会図書館の定期刊行物調査，学会ニュースの発行予定日，日本教育学会への2018年度大会及び2019年度大会日程の報告，紀要一括購入部数について報告が行われた。

２．各種委員会の活動状況

⑴　紀要編集委員会

　曽余田委員長の欠席のため，水本事務局長より，投稿状況が報告された。投稿要領通りの形式で原稿が送られてこないことが少なくなかったため，今後，紀要編集事務局が原稿

のテンプレートを投稿申込者に送ることが報告された。投稿締め切りの前に，論文の形式の整理について，紀要編集事務局と投稿者がどこまでやりとりすべきかについては，今後，紀要編集委員会で検討されることになった。

紀要第61号のタイトルを，「カリキュラムと教育経営」とすることが報告された。

大会で実践事例の分科会をつくる提案について，大会準備日程の関係から，名古屋大学大会では見送られることになった。

(2) 研究推進委員会

元兼委員長より「学校経営コンサルテーションの開発－子どものリアリティと向き合う教育実践研究の構築」のテーマで，科研費が申請されたことが報告された。

2019年度大会では「実践の学としての教育経営学研究の固有性を問う－教育経営実践を対象化するとはどういうことか－」をテーマに課題研究を実施する予定であることが報告された。

2018年12月27日に，第2回研究推進委員会が九州大学伊都キャンパスで開催されたことが報告された。

(3) 国際交流委員会

佐藤委員長より，紀要の「海外の教育経営事情」を査読付きにする際の査読の観点が提案された。これを査読付きにするかどうかについては，研究動向レビューなど，他の原稿の位置づけや，質を保証するための査読の仕組みを含めて，各種委員会で検討の上，常任理事会で改めて審議していくことになった。

2019年度1号，2020年度1号の学会ニュースにおける「海外ニュース」について，執筆者がそれぞれ2名のため，4000字で執筆されることが提案され，承認された。

三年間の研究テーマを，「新時代の校長と教育経営改革の国際比較研究－『リサーチ・マインド』と組織運営の創造－」とすることが報告された。

2019年度大会では「校長の専門性と育成システムの国際比較－イギリス，アメリカ，オーストラリア，ニュージーランド－」をテーマに発表する予定であることが報告された。

(4) 実践推進委員会

諏訪委員長より，「教職大学院におけるスクールリーダー教育のプログラム開発」のテーマで，科研費が申請されたことが報告された。

2019年度大会では「スクールリーダー教育のレビューとスクールリーダー教育の構成原理の検討」をテーマに実践推進フォーラムを実施する予定であることが報告された。

佐古会長から，学会として，校長の専門職基準を受けて，そこに示された力量の獲得を可能にするための教職大学院のモデルカリキュラムを社会に示す必要があるとの意見があった。

3．担当理事報告

(1) 教育学関連学会連絡協議会担当

貞広担当理事から，2020年3月以降，学校経営学が「教科教育学および初等中等教育学関連」に含められるようになった科研の枠組みを変更することについての要望があれば，当協議会につないでいく予定であることが報告された。

(2) 外部機関連携担当

南部担当理事からの提案に基づいて審議した結果，中期的には，PTA や教頭会だけでなく，校長会など，他の外部との連携のあり方についても，検討してくことになった。また，それらの団体の中央とだけでなく，地方組織との連携のあり方についても検討していくことになった。

　名古屋大学での学会大会における外部との連携に関係する企画については，南部理事に一任されることになった。


〈審議事項〉
１．第59回大会の準備状況について
　南部常任理事より，名古屋大学での2019年 6 月 7 日（金）〜 9 日（日）の開催日程及び準備スケジュールについて提案があり，了承された。また，名古屋大学大会では，要旨集を印刷せず，要旨集のデータを学会の HP からダウンロードできるようにすることが提案され，承認された。
２．ラウンドテーブルについて
　露口担当理事より，2019年度大会のラウンドテーブルでは，「実践研究」の方法論についての発表と議論を行うことが提案され，承認された。
３．学会褒賞
⑴　功労賞
　竺沙担当理事より，功労賞の候補者が提示された。また，功労者の要件について議論されたが，当面，現行通りで運用していくことになった。
⑵　学術研究賞，実践研究賞
　水本事務局長より，学術研究賞と実践研究賞を学会ニュースで募集し，締め切りを 3 月13日とすることが提案され，承認された。また，研究奨励賞は紀要編集委員会で審査することが確認された。
４．会員管理システムの導入と学会ニュースメール送信について
　水本事務局長より，会員管理システムの導入が提案され，承認された。本件については，全国理事会及び総会で諮られることになった。
５．若手ネットワークについて
　佐古会長より，末松会員に若手ネットワーク担当を依頼することが提案され，承認された。また，水本事務局長より，末松会員から提出された方針が紹介され，承認された。
６．学会ホームページの管理体制について
　水本事務局長より，学会ホームページの管理について，加藤会員から曽余田順子会員へ引き継がれたことが報告された。
７．2018年度決算案（暫定案）
　水本事務局長より，2018年度決算案（暫定案）が提案され，承認された。
８．2019年度予算案（暫定案）
　水本事務局長より，2019年度予算案（暫定案）が提案され，承認された。
９．第60回大会校の依頼状況
　佐古会長より，2020年開催の第60回大会開催校の依頼状況について報告され，了承され

た。

10．その他

(1)　実践推進委員の増員について

　諏訪実践推進委員長より，眞弓（田中）真秀会員，山本遼会員が，新たに実践推進委員になることが提案され，承認された。本件については，メール会議により全国理事に諮られることになった。

(2)　研究倫理規定について

　竺沙担当理事より，研究倫理規程について，今後の方針及び他学会の参考資料が提示された。審議の結果，引き続き検討していくことになった。

# 日本教育経営学会会則

### 第1章 総　則

第1条　本会は日本教育経営学会（The Japanese Association for the Study of Educational Administration）という。

第2条　本会は，教育経営の研究と実践を促進し，その普及を図ることを目的とする。

第3条　本会は次の事業を行う。
(1)　大会および研究会の開催
(2)　学会紀要（「日本教育経営学会紀要」），会報等の発行
(3)　会員の研究および共同研究の促進
(4)　内外の関係学会との連携
(5)　教育経営の関係機関及び団体等との連携
(6)　教育経営の研究と実践の普及活動
(7)　その他本会の目的達成のための事業

### 第2章 会　員

第4条　本会の入退会には，次の手続きを必要とする。
1．本会に入会するには，入会申込書その他必要な書類を提出し，当該年度の会費を納入することを必要とする。
2．入会にあたり，会員の推薦を必要とする。
3．本会を退会するものは，毎年3月31日までに文書により申し出るものとする。

第5条　会員は本会が行う事業に参加し，研究大会，学会紀要等で研究発表することができる。

第6条　会員は会費を納入するものとする。
1．会費は年額8,000円（学会紀要費を含む）とする。
2．2年以上会費の納入を怠ったものは，会員としての資格を失う。

第7条　会員にして義務を怠ったものに対しては，理事会の決議により除名する。

第8条　本会に名誉会員を置くことができる。名誉会員は，理事会が推薦し総会の承認を得るものとする。

### 第3章 役　員

第9条　本会に次の役員をおく。
　　　会長　1名　理事　若干名（常任理事を含む）監査　2名

第10条　1．会長は本会を代表し，会務をつかさどる。会長に事故あるときは，理事会の推薦により理事の一人がその職務を代行する。
2．理事は理事会を組織し，本会の運営にあたる。内若干名を常任理事とし業務の執行にあたる。
3．監査は会計を監査する。

第11条　会長，理事，監査は総会において選出し，常任理事は理事の互選による。

第12条　役員の任期は3年とする。但し理事及び監査は再任を妨げない。

第13条　理事に欠員が生じたときは，次点者をもって補い，その任期は前任者の残りの期

間とする。

第14条　本会に顧問をおくことができる。

### 第4章　総　会

第15条　総会は会長が召集し，本会事業の重要事項を審議する最高議決機関とする。

### 第5章　地方研究団体・機関との連携

第16条　本会は，地方における教育経営研究に関する団体・機関と連携することができる。連携に関する事項は別に規程により定める。

### 第6章　会　計

第17条　本会の経費は会費，その他の収入をもってこれにあてる。

第18条　理事会は予算案を編成し，総会の議に附するものとする。

第19条　本会の会計年度は，毎年4月1日に始まり，翌年3月31日に終わる。

### 第7章　各種委員会

第20条　1．本会に紀要編集委員会をおく。紀要編集委員会は，学会紀要の編集にあたる。
　　　　2．本会に研究推進委員会をおく。研究推進委員会は，学会としての研究の推進にあたる。
　　　　3．本会に実践推進委員会をおく。実践推進委員会は，教育経営に関する実践の推進にあたる。
　　　　4．本会に国際交流委員会をおく。国際交流委員会は，研究の国際交流にあたる。
　　　　5．本会に必要に応じて，総会の議を経て特別委員会をおくことができる。

第21条　各委員会は委員長1名，委員若干名で構成する。委員は，会員の中から理事会の議を経て会長が委嘱する。

第22条　各委員会の運営に関する細則は必要に応じて別に定める。

### 第8章　学会褒賞制度

第23条　会員の研究の活性化と奨励を期して学会褒賞制度を設ける。学会褒賞制度に関する細則は別に定める。

### 第9章　事務局

第24条　本会に事務局をおく。事務局は事務局長1名，幹事若干名で構成する。

第25条　事務局長および幹事は，会員の中から理事会の議を経て会長が委嘱する。

第26条　事務局は会務を処理する。

　　　　補　則

　本会の運営に必要な細則は別に定める。

　　　　附　則

第1条　本会則の変更は総会の決議による。

第2条　削除

第3条　本会則は昭和33年12月13日より施行する。

第4条　本会則は昭和60年6月7日より施行する。

第5条　本会則は平成元年4月1日より施行する。

第6条　本会則は平成2年6月2日より施行する。

第7条　本会則は平成5年6月5日より施行する。

第8条　本会則は平成9年5月31日より施行する。
第9条　本会則は1999年6月5日より施行する。
第10条　本会則は2000年6月10日より施行する。
第11条　本会則は2001年6月9日より施行する。
第12条　本会則は2003年6月7日より施行する。
第13条　本会則は2006年6月3日より施行する。
第14条　本会則は2007年6月2日より施行する。
第15条　本会則は2012年6月9日より施行する。

# 総会に関する細則

1)　総会の定足数は全会員の3分の1とする。
　2．定足数に満たないときは仮総会とする。
　3．定足数には委任状を含むものとする。
2)　総会の決議は，実出席会員の過半数の同意による。ただし，附則第1条による本会則の変更は，総会における実出席会員の3分の2以上の同意を必要とする。
　2．仮総会の決議も前項の例による。この場合，決議事項を文書によって全会員に通知し，その後1ケ月以内に3分の1以上の文書による反対がない場合は，その決議事項を総会の決議事項とみなすものとする。
　　　　附　則
第1条　本会則は平成5年6月5日より施行する。
第8条　本会則は平成8年4月1日より施行する。

# 日本教育経営学会役員選出規程

　学会会則第3章の役員のうち，会長，理事の選出はこの規程による。
1．〈選挙資格，被選挙資格〉前々年度以降のいずれかの会費を選挙管理委員会成立時までに納入した会員は，選挙権，被選挙権を有する。
2．〈会長選出〉会長は理事会が会員の中から候補者を選考し，総会の承認を得る。会長の任期は二期にわたらないものとする。
3．〈理事選挙〉
　○理事は候補者を地区別に会員の投票によって選出し，総会の承認を得る。
　○地区は次の6地区に分ける。
　1．東北・北海道　2．関東　3．中部　4．近畿　5．中国・四国　6．九州
　○理事の定数は，当分の間33名とする。なお，各地区の理事定数については，会員数に比例して配分することとする。地区別の理事選出定数については常任理事会が決定し，選挙管理委員会が選挙時にこれを公示する。

日本教育経営学会地方教育経営研究に関する団体・機関との連携に関する規程

4．〈投票方法〉投票は 6 名連記とし，うち 2 名は自地区（勤務先の属する地区。勤務先がない場合は居住地の属する地区）から，他 4 名は自地区を含むすべての地区から選挙する。

5．〈選挙の時期〉選挙は役員任期満了年の大会開催の前々月中に実施する。

6．〈選挙管理委員会〉その構成は理事会で決定する。

附　則　本規程は昭和49年 4 月 1 日より施行する。
　　　　本規程は昭和63年 6 月 3 日より施行する。
　　　　本規程は平成 2 年 6 月 2 日より施行する。
　　　　本規程は平成 5 年 6 月 5 日より施行する。
　　　　本規程は1999年 6 月 5 日より施行する。

# 日本教育経営学会地方教育経営研究に関する
# 団体・機関との連携に関する規程

1．この規程は，日本教育経営学会（以下，「本学会」という。）に所属する会員有志が組織する地方の教育経営研究に関する団体・機関との連携協力活動について定めることを目的とする。

2．本学会と連携関係を希望する本学会会員有志による地方の教育経営研究に関する団体・機関（以下，「連携団体」という。）は，本学会の当該地区理事の了解を得て，所定の様式により，連携関係締結の承認申請を行うものとする。

　② 前項の承認申請があった場合には，本学会常任理事会において，当該申請の承認の可否について協議するものとする。

　③ 常任理事会は，前項の協議結果を申請者（代表者）に通知する。

3．本学会と連携団体は，相互の学術・研究活動の促進発展のため，以下の連携協力活動に努めるものとする。

　イ）関連学術・研究情報の提供及び相互利用

　ロ）本学会の紀要等における活動状況の報告

　ハ）その他本学会と連携団体が必要と認める活動

4．連携団体が以下の各号の一に該当する場合は，本学会は，当該連携団体との連携関係を解消することができる。

　一 連携団体から連携関係の取り消しの申し出があり，相当の理由があると認められる場合

　二 連携団体の活動目的及び内容が，本学会及び本学会会員の不利益となり，連携団体としての地位を継続することの妥当性が失われたと認められる場合

附　則　この規程は，2007年度から施行する。

# 日本教育経営学会褒賞制度に関する規程

1．教育経営学の発展と浸透，会員の活動の活性化と奨励を期し，本規程を設ける。
2．賞は，以下の種類とする。
　①　功労賞
　②　学術研究賞
　③　実践研究賞
　④　研究奨励賞
3．功労賞は，本学会の発展に大きく寄与した会員に授与され，その選考は，別に定める内規に基づき，理事会が行う。
4．学術研究賞は，著しく優秀な学術著書を発表した者に授与され，その選考は，別に定める内規に基づき，研究推進委員会が行う。
5．実践研究賞は，優れた教育経営の実践を行い，それを著作物によって発表した者に授与され，その選考は，別に定める内規に基づき，実践推進委員会が行う。
6．　研究奨励賞は，本学会紀要に掲載された自由研究論文の執筆者に授与され，その選考は，別に定める内規に基づき，紀要編集委員会が行う。
7．各賞の授与式は，年度の研究大会において行う。
8．各賞は，「賞状」のみとする。
附　　則　　本規程は2003年6月7日より施行する。
　　　　　　本規程は2005年6月4日より施行する。
　　　　　　本規定は2009年6月5日より施行する。
　　　　　　本規程は2016年6月11日より施行する。


# 『日本教育経営学会褒賞制度』選考内規

1．功労賞の選考については，名誉会員の選考に準じ，理事会の申し合わせによることとする。
2．学術研究賞は，優秀な学術著書（編著書を含む）を発表した会員若しくは会員のグループを対象とする。ただし，執筆者に会員以外の者を含めることを妨げない。
　②　選考に際して必要な事務は研究推進委員会が行う。
　③　選考対象者の推薦は会員および研究推進委員会が行う（自薦も可）。
　④　選考対象者を推薦する会員は，推薦状，及び業績三部を研究推進委員長に提出するものとする。
　⑤　研究推進委員会は，推薦された各業績それぞれについて3名からなる審査委員会を設置する。研究推進委員会は審査委員会の審査結果を受けて候補者を決定し，理事会に推薦する。
　⑥　研究推進委員長は，選考結果を理事会に報告し，理事会において対象者を決定するものとする。

『日本教育経営学会褒賞制度』選考内規

⑦　授賞が決定した対象者について，会長は対象者に履歴書及び主要研究業績一覧の提出（一部）を求め，学会事務局において保管する。

⑧　学術研究賞の対象は，本学会の研究大会が開催される年度の前年度を含め遡る過去2カ年度において公刊されたものとする。

3．実践研究賞は，優れた教育経営の実践を行い，それを著作物によって発表した会員若しくは会員のグループを対象とする。ただし，執筆者に会員以外の者を含めることを妨げない。

②　選考に際して必要な事務は実践推進委員会が行う。

③　選考対象者の推薦は会員および実践推進委員会が行う（自薦も可）。

④　選考対象者を推薦する会員は，推薦状，及び業績三部を実践推進委員会に提出するものとする。

⑤　実践推進委員会は，推薦された各業績それぞれについて3名からなる審査委員会を設置する。実践推進委員会は審査委員会の審査結果を受けて候補者を決定し，理事会に推薦する。

⑥　実践推進委員長は，選考結果を理事会に報告し，理事会において対象者を決定する。

⑦　受賞が決定した対象者について，会長は対象者に履歴書及び主要研究業績一覧の提出（一部）を求め，学会事務局において保管する。

⑧　実践研究賞の対象は，実践に関する論文を含む審査可能な著作を有し，本学会の研究大会が開催される年度の前年度を含め遡る過去5カ年度の間において発表されたものとする。

⑨　実践研究賞の選考及び審査は別に定める選考基準（申し合わせ）により行う。

4．研究奨励賞は，本学会の研究大会の開催の年の前年に刊行された『日本教育経営学会紀要』に発表された自由研究論文の執筆者を対象とする。

②　選考に際して必要な事務は紀要編集委員会が行う。

③　紀要編集委員会は，該当する紀要論文の執筆者について，研究奨励賞を授与するにふさわしいかどうかを審査するものとする。

④　紀要編集委員長は，理事会に対して選考結果を報告するとともに，推薦状，及び紀要論文一部を提出する。それをうけて，理事会は対象者を決定するものとする。

⑤　授賞が決定した対象者について，会長は対象者に履歴書及び主要研究業績一覧の提出（一部）を求め，学会事務局において保管する。

5．各賞いずれにおいても，受賞対象である業績を担った者が複数の場合には各個人を表彰するのではなく，グループとして一括表彰するものとする。

附　則　本内規は2003年6月7日より施行する。
　　　　本内規は2005年6月4日より施行する。
　　　　本内規は2008年1月14日より施行する。
　　　　本内規は2009年6月5日より施行する。
　　　　本規定は2016年6月11日より施行する。

# 日本教育経営学会紀要編集規程

1．日本教育経営学会紀要は日本教育経営学会の機関誌で，原則として1年に1回発行する。

2．本紀要には，教育経営学に関する未公刊の論文・資料・書評などのほか，学会会務報告その他会員の研究活動についての記事を編集掲載する。

3．紀要編集委員長については，会長が理事の中から選任し委嘱する。但し，その選任にあたっては，常任理事会の同意を得るものとする。

　　紀要編集委員長は紀要編集委員会を代表し，紀要編集委員会会務をつかさどる。紀要編集委員長に事故あるときは，会長の委嘱により紀要編集委員の一人がその職務を代行する。

4．委員長以外の紀要編集委員については，紀要編集委員長が，会長と協議の上，会員の中から14名を下限として選任し委嘱する。但し，その選任にあたっては，常任理事会の同意を得るものとし，必ず各理事選挙区から1名以上が選任されるようにするとともに，学会での活動実績，専門分野等に配慮するものとする。

　　紀要編集委員の任期は3年とする。但し，再任を妨げない。

5．紀要編集業務を担当するために，常任編集委員を若干名おく。常任編集委員については，紀要編集委員長が，会長と協議の上，紀要編集委員の中から選任し委嘱する。但し，その選任にあたっては，常任理事会の同意を得るものとする。

6．紀要編集業務を処理するために，紀要編集委員会事務局を組織し，そこに紀要編集幹事を若干名おく。紀要編集幹事は紀要編集委員長が委嘱する。

7．本紀要に論文を掲載しようとする会員は，所定の論文投稿要領に従い，紀要編集委員会事務局宛に送付するものとする。

8．投稿資格は9月1日現在で会員であることとする。

9．論文の掲載は紀要編集委員会において決定する。

10．掲載の場合若干の変更を加えることもある。但し内容についての重要な変更を加える時は執筆者と相談する。

11．本紀要に掲載したものの原稿は原則として返還しない。

12．本紀要に掲載した記事は原則としてすべて科学技術振興機構 J-STAGE の電子図書館コンテンツとする。但し紀要第57号までは国立情報学研究所電子図書館サービスの電子図書館コンテンツとする。

附　則　　本規程は平成2年6月2日より施行する。
　　　　　本規程は平成6年6月4日より施行する。
　　　　　本規程は1999年6月5日より施行する。
　　　　　本規程は2003年6月7日より施行する。
　　　　　本規程は2011年6月4日より施行する。
　　　　　本規定は2017年6月10日より施行する。

# 日本教育経営学会 紀要編集委員会
## 研究論文投稿要領

１．論文投稿は未発表のものに限る。ただし，口頭発表およびその配布資料はこの限りではない。

　投稿論文と目的・方法・知見等の面で重複している論文あるいは調査報告をすでに発表（予定を含む）している場合はそのコピーをすべて添付した上で投稿すること。

　この規定に違反し，二重投稿等の研究倫理に違反した場合には，論文審査や投稿資格の停止の対象となる可能性がある。

２．論文投稿（注および引用文献を含む）は紀要15ページ（400字詰原稿用紙約40枚相当）以内とする。提出形式の詳細については下記の要件をすべて満たすものとする。

(1)　原稿はワープロ等による横書きとし，Ａ４判，天地余白各45mm，左右余白各35mm（10.5ポイントもしくは11ポイントのフォントを使用），35字×32行×15枚以内とする。

　１枚目は論文題目を１行目に記載し，17行目から本文を書き始めることとする。節題の上下１行ずつは空白行とする。たとえば節題が１行の場合には３行とることとなる。なお１頁目の本文開始行（17行目）のみ節題上の余白は不要で17行目に節題記入を認める。

(2)　表紙を必ず添付し，表紙に論文題目のみを記載すること（執筆者名，所属は記載しない）。表紙と投稿論文原稿とホッチキス止めして提出すること（クリップ止め不可）。

(3)　注・引用文献については１枚あたり37字×35行の書式とする。

(4)　図表は本文に挿入したうえで提出するものとする（後日別形式で提出を求める場合がある）。

　図表がある場合には10点以内にとどめ，このスペースも前記制限枚数に含めるものとする。

　図表中の文字は８ポイント以上の大きさとし，図表が極端に小さくならないよう留意するものとする。

(5)　投稿論文には，執筆者名，所属名は書き入れず，本文（注・引用文献を含む）にもそれらが判明する書き方をしない。

　また「拙著」「拙稿」などの表現，研究助成，共同研究者への謝辞など，投稿者名や所属機関が判明，推測できるような表現は控えること。これらの記載が必要な場合は，採択決定後の校正において加筆することを認める。

(6)　規定枚数を超過した場合には，受理しない。

３．投稿は，電子メールと郵送によって提出するものとする。電子メールでは，PDFファイルの形式で，執筆者名がプロパティ等に記録されないように注意して保存し，論文のみを送信する。郵送では，論文（表紙とともにホッチキス止めしたもの）１部と別紙（論文タイトル，執筆者名，所属名，連絡先を付記したもの）１部を，日本教育経営学会紀要編集委員会事務局宛に送付する。

４．投稿論文の申込期限は10月10日とし，電子メール，郵送のいずれでも可とする。論文等の提出期限は，11月９日とする。

５．投稿論文について編集委員会は，執筆者との協議を通じ，内容の変更を求めることが

ある。

6．掲載が決定した論文については，改めて(1)論文タイトル，執筆者名，所属名を付記した論文原稿，(2)英文タイトル，300語以内の英文レジュメ，ローマ字表記の執筆者名，英文表記の所属名を付記した英文レジュメ，(3)それらが入力された電子的記録媒体（CD-R, DVD-R 等）を日本教育経営学会紀要編集委員会事務局宛に郵送するものとする。

送付の形式はワープロソフト（Word，一太郎等）のままの形式とし，PDF形式は認めない。

なお，(1)，(2)の郵送と合わせて，メールに日本教育経営学会紀要編集委員会事務局にデータ送信を行う場合は(3)の送付を免除できるものとする。

7．執筆者による校正は再校までとする。その際，内容上の修正は原則として認められない。

8．図版等で特定の費用を要する場合，執筆者に負担させることがある。

9．引用文献の表記法については，以下の通りとする。

(1)　単行本の表記方法

著者，書名，発行所，出版年の順で書く。

例1）　小野田正利『教育参加と民主制―フランスにおける教育審議機関に関する研究』風間書房，1996年。

例2）　Ravitch, D., *The Death and Life of Great American School System; How Testing and Choice Are Undermining Education,* Basic Books, 2010.

例3）　国立教育政策研究所監訳『PISA2006年調査評価の枠組み』ぎょうせい，2007年（=Organization for Economic Co-operation and Development, *Assessing scientific, reading and mathematical literacy : a framework for PISA 2006,* 2006.)

(2)　論文の表記方法

著者，論文名，雑誌名，巻，号，発行年，頁の順で書く。

例1）　佐藤博志「オーストラリア首都直轄区の学校評価に関する考察―自律的学校経営における学校評価の役割に着目して」『日本教育経営学会紀要』第38号，1996年，88-99頁。

例2）　Hargreaves, A., "Distinction and disgust; the emotional politics of school failure", *International Journal of Leadership in Education,* Vol.7, No.1, 2004, pp.27-41.

10．脚注の表記方法は，引用文献と脚注を区別する方式とし，以下の表記方法に従うものとする。

注は文中の該当箇所に(1)，(2)……と表記し論文原稿末尾にまとめて記載する。

引用文献は本文中では，著者名（出版年），あるいは（著者名出版年：頁）として表示する。

同一の著者の同一年の文献については，出版年の後にa，b，c……を付ける。

例1）　しかし，浜田（1998a）も強調しているように……，単なる学校裁量の拡大にとどまり組織改革がともなわない場合には効果は低い。

例2）　公立学校の改革を促進する動向は……，近年急速に進展している（中留・伊藤他2007：2頁）。

例3)　Blumenthalの指摘によれば，「……である」（Blumenthal 2006：pp.564-565）。

11．引用文献は，邦文，欧文を含め，注のあとにまとめてアルファベット順に記載する。著者，論文名，雑誌名，巻，号，出版社，出版年，頁の順に書く。なお引用文献は本文中に用いたもののみをあげるものとする。

例)

### ［引用文献一覧］

・Blumenthal, R., "Why Connecticut Sued the Federal Government over No Child Left Behind", *Harvard Education Review,* No.76, Vol.4, 2006, pp.564-569.

・浜田博文「アメリカにおける個別学校の裁量拡大と校内組織改編に関する考察―『教員リーダー』の位置と役割に着目して―」『日本教育経営学会紀要』第40号，1998年a，68-81頁。

・浜田博文「米国フロリダ州における校長職をめぐる改革の動向について」『学校経営研究』第23号，大塚学校経営研究会，1998年b，76-87頁。

・中留武昭・伊藤文一・露口健司・大竹晋吾・雪丸武彦・田代裕一・倉本哲男・生田淳一・増田健太郎・小澤永治・八尾坂修『信頼を創造する公立学校の挑戦―壱岐丘の風がどのように吹いたか―』ぎょうせい，2007年。

・柳澤良明『ドイツ学校経営の研究―合議制学校経営と校長の役割変容―』亜紀書房，1996年。

# 日本教育経営学会紀要「教育経営の実践事例」編集内規

1．〈目的〉

　　日本教育経営学会紀要に「教育経営の実践事例」の欄を設ける。「教育経営の実践事例」は，特色ある教育経営の実践事例を紹介・分析する論文を掲載することを目的とする。

2．〈執筆資格等〉

⑴　論文の執筆者は，当該実践事例の企画立案または実施に関与した本学会の会員でなければならない。

⑵　論文は未発表のものに限る。ただし，口頭発表プリントはこの限りではない。

3．〈募集方法〉

　　論文の募集は，投稿制および推薦制によって行う。

4．〈投稿制〉

⑴　会員は，紀要編集委員会に対して論文を投稿することができる。

⑵　紀要編集委員会は，投稿原稿の審査を行い，掲載の可否を決定する。その際，紀要編集委員会は，原稿の修正を求めることができる。

⑶　紀要編集委員会は，必要に応じて，原稿の査読および修正を，紀要編集委員以外の適任の会員に委嘱することができる。

⑷　原稿の分量は，紀要10ページ（400字詰原稿用紙約26枚相当）以内とする。その他，投稿の時期・手続き等は「日本教育経営学会紀要論文投稿要領」の規定を準用する。

5．〈推薦制〉

⑴　理事および紀要編集委員は，実践事例およびその執筆会員を紀要編集委員会に推薦することができる。

⑵　推薦に際しては，実践事例の概要（400字程度）と執筆会員の略歴を添えるものとする。

⑶　紀要編集委員会は，実践事例概要と執筆会員の略歴を審査して，執筆依頼の可否を決定し，可とされた実践事例について，当該会員に執筆を依頼する。

⑷　紀要編集委員会は，提出された原稿の修正を求めることができる。

⑸　紀要編集委員会は，必要に応じて，原稿の修正を，紀要編集委員以外の適任の会員に委嘱することができる。

⑹　原稿の分量は，紀要10ページ（400字詰原稿用紙約26枚相当）以内とする。その他，推薦の時期・手続き等は，「日本教育経営学会紀要論文投稿要領」の規定を準用する。この場合，「投稿」は「推薦」と読み替える。

# 日本教育経営学会 紀要編集委員会
# 「教育経営の実践事例」論文投稿要領

1．論文投稿は未発表のものに限る。ただし，口頭発表およびその配布資料はこの限りではない。

　　投稿論文と目的・方法・知見等の面で重複している論文あるいは調査報告をすでに発表（予定を含む）している場合はそのコピーをすべて添付した上で投稿すること。

　　この規定に違反し，二重投稿等の研究倫理に違反した場合には，当該論文の掲載は取り止めとなる。

2．論文投稿（注および引用文献を含む）は紀要10ページ（400字詰原稿用紙約26枚相当）以内とする。提出形式の詳細については下記の要件をすべて満たすものとする。

⑴　原稿はワープロ等による横書きとし，Ａ４判，天地余白各45mm，左右余白各35mm（10.5ポイントもしくは11ポイントのフォントを使用），35字×32行×10枚以内とする。1枚目は論文題目を1行目に記載し，17行目から本文を書き始めることとする。節題には3行とる。

⑵　表紙を必ず添付し，表紙に論文題目のみを記載すること（執筆者名，所属は記載しない）。表紙と投稿論文原稿とホッチキス止めして提出すること（クリップ止め不可）。

⑶　注・引用文献については1枚あたり37字×35行の書式とする。

⑷　図表は本文に挿入したうえで提出するものとする（後日別形式で提出を求める場合がある）。

　　図表がある場合には10点以内にとどめ，このスペースも前記制限枚数に含めるものとする。

　　図表中の文字は8ポイント以上の大きさとし，図表が極端に小さくならないよう留意するものとする。

⑸　投稿論文には，執筆者名，所属名は書き入れず，本文（注・引用文献を含む）にもそれらが判明する書き方をしない。

　　また「拙著」「拙稿」などの表現，研究助成，共同研究者への謝辞など，投稿者名や所属機関が判明，推測できるような表現は控えること。これらの記載が必要な場合は，採択決定後の校正において加筆することを認める。

⑹　規定枚数を超過した場合には，受理しない。

3．投稿は，電子メールと郵送によって提出するものとする。電子メールでは，PDFファイルの形式で，執筆者名がプロパティ等に記録されないように注意して保存し，論文のみを送信する。郵送では，論文（表紙とともにホッチキス止めしたもの）1部と別紙（論文タイトル，執筆者名，所属名，連絡先を付記したもの）1部を，日本教育経営学会紀要編集委員会事務局宛に送付する。

4．投稿論文の申込期限は10月10日とし，電子メール，郵送のいずれでも可とする。論文等の提出期限は，11月9日とする。

5．投稿論文について編集委員会は，執筆者との協議を通じ，内容の変更を求めることがある。

6．掲載が決定した論文については，改めて(1)論文タイトル，執筆者名，所属名を付記した論文原稿，(2)英文タイトル，300語以内の英文レジュメ，ローマ字表記の執筆者名，英文表記の所属名を付記した英文レジュメ，(3)それらが入力された電子的記録媒体（CD-R, DVD-R 等）を日本教育経営学会紀要編集委員会事務局宛に郵送するものとする。

　　送付の形式はワープロソフト（Word，一太郎等）のままの形式とし，PDF形式は認めない。

　　なお，(1)，(2)の郵送と合わせて，メールにて日本教育経営学会紀要編集委員会事務局に，データ送信を行う場合は，(3)の送付を免除できるものとする。

7．執筆者による校正は再校までとする。その際，内容上の修正は原則として認められない。

8．図版等で特定の費用を要する場合，執筆者に負担させることがある。

9．引用文献の表記法については，以下の通りとする。

(1) 単行本の表記方法

　　著者，書名，発行所，出版年の順で書く。

　　例1)　小野田正利『教育参加と民主制―フランスにおける教育審議機関に関する研究』風間書房，1996年。

　　例2)　Ravitch, D., *The Death and Life of Great American School System; How Testing and Choice Are Undermining Education,* Basic Books, 2010.

　　例3)　国立教育政策研究所監訳『PISA2006年調査評価の枠組み』ぎょうせい，2007年（＝Organization for Economic Co-operation and Development, *Assessing scientific, reading and mathematical literacy: a framework for PISA 2006,* 2006.)

(2) 論文の表記方法

　　著者，論文名，雑誌名，巻，号，発行年，頁の順で書く。

　　例1)　佐藤博志「オーストラリア首都直轄区の学校評価に関する考察―自律的学校経営における学校評価の役割に着目して―」『日本教育経営学会紀要』第38号，1996年，88-99頁。

　　例2)　Hargreaves, A., "Distinction and disgust; the emotional politics of school failure", *International Journal of Leadership in Education,* Vol.7, No.1, 2004, pp.27-41.

10．注の表記方法は，引用文献と脚注を区別する方式とし，以下の表記方法に従うものとする。

　　注は文中の該当箇所に(1)，(2)……と表記し論文原稿末尾にまとめて記載する。

　　引用文献は本文中では，著者名（出版年），あるいは（著者名出版年：頁）として表示する。同一の著者の同一年の文献については，出版年の後にa，b，c……を付ける。

　　例1)　しかし，浜田（1998a）も強調しているように……，単なる学校裁量の拡大にとどまり組織改革がともなわない場合には効果は低い。

　　例2)　公立学校の改革を促進する動向は……，近年急速に進展している（中留・伊藤他2007：2頁）。

　　例3)　Blumenthalの指摘によれば，「……である」（Blumenthal 2006: pp.564-565)。

11．引用文献は，邦文，欧文を含め，注のあとにまとめてアルファベット順に記載する。

日本教育経営学会 紀要編集委員会「教育経営の実践事例」論文投稿要領

　著者，論文名，雑誌名，巻，号，出版社，出版年，頁の順に書く。なお引用文献は本文中に用いたもののみをあげるものとする。

例）

### ［引用文献一覧］

・Blumenthal, R., "Why Connecticut Sued the Federal Government over No Child Left Behind", *Harvard Education Review,* No.76, Vol.4, 2006, pp.564-569.
・浜田博文「アメリカにおける個別学校の裁量拡大と校内組織改編に関する考察―『教員リーダー』の位置と役割に着目して―」『日本教育経営学会紀要』第40号，1998年a，68-81頁。
・浜田博文「米国フロリダ州における校長職をめぐる改革の動向について」『学校経営研究』第23号，大塚学校経営研究会，1998年b，76-87頁。
・中留武昭・伊藤文一・露口健司・大竹晋吾・雪丸武彦・田代裕一・倉本哲男・生田淳一・増田健太郎・小澤永治・八尾坂修『信頼を創造する公立学校の挑戦―壱岐丘の風がどのように吹いたか―』ぎょうせい，2007年。
・柳澤良明『ドイツ学校経営の研究―合議制学校経営と校長の役割変容―』亜紀書房，1996年。

# 日本教育経営学会著作権ポリシー

１．学会紀要掲載の論文等（特集論文，研究論文，教育経営の実践事例，シンポジウム・課題研究の報告，海外の教育経営事情，実践推進フォーラム，書評，教育経営学研究動向レビュー等）について

⑴ 著作権（著作権法第21条から第28条に規定されているすべての権利を含む。以下同様。）は，学会に帰属するものとする。

⑵ 著作者自身による学術目的等での利用（著作者自身による編集著作物への転載，掲載，WWW による公衆送信，複写して配布等を含む。）を，学会は許諾する。著作者は，学会に許諾申請をする必要がない。ただし，刊行後１年間は，WWW による公衆送信については，原則として許諾しない。また，学術目的等での利用に際しては，出典（論文誌名，巻号頁，出版年，以下同様。）を記載するものとする。

⑶ 著作者が所属する機関の機関リポジトリでの公開については，刊行１年後に無条件で許諾する。著作者自身および著作者が所属する機関による許諾申請をする必要がない。ただし，出典を記載するものとする。刊行後１年以内の場合には許諾しない。

⑷ 第三者から論文等の複製，翻訳，公衆送信等の許諾申請があった場合には，著作者の意向を尊重しつつ，常任理事会が許諾の決定を行うものとする。

２．大会の発表要旨（要旨集に掲載された著作物）について

⑴ 著作権は著作者に帰属するものとする。

⑵ 著作物の複製，公衆送信，頒布等を行おうとする者は，著作者の許諾を得るものとする。

３．学会あるいは学会の委員会，学会において設置されたグループ等による著作物（学会ニュースを含む。）について

⑴ 著作権は，学会に帰属するものとする。

⑵ 著作物の複製，公衆送信，頒布等を行おうとする者は，学会の許諾を得るものとする。

附則　本規程は，2010年６月５日より施行する。

# ▶ ABSTRACTS ◀
〈ARTICLES〉

## Construct of Educational Administration and Curriculum

**Shigeru AMAGASA** (Chiba University)

The purpose of this paper is to investigate a possibility of construct of educational administration and curriculum.

The growth of educational administration round on educational institution and law or school organization and management. Compared with these of research, curriculum and teaching of research is behind. But, with the rapid increase of curriculum problems , educational administration can not disregard of them. So, We investigate the ideal state and method of educational administration and curriculum.

This is to examine some subjects of curriculum and to point out some problems on educational administration and curriculum. The main points were as follows.

1.Continuous grasp a tripartite relationship with educational contents/methods/management: The task is to investigate between contents/teaching and school organization, and to build up methodology of educational administration and curriculum.

2.Development of curriculum (course of study): The task is to construct of the course of study, especially, to develop curriculum from original teaching and evaluation of learning.

3.Diffusion and acceptance on curriculum (course of study): The task is to clarify how to convey the course of study from the Ministry of Education, Science and Culture to school and classroom.

4.Construct intermediary fields between fundamental research and educational practice: Some important problems of educational administration are the relation between theory and practice, or research and practice. The task is to attempt to construct intermediary fields between fundamental research and educational practice.

5.Under collaboration with various sciences: The task is to play the role of leadership and adjustment as a curriculum developer under collaboration with various sciences.

In any case, Educational Administration and Curriculum is constructed the base of these 5 fields.

## Educational Administration in the Revised Course of Study

**Takeo UEDA** (Hanazono University)

**Ryusuke SHUTO** (Komagata Junior High School in Nagoya City)

In the 2017 revision of the Course of Study for junior high schools, emphasis was placed on "curriculum management," which had been included in the course of study for the first time. Each school is required to systematically improve the quality of its educational activities by organizing curriculum from a cross-subject perspective. This approach is defined as "curriculum management" in the Course of Study, which implies that each school can freely organize its curriculum to create educational activities tailored to the reality of their students and the educational demands made by the students' parents.

However, the Course of Study stipulates the content of subjects and the number of school hours spent on each subject in detail. Therefore, the original educational activities that each public junior high school is able to create within this framework are quite limited in all subjects except for "The Period for Integrated Studies." Teachers are only able to devise classes in their own subjects, taking into consideration the material's relevance with other subjects.

We believe that the newly proposed "curriculum management" will not bring about changes that allow teachers to collaborate with parents and community members to organize "kyouiku-katei" tailored to students' needs. In addition, "curriculum management" differs from educational administration in which each school has wide discretion for organizing its own "kyouiku-katei" as proposed in the Course of Study published in 1951.

ABSTRACTS

## Research theme of the management of the local curriculum and the local education management

**Yasuyuki TAMAI** (Hokkaido University of Education)

The new curriculum pursued in the school changes.

A theme of this article is first, it is to catch the background where the management of the local curriculum is pursued in.

Second it is to catch a problem and method of the local education management corresponding to the management of the local curriculum.

The curriculum to make an intellectual power is to connect an element of every school education and an element of the local education.

School and manager must promote such curriculum management. School must do education management to propel such curriculum management.

In addition, therefore local search type learning activity becomes the condition that can propel the curriculum management most.

It is necessary to advance a community school or the team school to promote the management of the local curriculum.

In addition, it is necessary to submit the learning method of the local research activity.

In this way, the general management is necessary for the management of the local curriculum.

This becomes the new problem of the local education management.

### The Features and Issues about Transformation of the Theory on "Curriculum Management" in Japan

**Yasuki OHNO** (Shiga University)

The primary purpose of this paper is to consider the meaning and issues about present theory on "Curriculum Management" in Japan in comparison with past theory.

In Japan, with the report of the Central Education Council in December 2016 and the related revision of curriculum standards, the local education authorities and schools are facing the need to establish school-based "Curriculum Management" in three aspects: 1) interrelationship of educational content of each subject, 2) evidence-based curriculum planning, implementation, and evaluation, 3) combining educational content and resources.

It is noteworthy that theories and achievements of researchers on educational management have been making a remarkable commitment to recent trends in curriculum administration. Even in the past, theoretical and empirical researches on the aspect of condition establishment on curriculum were carried out by educational administration researchers, to realize the political concept of the curriculum at the school site. From around 2000, however, on the background of changes in the administration environment, some researchers have been developing the conceptual framework and thought model of "(brand-new) Curriculum Management" with new research/practice orientation, and it is spreading to the educational administration school site to an unprecedented extent.

In this paper, discourse of "(brand-new) Curriculum Management" focusing on the theoretical framework of pioneering researchers, is considered at the following two points: 1) What is the difference or change between the past and present conceptual frameworks on the theory of curriculum management?, 2) What are the characteristics and issues inherent in the theory of "(brand-new) Curriculum Management" related to the spread to educational administration and school sites?

The brand-new curriculum management theory shares the basic framework (identification and integration of curriculum contents and condition establishment,

ABSTRACTS

and mobilization of planning-implementation-evaluation process on the curriculum)
with the past theory. On the other hand, the new curriculum management theory
has the following new features: 1) elaboration of condition maintenance activities
(addition of elements such as school culture and leadership), 2) normative proposi-
tion of fundamental axis both of series of educational contents and series of condi-
tion establishing activities, 3) modeling of overall composition in a simplified style.
More important point is that researchers changed the position of curriculum man-
agement in school management (from "the core of school management" to "as
school management"), through their interpretation of systems theory. It is suggest-
ed that the above changes bring some issues to Japanese educational administration
research, meanwhile bring about the influence of brand-new curriculum manage-
ment theory on education practice.

### Cracking "Curriculum Management for Bureaucratisation": Any Possibilities to Discuss Curriculum in the Field of Educational Administration Research?

**Hiroki SUEMATSU** (Tokyo Gakugei University)

In this paper, "curriculum management" disseminated now is recognised as a manifestation of a part of the surviving strategy by contemporary bureaucracy that is losing its existence significance due to the effect of neoliberalism. By cracking that "discourse for bureaucratisation", the possibilities for the study of educational administration to discuss curriculum will be found.

First, we discuss the problem of "discourse" from the relationship with the concept of curriculum. Then, the reorganisation of bureaucracy and the composition of administrative control are analysed, and the problem of school management under the modern managerialism is examined from the situation of "discourse" without educational administration and management, and the necessity of restoring the political is described. Finally, we consider the contemporary value of the thought theme of the curriculum management theory in the 1970s, and argue the intellectual attitudes required for educational administration research to discuss curriculum for the ideal and reality of education.

Educational administration research should not give up on efforts to construct the stories called curriculum. Telling of dreams and hopes for human beings to live in society requires literary imagination located counter to bureaucratic intelligence. However, since it is not easy in the modern environments, educational administration research is not to stay in the enlightenment activities that traditional curriculum theory has fallen into, but to consider the characteristics of changes in the task of education in the political dimension. Specifically, it is necessary to discuss how to convert *labor* to *action*.

In bureaucracy, nobody can take responsibility for failure and we are gradually losing freedom, so it is even more important that educational administration constantly creates the reference points to reflect and construct not only the framework and direction of society but also the practice of education. Educational administration can challenge them by talking about curriculum.

ABSTRACTS

⟨THESIS⟩

## Reorganization the School–Community Relations Accompanying School Consolidations: Consideration of the Theory of "Community-Based Educational Administration" on a Population Reduction Society

### Sakurako MIYOTA

(Graduate School, Nagoya University/ JSPS Research Fellow)

The purpose of this paper is to put forward suggestions for the reconstruction of the framework of "Community-Based Educational Administration" through drawing out the reorganization process of school–community collaboration in the region where schools were reduced through consolidation. For that purpose, we will analyze a case study of school–community cooperation efforts over the past ten years experienced by schools undergoing school consolidation in the dairy farming area in the northern part of Hokkaido, Japan.

Declining schools in the region has caused multiple communities to exist in school districts. The theory of "Community-Based Educational Administration" is ambiguous regarding the scope of the term "region," therefore, it is important to pay close attention to relationships with multiple communities in the school district centering on one school. At that time, regional management organizations established for each community are key.

The study results indicate that in relation to the participation of local residents in individual school management, it is necessary to consider joining with several regional organizations in school district, which established for each community. And the school emphasized maintaining multiple regional organizations in the school district and made it a point of collaboration.

The case study showed that after the consolidation of the school, it first created and developed a "radial relationship" with several regional organizations, while the "ring-shaped relationship" was created later.

The above results indicate the need to maintain relationships with regional organizations when school districts are widened along with the integration of schools. Consideration of the participation of local organizations is a task of "community-based educational administration".

〈PRACTICAL CASE STUDY OF EDUCATIONAL MANAGEMENT〉

## Roles and problems of school toward "poverty of children" alleviation – Possibility of team project focusing on school social workers –

**Yukari NOMURA** (Former Graduate Student,
Hyogo University of Teacher Education)

This article is to clarify the roles and problems of school toward "poverty of children" alleviation based on practical case which the vice principal writer worked on by a team project focusing on school social workers (SSW). Here, I describe the process of the arrangement and the work pattern, the role of SSW towards poverty alleviation for children in case studies in six stages.

The solution for "poverty of children" alleviation found from practice in case studies is to create a family support team that uses experts and regional talents for schools as platforms, and the three partners work together to Learning and Life, Family support as well. For that purpose, the role of vice principal is a hub-like role of integrating the resources and abilities of individuals and organizations once. In addition, depending on the purpose, the vice principal investigated whether it is effective to solve problems by using various institutions surrounding schools, such as public security, medical care, welfare, health, judicial and educational administration, The role of steering to organize teams is important.

Originally, as a person with expertise in welfare, SSW is a professional who performs social work in schools and the like, and is an autonomous existence as a job. However, no matter how specialized SSW it is, it will be difficult to function unless such management by vice principals etc. is done. Three people are also about to retire, but what is important even if people change is how to involve many people and organizations to solve the problem, how to connect people who can change, adjust conflicts, and engage with each other It depends on whether management is done on a continuous basis.

ABSTRACTS

⟨SYMPOSIUM⟩

## Reform of Work Way in School and Problems of Study of Educational Administration

**Hidekazu SAKO** (Naruto University of Education)

Teachers' long working hours has been a serious problem in Japan. This symposium was held to discuss actual work situations of teachers and solution strategies of working way in school. Symposists were, Masato OGAWA (Professor, the Open University of Japan), Satoshi TAKEUTI (Deputy general manager, Tokushima Prefecture Board of Education), Mituhiro TOJYO (Teacher, Satoura Elementary School), Katuya HIGASIKAWA (Chairman, Japan PTA National Council) and Noriaki MIZUMOTO (Special Professor, Doshisha Women's University). Symposists gave opinions from each viewpoint. After that, many questions and opnions were issued from the floor. The symposist and the floor enthusiastically discussed.

日本教育経営学会紀要第61号・2019年

〈REPORT〉

## Research on the Efficacy of Japanese Educational Management Systems: Educational Specialization in a New Schools Vision (3)

### Hatsuyo NAMBU (Nagoya University)

Our current research on "Team-Based Schools" in Year 3 of joint research focused on case studies of how to achieve actual cooperation across occupations, and what "specialization in education" really means in this context. Consideration also extends to specialization in other occupations. "Specialist staff" in "Team-Based Schools" includes specialized personnel for psychology or social services, classroom or other instructor support, extracurricular activities, and special needs education. School Social Workers (SSW) serving as social service specialists are addressed here. The three case studies examined include three spectra of analysis: 1) Systems design - from school-friendly systems design to systems design for best use of social services, 2) Pursuit of activities - from activities in big-city schools to activities in suburban schools, and 3) Functions - from functions in primary/middle schools to functions in secondary schools. These analyses were organized into five areas of distinctive features and contrasts: 1) SSW qualifications, 2) systematic features, 3) the school-level role and duties of SSWs, 4) "externalities", and 5) SSW as occupation. In turn, these areas informed three points of discussion.

The first is how to conceptualize the functions of SSW. Does it mean "social work in school" or "social work for school"? Though the field of social welfare studies emphasizes the former concept, documents authored by the Ministry of Education, Culture, Sports, Science and Technology discuss the role of SSW in social work for schools.

The second is changes in the inherent meaning of the "school" setting. Amid recent proposals for "platform-based schools", it is crucial to ask how we will come to perceive the "school" setting. Schools are held up as local anchors, and particularly in underpopulated areas, the implicit meaning of schools is substantial.

The third is a consideration of the duties and specialization of school-based educators, and just what these concepts are as schools undergo such major changes. This is what we currently seem to think "specialization in education" is. Though the current Research Promotion Committee's research on this topic ends here, we will continue the consideration of these issues as the Japan Society for the Promotion of Science, Grant-in-Aid for Scientific Research (B).

# Journal of JASEA
## CONTENTS

**ARTICLES : Curriculum and Educational Administration**

*Construct of Educational Administration and Curriculum*
Shigeru AMAGASA (Chiba University)

*Educational Administration in the Revised Course of Study*
Takeo UEDA (Hanazono University)
Ryusuke SHUTO (Komagata Junior High School in Nagoya City)

*Research theme of the management of the local curriculum and the local education management*
Yasuyuki TAMAI (Hokkaido University of Education)

*Features and Issues about Transformation of the Theory on "Curriculum Management" in Japan*
Masuki OHNO (Shiga University)

*Checking "Curriculum Management for Bureaucratisation" : Any Possibilities to Discuss Curriculum in the Field of Educational Administration Research?*
Hiroki SUEMATSU (Tokyo Gakugei University)

**THESIS:**

*Reorganization the School–Community Relations Accompanying School Consolidations: Consideration of the Theory of "Community-Based Educational Administration" on a Population Reduction Society*
Sakurako MIYOTA (Graduate School, Nagoya University / JSPS Research Fellow)

**PRACTICAL CASE STUDY OF EDUCATIONAL MANAGEMENT :**

*Roles and problems of school toward "poverty of children" alleviation – Possibility of team project focusing on school social workers –*
Akari NOMURA (Former Graduate Student, Hyogo University of Teacher Education)

**SYMPOSIUM:**

*Reform of Work Way in School and Problems of Study of Educational Administration*
Hidekazu SAKO (Naruto University of Education)

**ROUND TABLE:**

*Educational Administration Studies in the Era of Changing Times – New Research Themes and Issues Considered by Young Researchers –*
Shiko ENOKI (Kyushu University), Yasuyuki ODA (Mie University), Takeshi SHINOHARA (Hokkaido University), Hiroki SUEMATSU (Tokyo Gakugei University)

**REPORT:**

*Research on the Efficacy of Japanese Educational Management Systems: Educational Specialization in a New Schools Vision (3)*
Takahide KATOH (Ibaraki University), Koushi HAMAGUCHI (Nagoya Bunri University), Hiroto TAKAHASHI (Yokohama City University), Hatsuyo NAMBU (Nagoya University), Takeshi SHINOHARA (Hokkaido University)

**REPORT OF INTERNATIONAL SITUATION OF EDUCATIONAL MANAGEMENT:**

*A Study of School Collaboration in New Zealand: Case of Communities of Learning*
Tsutomu TAKAHASHI (Gunma University)

**PRACTICE FORUM JASEA:**

*Creating partnerships between Researchers in academic studies and Practitioners in Schools*
Naoto KUGA (Naruto University of Education), Shingo OHTAKE (University of Teacher Education Fukuoka), Seiji SAGA- (Fukuoka Seiryo High School), Keiko HANADA (Hiakari Elementary School), Kenji TSUYUGUCHI (Ehime University), Seigo IRIE (University of Teacher Education Fukuoka), Jyunichi SUGIE (Japan Vice Principals Association of Public School), Masahiro MOTOKANE (Kyushu University), Hirofumi HAMADA (University of Tsukuba), Fumio FUJIWARA (Na-

tional Institute for Educational Policy Research)

## BOOK REVIEW:

## RESEARCH REVIEW:

*The Trend of Research for Educational Administration and Management Practice and the Issue of the Study of Educational ministration and Management*

Kanta KIMURA (Graduate Student, Kyusyu University), Tomomi USUI (Osaka Kyoiku University)

## ACTIVITIES OF JASEA:

## ABSTRACTS:

No.61, June 2019

Edited by

**The Japanese Association for the Study of Educational Administration**

# 編　集　後　記

　本号から3年間，紀要編集委員会の事務局を担当することになりました。執筆者や編集委員の皆様のご尽力・ご協力のもと，こうして紀要第61号を無事刊行できました。心より御礼申し上げます。

　さて，この1年間，紀要編集常任委員会で事務・運営面で議論されたことについて，次の2点をご報告申し上げます。

　第一に，「会則，規程，内規，要領等」の紀要掲載についてです。新体制発足の際，佐古会長より，「会則等を学会ウェブサイトに掲載すれば，紀要に掲載する必要はないのではないか」というご意見をいただきました。常任編集委員会や常任理事会で検討した結果，次の理由で従来通りといたしました。

①ネット上のデータベースにどこまで信頼が置けるのかに不安がある（J-STAGEの学会紀要の情報には，会則や会務報告等は掲載されていない）。

②学会ウェブサイトは，学会事務局が変わった際，その管理者・管理方法が変更される。したがって，会則等の履歴をネット上のデータのみに頼ると，学会の歴史を辿れなくなるかもしれない。学会運営上，その危険を避けたい。

③学会紀要は市販されており，会員以外に学会を知ってもらうことを考えると，会則等の事項は，紀要中に掲載したほうがよい。

　第二に，投稿された論文の書式などの不備に関してです。第61号にご投稿いただいた際，書式など投稿要領で示されている形式が整っていないものが，多々ありました。投稿要件を全て満たした上でご提出していただくため，次号から，①書式を統一するための原稿テンプレート，および，②執筆者自身で投稿規定を満たしていることを確認するためのチェックリストを編集事務局で作成し，投稿申し込み者に送付することといたしました。

　初年度ということもあり行き届かない点もあったかと存じます。今後とも，会員の皆様のご協力を何卒お願い申し上げます。

　最後になりましたが，第一法規の田村雅子様には，暖かなご配慮・ご支援をいただきました。この場を借りて，厚く御礼申し上げます。

（曽余田順子）

## 編　集　委　員（○印は常任編集委員　50音順）

委　員　長　　　曽余田浩史（広　　島　　大　　学）

副委員長　　　　榊原　禎宏（京　都　教　育　大　学）

○石井　拓児（名　古　屋　大　学）　　　武井　敦史（静　　岡　　大　　学）

○大野　裕己（滋　　賀　　大　　学）　　　玉井　康之（北　海　道　教　育　大　学）

　勝野　正章（東　　京　　大　　学）　○林　　　孝（広　　島　　大　　学）

　加藤　崇英（茨　　城　　大　　学）　　　平井貴美代（山　　梨　　大　　学）

　北神　正行（国　士　舘　大　学）　　　福本　昌之（大　　分　　大　　学）

　高妻紳二郎（福　　岡　　大　　学）　　　本図　愛実（宮　城　教　育　大　学）

　坂野　慎二（玉　　川　　大　　学）　○水本　徳明（同　志　社　女　子　大　学）

○高瀬　　淳（岡　　山　　大　　学）　　　柳澤　良明（香　　川　　大　　学）


編集幹事　　　曽余田順子


日本教育経営学会紀要　第61号

### カリキュラムと教育経営

2019年6月25日　初版発行　　　　　　　　　　　　定価　本体2,800円＋税

編　集　　日 本 教 育 経 営 学 会（会 長　佐古　秀一）
　　　　　日本教育経営学会紀要編集委員会（委員長　曽余田浩史）
発行者　　田　　中　　英　　弥
発行所　　第一法規株式会社
　　　　　107-8560　東京都港区南青山2丁目11－17
　　　　　ホームページ　https://www.daiichihoki.co.jp/

ISBN978-4-474-06806-3 C3037（4）〈検印省略〉

## 日本教育経営学会紀要バックナンバー

| | | |
|---|---|---|
| 第43号 | 教員の専門性と教育経営 | 2001年 |
| 第44号 | 学校と地域の関係の再構築 | 2002年 |
| 第45号 | 教育経営研究のフロンティア | 2003年 |
| 第46号 | 学校の自律性確立条件と公教育の在り方 | 2004年 |
| 第47号 | 自律的学校経営を担う学校経営者の在り方 | 2005年 |
| 第48号 | 学校経営の自律化に向けた評価と参加の在り方 | 2006年 |
| 第49号 | 教育経営をめぐる環境変動 | 2007年 |
| 第50号 | 教育経営概念の今日的検討―50周年記念号― | 2008年 |
| 第51号 | 今日における教育経営学の意義と課題 | 2009年 |
| 第52号 | 学校の組織力と教育経営 | 2010年 |
| 第53号 | 教育経営と学力 | 2011年 |
| 第54号 | 教育経営と地域社会 | 2012年 |
| 第55号 | 社会変動と教育経営 | 2013年 |
| 第56号 | 教育改革と教職員の資質向上 | 2014年 |
| 第57号 | 教育経営の独立性を問う | 2015年 |
| 第58号 | 学校組織のリアリティと人材育成の課題 | 2016年 |
| 第59号 | 大学経営の課題と展望 | 2017年 |
| 第60号 | 教育経営研究の課題と展望―60周年記念号― | 2018年 |